金融企业会计

主　编　郭淑艳　卞咏梅

哈尔滨工业大学出版社

内 容 提 要

本书根据企业会计准则、应用指南、解释公告、讲解及最新的金融法规、规范编写而成,主要阐述了金融企业会计的基本理论与基本方法,商业银行、保险公司和证券公司主要交易和事项的核算。本书共分十二章。第一章、第二章主要阐述了有关金融企业会计的基本概念、基本假设、一般原则、会计科目的设置、记账方法的运用、会计凭证及账务组织等内容;第三章至第十章主要阐述了商业银行存款业务、贷款业务、资金清算业务、金融机构往来业务、支付结算业务、外汇业务等各项具体业务的核算方法,对损益的核算、年度决算及财务会计报告的编制也进行了具体而详尽的讲述;第十一章、第十二章主要阐述了保险公司、证券公司业务的核算。

本书可作为高等院校会计学、金融学专业本科教学用书,金融企业会计职业培训及新准则培训用书,也可作为广大金融从业人员自学及进行实务操作的参考用书。

图书在版编目(CIP)数据

金融企业会计/郭淑艳,卞咏梅主编. —哈尔滨:哈尔滨工业大学出版社,2017.2(2020.2 重印)

ISBN 978-7-5603-6462-9

Ⅰ.① 金… Ⅱ.①郭… ②卞… Ⅲ.①金融会计 Ⅳ.①F830.42

中国版本图书馆 CIP 数据核字(2017)第 025013 号

责任编辑	田新华
封面设计	刘长友
出版发行	哈尔滨工业大学出版社
社　　址	哈尔滨市南岗区复华四道街 10 号　邮编 150006
传　　真	0451-86414749
网　　址	http://hitpress.hit.edu.cn
印　　刷	哈尔滨圣铂印刷有限公司
开　　本	787mm×1092mm　1/16　印张 13.75　字数 330 千字
版　　次	2017 年 2 月第 1 版　2020 年 2 月第 3 次印刷
书　　号	ISBN 978-7-5603-6462-9
定　　价	39.00 元

(如因印装质量问题影响阅读,我社负责调换)

前　　言

金融企业会计——作为对金融企业这一特殊企业个体的经营活动进行反映和控制的专业会计,随着经济和金融的发展而发展,在适应和满足社会经济生活的客观需要和金融业务实际要求的过程中,不断变革、创新和日臻完善。

本书根据企业会计准则、应用指南、解释公告、讲解及最新的金融法规、规范编写而成,主要阐述了金融企业会计的基本理论与基本方法,商业银行、保险公司和证券公司主要交易和事项的核算。书中对贷款业务,根据《企业会计准则第22号——金融工具确认和计量》的规定,对其初始确认引入公允价值计量,并采用实际利率摊余成本法进行后续计量;对商业银行向中央银行办理的再贴现业务,根据《企业会计准则第23号——金融资产转移》的规定,区分买断式再贴现和回购式再贴现,并对买断式再贴现根据再贴现的商业汇票是否带有追索权分别采用不同的方法核算,从而在更深层次上诠释了新会计准则在商业银行具体交易或事项的运用,力求与国际财务报告准则趋同。

在本书编写过程中,作者结合长期从事金融企业会计教学实践的经验并联系最新实务操作资料,力求理论与实践紧密结合,以使金融企业会计理论的教学跟上我国金融发展的步伐,充分发挥理论指导实践的作用。

本书内容全面新颖,结构体系合理,重点突出,理论与实际并重。书中插入了适当的实例及图表,章后附有思考题和练习题,可以帮助读者提高实务操作技能,加深对理论知识的理解和认识。

本书由郭淑艳、卞咏梅担任主编。第一、二、三、六、七章由卞咏梅撰写,第四、五、八、九、十、十一、十二章由郭淑艳撰写并负责对全书的修改、总纂和审定工作。

本书在编写中参考了部分作者的成果,在此一并表示感谢!

由于本教材编写时间仓促,加之编者水平有限,疏漏和不足之处在所难免,恳请读者赐教和指正。

郭淑艳　卞咏梅
2016年11月

目 录

第一章 总 论 ··· 1
  第一节 金融企业与金融企业会计 ··· 1
  第二节 金融企业会计核算的基本前提 ·· 2
  第三节 金融企业的会计信息质量要求 ·· 4
  第四节 金融企业会计要素的确认与计量 ··· 5
  思考题 ·· 8

第二章 金融企业会计核算的基本方法 ··· 9
  第一节 会计科目 ··· 9
  第二节 记账方法 ··· 11
  第三节 会计凭证 ··· 14
  第四节 账务组织 ··· 19
  思考题 ·· 25

第三章 存款业务的核算 ·· 26
  第一节 存款业务概述 ··· 26
  第二节 单位存款业务的核算 ·· 28
  第三节 个人储蓄存款业务的核算 ·· 35
  思考题 ·· 42
  练习题 ·· 42

第四章 贷款业务的核算 ·· 43
  第一节 贷款业务概述 ··· 43
  第二节 信用贷款的核算 ·· 46
  第三节 担保贷款的核算 ·· 50
  第四节 贷款减值与转销业务的核算 ·· 52
  第五节 贷款利息的核算 ·· 59
  第六节 票据贴现的核算 ·· 60
  思考题 ·· 64
  练习题 ·· 64

第五章 资金清算业务的核算 ·· 65
  第一节 资金清算业务概述 ··· 65
  第二节 商业银行系统内资金清算业务的核算 ······································ 65
  第三节 现代化支付系统的核算 ··· 71
  第四节 同城票据交换系统的核算 ·· 77
  思考题 ·· 82
  练习题 ·· 82

第六章　金融机构往来业务的核算 ... 83
第一节　商业银行与中央银行往来的核算 ... 83
第二节　商业银行同业往来的核算 ... 94
思考题 ... 99
练习题 ... 99

第七章　国内支付结算业务的核算 ... 101
第一节　国内支付结算业务概述 ... 101
第二节　现金出纳业务的核算 ... 103
第三节　票据结算业务的核算 ... 106
第四节　非票据结算业务的核算 ... 120
思考题 ... 132
练习题 ... 132

第八章　外汇业务的核算 ... 134
第一节　外汇业务概述 ... 134
第二节　外汇买卖的核算 ... 136
第三节　外汇存款业务的核算 ... 141
第四节　外汇贷款业务的核算 ... 145
第五节　外汇结算业务的核算 ... 151
思考题 ... 159
练习题 ... 159

第九章　损益的核算 ... 160
第一节　收入的核算 ... 160
第二节　成本费用的核算 ... 164
第三节　利润及利润分配的核算 ... 168
思考题 ... 170
练习题 ... 170

第十章　年度决算与财务报表 ... 171
第一节　年度决算 ... 171
第二节　会计报表的编制 ... 174
思考题 ... 188

第十一章　保险公司业务的核算 ... 189
第一节　保险公司业务概述 ... 189
第二节　非寿险原保险业务的核算 ... 190
第三节　寿险原保险业务的核算 ... 194
第四节　再保险业务的核算 ... 197
思考题 ... 202
练习题 ... 202

第十二章　证券公司业务的核算 ... 204
第一节　证券业务概述 ... 204
第二节　证券经纪业务的核算 ... 205
第三节　证券自营业务的核算 ... 207
第四节　证券承销业务的核算 ... 211
思考题 ... 213
练习题 ... 213

参考文献 ... 214

第一章 总 论

第一节 金融企业与金融企业会计

一、金融企业

在我国,金融企业是以商业银行为主体,包括保险公司、证券公司、信托投资公司、租赁公司、财务公司以及基金管理公司等在内的多种组织形式的行业群体。金融企业是一个特定的企业范畴,有其自身的经营特点和业务范围,在经济生活中发挥着非常重要的作用。在我国,金融企业由在中华人民共和国境内依法成立的商业银行和非银行金融机构组成。

(一)商业银行

商业银行是现代金融体系的主体,它是依照《公司法》设立的以吸收存款、发放贷款、办理结算等金融业务来获取利润的企业法人。在我国,商业银行自主经营、自担风险、自负盈亏,以盈利性、安全性、流动性为经营原则。

商业银行的主要经营业务有:吸收公众存款,发放短、中、长期贷款,办理国内外结算,办理票据贴现,发行金融债券,买卖政府债券,同业拆借,买卖外汇,提供信用证服务及担保,代理保险业务,提供保险箱服务,以及经中国人民银行批准的其他业务。

我国目前商业银行主要包括:大型国有控股商业银行(中国工商银行、中国农业银行、中国银行和中国建设银行),全国性股份制商业银行(交通银行、招商银行、中信实业银行、中国光大银行、华夏银行、中国民生银行、广东发展银行、福建兴业银行、上海浦东发展银行、深圳发展银行等),城市商业银行(北京银行、南京银行、上海银行、杭州市商业银行、汉口银行、宁波银行等)。

(二)非银行金融机构

非银行金融机构与商业银行的主要区别表现在:第一,资金来源不同。商业银行以吸收存款为主要资金来源,非银行金融机构主要依靠发行股票、债券等筹集资金。第二,资金运用方向不同。商业银行的资金以发放贷款为主,非银行金融机构主要从事非贷款的其他金融业务,如保险、信托、租赁等。目前,我国的非银行金融机构主要包括信托投资公司、信用社、保险公司、证券公司、租赁公司、基金管理公司、财务公司和典当行等。

二、金融企业会计

金融企业会计是以货币为主要计量单位,采用会计的专门方法,对金融企业的经营活动进行准确完整、连续、综合的核算和监督,为企业经营者及有关方面提供财务状况、经营成果和现金流量等会计信息的一种管理活动。具体来讲,它是以商业银行和非银行金融机构的经济活动为中心,对其资产、负债、所有者权益、收入、费用、利润进行核算和监督的会计。

金融企业会计是财务会计体系中的一种专业会计,是为经营金融业务服务的,也是金融的基础工作。由于金融是一个特殊的行业,其社会地位和作用与其他行业不同,所以金融会计与国民经济其他部门的行业会计相比,具有不同的特点,主要表现在以下几个方面:

(1) 金融企业会计在核算内容上具有广泛的社会性。金融业务的会计核算主要是直接面向全社会,面向国民经济的各部门、各企业、各单位及广大居民。金融业务是国民经济各部门、各企业、各单位甚至居民个人的经济活动所引起的,金融是现代国民经济核心,各部门、各单位的经济活动在金融企业会计账户上以货币形式得到综合反映,金融的资产、负债、收入、费用等的变化都与社会各部门、各企业单位和个人的资金有密切的联系,因此金融企业会计不仅核算、反映和监督金融机构本身的资金活动情况,而且核算、反映和监督各部门、各企业、各单位的资金活动情况。金融企业会计综合反映了社会宏观经济活动情况,具有广泛的社会性。

(2) 金融企业会计在核算方法上具有很大的独特性。金融企业会计核算方法的独特性是由其经营对象的特殊性决定的。金融企业尤其是银行,是经营货币资金的特殊企业,其各项业务活动从发生到完成,都不会改变资金的货币形态,而不像工商企业伴随着货币资金运动的同时还有一个物质流。这就决定金融企业会计在科目设置、凭证编制、账务处理程序以及具体业务的方法上,都明显区别于其他企业会计。

(3) 金融企业会计的核算与金融各项业务的处理紧密联系在一起。金融企业会计的核算过程就是金融业务的处理过程,这是因为各项金融业务活动都必须通过会计来实现,由会计人员具体办理,比如客户提交结算凭证,委托银行办理资金收付,银行从接柜审核、凭证处理、传递到登记账簿完成结算,这一系列程序,既是业务活动过程,又是会计核算过程,待业务活动停止,会计核算已基本完成。

(4) 金融企业会计联系面广、政策性强。金融企业会计通过柜台办理各种门市业务,从而与社会各方面发生密切联系,所以金融企业会计工作处理的好坏,不仅影响自身的工作,而且还影响社会其他会计的工作,进而影响国民经济各部门、各企业、各单位的经济活动。因此,金融企业会计必须认真贯彻执行国家各项经济政策,协调处理好各方面的经济关系。

(5) 金融企业会计具有严密的内部监督机制和制度。由于金融企业会计在国民经济中具有举足轻重的地位和作用,因而要求金融企业会计核算必须做到准确、及时、真实、完整,以确保会计核算的质量。为此,金融企业会计采用严密独特的内部控制与监督方式进行核算,比如双线核算、双线核对、复核制度、内外对账、当日轧平账务等,以保证金融企业会计核算正确无误。

另外,由于金融企业会计核算的业务量大,会计凭证种类繁多,要求处理及时,当天的业务当天应该处理完毕。随着市场经济的发展,金融企业会计的工作任务越来越艰巨。为了适应金融业务的发展,满足会计核算的需要,在会计核算中广泛应用计算机联网操作。实行计算机网络化是现代金融会计工作的重要标志之一。

第二节 金融企业会计核算的基本前提

会计核算的基本前提是指会计人员为了实现会计目标而对错综复杂、变化不定的会计环境所做的合乎情理的假定,也是收集会计数据、选择会计方法的重要依据。金融企业会计核算的四个基本前提分别是会计主体、持续经营、会计分期、货币计量。

一、会计主体

会计主体是指金融企业会计确认、计量和报告的空间范围。

凡是有能力拥有资源、承担义务、独立或相对独立的特定单位或组织,都需要进行独立核算,成为一个会计主体。在实际工作中,会计主体又称会计单位、会计实体、记账主体等。会计主体的确定通常视管理需要而定,它可以是一个企业,也可以是若干家企业通过控股关系组织起来的集团公司。一个会计主体可能包括几个会计主体,如总公司和分公司;几个会计主体也可合并为一个会计主体,如联营公司。组织形式多样的特定单位要成为会计主体要满足以下两点:(1)它应是独立的实体;(2)应是统一的整体。

需要注意的是,会计主体不同于法律主体。一般来说,法律主体必然是会计主体,但会计主体不一定是法律主体。会计主体既可以是独立法人,也可以是非法人;既可以是整个企业,也可以是企业内部某个特定的部分或单位;既可以是单一企业,也可以是由几个企业组成的企业集团。

二、持续经营

持续经营是指会计主体的业务经营活动能够按照既定目标持续不断地经营下去。只有在持续经营的前提下,资金才能实现周而复始的循环与周转,会计人员才能分期记账,定期进行财务报告,会计处理方法才能保持一致性和稳定性,并以权责发生制为基础确定本期的收益和费用,解决资产计价和负债偿还等问题。

在一般情况下,金融企业都应按持续经营假定进行核算。若有迹象表明金融企业已无法继续经营时,持续经营假定就不再适用,会计人员应改用清算价格或重置成本来确定财产价值,并进行相应的会计处理。

三、会计分期

会计分期是指将会计主体的持续经营活动人为地分割为一定的期间,分期结算账目,报告财务状况,以满足有关各方对财务信息的需求。我国《金融企业会计制度》规定,会计分期按公历起讫日期分为年度、半年度、季度和月度。会计分期解决了会计核算和监督的时间范围问题。

会计分期是一种人为的分割,它与经济业务的自然周期不一致,因此会计核算必须确定各项经济业务与某一会计期间的关系,由此产生了权责发生制、收付实现制两种会计处理方法,以及折旧、摊销、计提坏账准备金等账务处理方法。

四、货币计量

货币计量是指会计信息应以货币为计量尺度。货币计量假定包括如下几层含义:一是假设货币币值保持不变。按照国际惯例,当货币本身价值波动不大或前后波动可以相互抵消时,这些波动在会计核算中可不予考虑,但在发生持续的恶性通货膨胀、货币购买力严重下跌时,就需要用特殊的会计准则进行处理。二是会计核算的对象只包括能用货币计量的经济活动。三是借贷记账法只有通过货币计量,才能全面、连续、系统、完整地揭示企业的经营状况和财务成果。四是我国金融企业的会计核算以人民币为记账本位币。业务收支以外币为主的企业,可以选定某种外币作为记账本位币,但编制的会计报表应折算为人民币来反映。境外企业向国内有关部门报送的会计报表也应折算为人民币来反映。

第三节 金融企业的会计信息质量要求

金融企业应以权责发生制为基础进行会计确认、计量和报告。权责发生制又称应收应付制,是指凡是当期已经实现的收入和已经发生或应当负担的费用,不论款项是否收付,都应作为当期的收入和费用;凡是不属于当期的收入和费用,即使款项已在当期收付,也不应作为当期的收入和费用。权责发生制的原则主要是解决收入和费用何时予以确认及确认多少的问题。根据权责发生制进行收入和费用的核算,能够更准确地反映特定会计期间真实的财务状况和经营成果。在此基础上,《企业会计准则》对会计信息有如下质量要求。

(1)客观性原则。客观性原则又称真实性原则,是指金融企业会计核算应当以实际发生的交易或事项为依据,如实反映其财务状况、经营成果和现金流量。

客观性原则主要包括三方面含义:一是真实性,即所提供的会计信息必须如实反映金融企业的财务状况、经营成果和现金流量;二是可靠性,即会计人员的计量、记录和报告必须以客观事实为依据,不受主观意志左右;三是可验性,即有可靠的凭证,以供复查其数据来源和信息提供过程。

(2)相关性原则。相关性原则又称有用性原则,是指金融企业提供的会计信息应当与信息使用者密切相关,能够满足宏观经济管理的需要,满足各有关方面了解企业财务状况、经营成果和现金流量的需要,满足企业加强内部经营管理的需要。

(3)可比性原则。可比性原则又称统一性原则,是指金融企业应当按照规定的会计处理方法进行会计核算,会计指标应当口径一致、相互可比。

可比的主要含义为:在横向上,本企业与其他同质企业的会计信息可比;在纵向上,本企业的现时资料与历史资料可比。

(4)及时性原则。及时性原则是指金融企业的会计核算应当及时进行,不得提前或延后。会计信息的价值在于帮助信息使用者做出经济决策,因而具有时效性。如果金融企业的会计信息不能及时提供,即使该信息具有客观性、可比性和相关性,对于会计信息使用者也没有任何意义,甚至会误导会计信息使用者。为保证会计信息的及时性,务必做到三点:及时收集会计信息,及时对会计信息进行加工处理,及时传递会计信息。

(5)明晰性原则。明晰性原则是指金融企业的会计核算应当清晰明了,便于理解和运用。明晰性原则作为会计信息的重要质量特征,要求在会计核算中,会计记录应当准确清晰,凭证填制、账簿登记应当依据合法,账户对应关系清楚,文字摘要完整,会计报表应做到项目完整、数字准确、钩稽关系清楚。

(6)谨慎性原则。谨慎性原则又称稳健性原则,是指金融企业的会计核算应当认真、谨慎,不得多计资产或收益,也不得少计负债或费用。谨慎性原则是针对经济活动中的不确定因素,要求在会计处理上保持小心谨慎的态度,充分考虑到可能发生的风险和损失。当某些经济业务或会计事项存在不同会计处理程序和方法时,在不影响合理反映的情况下,尽可能选择不虚增利润或夸大所有者权益的会计处理程序和方法,以便对防范风险起到预警作用。

(7)重要性原则。重要性原则是指金融企业在会计核算中对不同的交易或事项应当区别对待,根据其重要程度采用不同的处理方法。重要性原则要求对资产、负债、损益等有较大影响,进而影响财务会计报告使用者做出合理判断的重要会计事项,必须按规定的会计方法和程序进行处理,并在财务会计报告中予以充分准确地披露;对于次要的会计事项,在不影响会计信息真实性和不致误导财务会计报告使用者做出正确判断的前提下,可适当简化处理。

(8)实质重于形式原则。实质重于形式原则是指金融企业应当按照交易或事项的实质和经济现实进行会计核算,不应仅以它们的法律形式作为会计核算的依据。在实际工作中,交易或事项的外在法律形式或人为形式并非总能完全反映其实质内容,此原则能够保证会计核算信息与客观经济事实相符,从而提高会计信息的质量。

第四节 金融企业会计要素的确认与计量

一、金融企业会计要素

会计要素是根据交易或者事项的经济特征对会计核算对象进行的基本分类,是会计核算对象的具体化。按照我国《企业会计准则》的规定,会计要素分为资产、负债、所有者权益、收入、费用、利润六项。其中,资产、负债、所有者权益是企业财务状况的静态反映,也称资产负债表要素;收入、费用、利润是从动态方面来反映企业的经营成果,也称利润表要素。

(一)资产

1.资产的定义

资产是指企业过去的交易或事项形成的、由企业控制的、预期会给企业带来经济利益的资源。

根据资产的定义,资产具有以下特征:一是资产应为金融企业拥有或者控制的资源;二是资产预期会给金融企业带来经济利益;三是资产是由金融企业过去的交易或者事项形成的。

2.资产的确认条件

将一项资源确认为资产,需要符合资产的定义,还应同时满足以下两个条件:一是与该资源有关的经济利益很可能流入金融企业;二是该资源的成本或者价值能够可靠地计量。

金融企业的资产按流动性在资产负债表中列示,具体包括现金及存放款项、拆出资金、结算备付金、应收分保账款、交易及衍生性金融资产、贷款及各项垫款、可供出售的金融资产、持有至到期投资、长期股权投资、固定资产、在建工程、无形资产和其他资产等。

(二)负债

1.负债的定义

负债是指金融企业过去的交易或者事项形成的、预期会导致经济利益流出金融企业的现时义务。根据负债的定义,负债具有以下特征:一是负债是金融企业承担的现时义务;二是负债预期会导致经济利益流出金融企业;三是负债是由金融企业过去的交易或者事项形成的。

2. 负债的确认条件

将一项现时义务确认为负债,需要符合负债的定义,还应当同时满足以下两个条件:一是与该义务有关的经济利益很可能流出金融企业;二是未来流出的经济利益的金额能够可靠地计量。

(三)所有者权益

1. 所有者权益的定义

所有者权益是指金融企业资产扣除负债后,由所有者享有的剩余权益。公司的所有者权益又称为股东权益。所有者权益是所有者对金融企业资产的剩余索取权,它是金融企业资产中扣除债权人权益后应由所有者享有的部分,既可反映所有者投入资本的保值增值情况,又体现了保护债权人权益的理念。

2. 所有者权益的确认条件

所有者权益体现的是所有者在金融企业中的剩余权益,因此,所有者权益的确认主要依赖于其他会计要素,尤其是资产和负债的确认;所有者权益金额的确定也主要取决于资产和负债的计量。例如,金融企业接受投资者投入的资产,在该资产符合金融企业资产确认条件时,就相应地符合了所有者权益的确认条件;当该资产的价值能够可靠计量时,所有者权益的金额也就可以确定。

金融企业的所有者权益的来源包括所有者投入的资本、直接计入所有者权益的利得和损失、留存收益等,通常由实收资本(或股本)、资本公积(含资本溢价或股本溢价、其他资本公积)、盈余公积、一般风险准备和未分配利润构成。

(四)收入

1. 收入的定义

收入是指金融企业在日常活动中形成的、会导致所有者权益增加的、与所有者投入资本无关的经济利益的总流入。根据收入的定义,收入具有以下特征:一是收入是金融企业在日常活动中形成的;二是收入会导致所有者权益的增加;三是收入是与所有者投入资本无关的经济利益的总流入。

2. 收入的确认条件

金融企业收入的来源渠道多种多样,不同收入来源的特征有所不同,其收入确认条件也往往存在差别。一般而言,收入只有在经济利益很可能流入从而导致金融企业资产增加或者负债减少、经济利益的流入额能够可靠计量时才予以确认。即收入的确认至少应当符合以下条件:一是与收入相关的经济利益应当很可能流入金融企业;二是经济利益流入金融企业的结果会导致资产的增加或者负债的减少;三是经济利益的流入额能够可靠计量。

金融企业收入主要包括利息收入、保费收入、租赁收入、手续费及佣金收入、投资收益和其他业务收入等。

(五)费用

1. 费用的定义

费用是指金融企业在日常活动中发生的、会导致所有者权益减少的、与向所有者分配利润无关的经济利益的总流出。根据费用的定义,费用具有以下特征:一是费用是金融企业在日常活动中形成的;二是费用会导致所有者权益的减少;三是费用是与向所有者分配利润无关的经济利益的总流出。

2. 费用的确认条件

费用的确认除了应当符合费用的定义外,也应当满足严格的条件,即费用只有在经济利益很可能流出从而导致金融企业资产减少或者负债增加、经济利益的流出额能够可靠计量时才能予以确认。因此,费用的确认至少应当符合以下条件:一是与费用相关的经济利益应当很可能流出金融企业;二是经济利益流出金融企业的结果会导致资产的减少或者负债的增加;三是经济利益的流出额能够可靠计量。

金融企业费用主要包括利息支出、赔付支出、分保费用、手续费及佣金支出、业务及管理费、税金及其他业务成本等。

(六)利润

1. 利润的定义

利润是指金融企业在一定会计期间的经营成果。通常情况下,如果金融企业实现了利润,表明金融企业的所有者权益将增加,业绩得到了提升;反之,如果金融企业发生了亏损(即利润为负数),表明金融企业的所有者权益将减少,业绩下滑了。利润往往是评价金融企业管理层业绩的一项重要指标,也是投资者等财务报告使用者进行决策时的重要参考。

2. 利润的确认条件

利润反映的是收入减去费用、利得减去损失后的净额。因此,利润的确认主要依赖于收入和费用以及利得和损失的确认,其金额的确定也主要取决于收入、费用、利得、损失金额的计量。

利润包括收入减去费用后的净额、直接计入当期利润的利得和损失等。其中,收入减去费用后的净额反映的是金融企业日常活动的经营业绩,直接计入当期利润的利得和损失反映的是金融企业非日常活动的业绩。直接计入当期利润的利得和损失是指应当计入当期损益、最终会引起所有者权益发生增减变动的、与所有者投入资本或者向所有者分配利润无关的利得或者损失。金融企业应当严格区分收入和利得、费用和损失之间的区别,以更加全面地反映金融企业的经营业绩。

二、会计要素的计量

会计要素的计量是为了将符合确认条件的会计要素登记入账并列报于财务报表而确定其金额的过程。金融企业应当按照规定的会计计量属性进行计量,确定相关金额。计量属性是指所予以计量的某一要素的特性方面,如桌子的长度、铁块的质量、楼房的面积等。从会计角度,计量属性反映的是会计要素金额的确定基础,主要包括历史成本、重置成本、可变现净值、现值和公允价值等。

(一)历史成本

历史成本又称实际成本,是指取得或制造某项财产物资时所实际支付的现金或现金等价物。在历史成本计量下,资产按照其购置时支付的现金或者现金等价物的金额,或者按照购置资产时所付出的对价的公允价值计量。负债按照其因承担现时义务而实际收到的款项或者资产的金额,或者承担现时义务的合同金额,或者按照日常活动中为偿还负债预期需要支付的现金或者现金等价物的金额计量。

(二)重置成本

重置成本又称现行成本,是指按照当前市场条件,重新取得同样一项资产所需支付的现金或现金等价物金额。在重置成本计量下,资产按照现在购买相同或者相似资产所需支付的现金或者现金等价物的金额计量。负债按照现在偿付该项债务所需支付的现金或者现金等价物的金额计量。在实务中,重置成本多应用于盘盈固定资产的计量等。

(三)可变现净值

可变现净值是指在正常生产经营过程中,以预计售价减去进一步加工成本和预计销售费用以及相关税费后的净值。在可变现净值计量下,资产按照其正常对外销售所能收到现金或者现金等价物的金额扣减该资产至完工时估计将要发生的成本、估计的销售费用以及相关税费后的金额计量。可变现净值通常应用于存货资产减值情况下的后续计量。

(四)现值

现值是指对未来现金流量以恰当的折现率进行折现后的价值,是考虑货币时间价值的一种计量属性。在现值计量下,资产按照预计从其持续使用和最终处置中所产生的未来净现金流入量的折现金额计量。负债按照预计期限内需要偿还的未来净现金流出量的折现金额计量。现值通常用于非流动资产可收回金额和以摊余成本计量的金融资产价值的确定等。例如,在确定固定资产、无形资产等可收回金额时,通常需要计算资产预计未来现金流量的现值;对于持有至到期投资、贷款等以摊余成本计量的金融资产,通常需要使用实际利率法将这些资产在预期存续期间或适用的更短期间内的未来现金流量折现,再通过相应的调整确定其摊余成本。

(五)公允价值

公允价值是指在公平交易中,熟悉情况的交易双方自愿进行资产交换或者债务清偿的金额。在公允价值计量下,资产和负债按照在公平交易中熟悉情况的交易双方自愿进行资产交换或者债务清偿的金额计量。在国际财务会计界,对金融工具,尤其衍生工具的计量,已达成广泛的共识。无论是 FASB 还是 IASB 都确立了以公允价值计量所有金融工具的思想。对于金融企业而言,公允价值计量属性必将成为一种最主要的计量属性。

思考题

1. 金融企业会计有哪些特征?
2. 金融企业会计核算应遵循哪些基本前提?
3. 金融企业会计信息质量要求有哪些?
4. 金融企业会计要素的具体内容有哪些?
5. 金融企业有哪些会计计量属性可供选择?

第二章 金融企业会计核算的基本方法

会计核算的基本方法是指对会计对象进行完整、连续、系统、综合反映与控制的基本业务技术手段或方式,主要包括设置会计科目和账户、复式记账、填制和审核会计凭证、登记账簿、成本核算、财产清查和编制财务报表等方法。这些方法构成了一个完整、科学的会计核算方法体系。

第一节 会 计 科 目

一、会计科目的含义

会计科目是对会计对象的具体内容进行分类反映的标志或名称,它是设置账户、分类记载会计事项的工具,也是确定报表项目的基础。设置会计科目应遵循统一的会计核算规范,满足统一经营管理的需要。适当简化会计科目的设置,可以提高会计核算工作效率、降低核算成本。

金融企业会计科目是对金融企业会计对象的具体内容即会计要素(资产、负债、所有者权益、收入、费用和利润)做进一步的分类。它是根据企业会计准则以及金融企业会计核算和管理的需要而设置的。通过设置金融企业会计科目,可以把各项金融企业会计要素的增减变化分门别类地记在账上,为金融企业内部管理和外部有关方面提供一系列具体的、清晰的、分类的数量指标。

二、会计科目的分类

根据《企业会计准则——应用指南》,金融企业会计科目分为资产类、负债类、共同类、所有者权益类和损益类五大类。

(1)资产类。资产类反映金融企业资金的占用和分布,包括各种资产债权和其他权利,如各项流动资产、长期股权投资、固定资产、无形资产和其他资产等。

(2)负债类。负债类反映金融企业资金取得和形成的渠道,包括各种债务、应付款项和其他应偿付债务,如向中央银行借款、衍生金融负债、吸收各种存款、应付职工薪酬、应付债券等。

(3)共同类。共同类反映金融企业在日常核算中资产负债性质不确定,其性质视科目的期末余额轧差而定,包括清算资金往来、货币兑换等。

(4)所有者权益类。所有者权益类反映投资者在金融企业资产中享有的经济利益,主要包括所有者投入的资本金和留存利润,如实收资本(或股本)、资本公积、盈余公积、一般风险准备、未分配利润等。

(5)损益类。损益类反映银行财务收支及经营损益,包括金融业的收入、支出和费用,如利息收入、其他业务收入、投资收益、营业外收入、利息支出和营业外支出等。

根据《企业会计准则——应用指南》归纳的金融企业会计科目见表2.1。

表 2.1　金融企业会计科目表

序号	编号	会计科目	序号	编号	会计科目
		一、资产类	44	1703	无形资产减值准备
1	1001	库存现金	45	1711	商誉
2	1002	银行存款	46	1801	长期待摊费用
3	1003	存放中央银行款项	47	1811	递延所得税资产
4	1011	存放同业	48	1901	待处理财产损溢
5	1021	结算备付金			二、负债类
6	1031	存出保证金	49	2002	存入保证金
7	1101	交易性金融资产	50	2003	拆入资金
8	1111	买入返售金融资产	51	2004	向中央银行借款
9	1131	应收股利	52	2011	同业存放
10	1132	应收利息	53	2012	吸收存款
11	1201	应收代位追偿款	54	2021	贴现负债
12	1211	应收分保账款	55	2101	交易性金融负债
13	1212	应收分保合同准备金	56	2111	卖出回购金融资产款
14	1221	其他应收款	57	2201	应付手续费及佣金
15	1231	坏账准备	58	2211	应付职工薪酬
16	1301	贴现资产	59	2221	应交税费
17	1302	拆出资金	60	2231	应付利息
18	1303	贷款	61	2232	应付股利
19	1304	贷款损失准备	62	2241	其他应付款
24	1451	损余物资	63	2251	应付保单红利
25	1461	融资租赁资产	64	2261	应付分保账款
26	1471	持有至到期投资	65	2311	代理买卖证券款
27	1502	持有至到期投资减值准备	66	2312	代理承销证券款
28	1503	可供出售金融资产	67	2313	代理兑付证券款
29	1511	长期股权投资	68	2314	代理业务负债
30	1512	长期股权投资减值准备	69	2401	递延收益
31	1521	投资性房地产	70	2502	应付债券
32	1531	长期应收款	71	2601	未到期责任准备金
33	1532	未实现融资收益	72	2602	保险责任准备金
34	1541	存出资本保证金	73	2611	保户储金
35	1601	固定资产	74	2621	独立账户负债
36	1602	累计折旧	75	2701	长期应付款
37	1603	固定资产减值准备	76	2702	未确认融资费用
38	1604	在建工程	77	2801	预计负债
39	1605	工程物资	78	2901	递延所得税负债
40	1606	固定资产清理			三、共同类
41	1611	未担保余值	79	3001	清算资金往来
42	1701	无形资产	80	3002	货币兑换
43	1702	累计摊销	81	3101	衍生工具

续表 2.1

序号	编号	会计科目	序号	编号	会计科目
82	3201	套期工具	99	5201	摊回保险责任准备金
83	3202	被套期项目	100	5202	摊回赔付支出
		四、所有者权益类	101	5203	摊回分保费用
84	4001	实收资本	102	5301	营业外收入
85	4002	资本公积	103	5403	营业税金及附加
86	4101	盈余公积	104	5411	利息支出
87	4102	一般风险准备	105	5421	手续费及佣金支出
88	4103	本年利润	106	5501	提取未到期责任准备金
89	4104	利润分配	107	5502	提取保险责任准备金
90	4201	库存股	108	5511	赔付支出
		五、损益类	109	5521	保单红利支出
91	5011	利息收入	110	5531	退保金
92	5021	手续费及佣金收入	111	5541	分出保费
93	5031	保费收入	112	5542	分保费用
94	5041	租赁收入	113	5601	业务及管理费
95	5051	其他业务收入	114	5701	资产减值损失
96	5061	汇兑损益	115	5711	营业外支出
97	5101	公允价值变动损益	116	5801	所得税费用
98	5111	投资收益	117	5901	以前年度损益调整

会计科目按与资产负债表、利润表的关系分为表内科目和表外科目两类。表内科目是用来核算和监督金融企业资金实际增减变化情况并反映在资产负债表和利润表中的科目，表 2.1 中所列会计科目均属表内科目；表外科目是用以记载不涉及金融企业资金实际增减变化的主要会计事项的科目。这种分类对金融企业也很重要，金融企业有许多经济业务须用表外科目反映。

会计科目按照其提供核算指标的详细程度分为总分类科目和明细分类科目。总分类科目又称一级科目，是指对会计要素的具体内容进行总括分类的科目；明细分类科目，是指根据核算与管理的需要对某些会计科目所做的进一步分类，按照分类的详细程度不同又可分为子目和细目。子目又称二级科目，细目又称三级科目。例如，"吸收存款"科目，能总括反映商业银行吸收存款的情况，根据管理与核算的需要，该科目又可以划分为吸收单位的"单位存款"和吸收居民个人的"储蓄存款"等子目，"储蓄存款"下还可以按储蓄人设立细目，以反映各存款人的详细情况。

第二节 记 账 方 法

一、记账方法的种类

记账方法是指在账簿中登记经济业务所使用的方法，即以会计凭证为依据，运用一定的记账原理和规则,把经济业务记到账簿上,并通过试算平衡来检查账簿记录是否正确。记账方法按其登记一项经济业务时是涉及一个账户还是涉及两个或两个以上的账户,可分为单式记账法和复式记账法。金融企业记账对反映资产运动的表内科目采用复式记账法,对表外科目采用单式记账法。

(一)复式记账法

复式记账法是对发生的每一项经济业务在相互联系的两个或两个以上的账户中做双重记录的记账方法。它使有关科目之间的对应关系清楚、明了,对每一项经济业务的来龙去脉,及全部的经济业务都相互联系地登记入账,完整、系统地反映了经济活动的过程和结果。同时,由于对每项经济业务都以相等的金额进行分类登账,因而对记录的结果,可以进行试算平衡,以检查账户记录是否正确。复式记账法是一种科学的记账方法。

(二)单式记账法

单式记账法是一种比较简单、不完整的记账方法。它对发生的每一笔经济业务一般只在一个账户上登记一笔账,账户之间的记录没有直接联系,账户记录也没有相互平衡的概念。单式记账法不能全面、系统地反映经济业务的来龙去脉,也不便于检查账户记录的正确性和完整性。因此,在金融企业会计工作中,仅对表外科目所涉及的会计事项采用单式记账法进行记录。

二、复式记账法的应用

目前,世界各国广泛采用的复式记账法是借贷记账法。根据企业会计准则的规定,我国金融企业会计核算,也必须采用借贷记账法。借贷记账法是根据资产平衡规律,以"借""贷"作为记账符号,运用复式记账原理来反映金融企业资产、负债等增减变化的一种复式记账方法。其特点主要体现在以下几个方面。

(一)借贷记账法的账户结构

借贷记账法以"借""贷"作为记账符号,任何账户都分为借方和贷方两个基本部分,通常左方为借方,右方为贷方。所有账户的借方和贷方都要按相反的方向记录,即一方登记增加金额,一方登记减少金额。至于哪一方登记增加金额,哪一方登记减少金额,则取决于账户所要反映的经济内容。一般来说,凡资产、费用类账户的增加记借方,减少记贷方,余额在借方;凡负债、收入、权益类账户的增加记贷方,减少记借方,余额在贷方。

(二)借贷记账法的记账规则

借贷记账法的记账规则是:有借必有贷,借贷必相等。即对发生的每一笔经济业务都以相等的金额,借贷相反的方向,在两个或两个以上相互联系的账户中进行登记。也就是说,在一个账户中记借方,必须同时在另一个或几个账户中记贷方;或者在一个账户中记贷方,同时在另一个或几个账户中记借方。记入借方的金额同记入贷方的金额必须相等。

(三)借贷记账法的试算平衡

由于借贷记账法在处理每笔经济业务时,都贯彻了"有借必有贷,借贷必相等"的记账规则,且保持金额相等,方向相反,因此,每一天或一定时期内,各科目所属账户的借贷累计发生额及其最终余额都必须体现不同方向的数量平衡。前者是根据借贷记账法的记账规

则来确定的,后者是根据资产等于负债加所有者权益的平衡关系原理来确定的。其计算公式为

$$所有账户借方本期发生额合计 = 所有账户贷方本期发生额合计$$
$$所有账户借方余额合计 = 所有账户贷方余额合计$$

例如,某商业银行桥东营业部发生如下业务:

(1)从中央银行提取现金 450 000 元。编制会计分录为

借:库存现金　　　　　　　　　　　　　　　　450 000
　贷:存放中央银行款项　　　　　　　　　　　　　450 000

(2)给胜利机械厂发放信用贷款 240 000 元。编制会计分录为

借:贷款——信用贷款——胜利机械厂户　　　　240 000
　贷:吸收存款——单位活期存款——胜利机械厂户　240 000

(3)大华公司存入现金 60 000 元。编制会计分录为

借:库存现金　　　　　　　　　　　　　　　　60 000
　贷:吸收存款——单位活期存款——大华公司存款户　60 000

(4)计算并以现金支付个人储蓄存款利息 1 500 元。编制会计分录为

借:利息支出　　　　　　　　　　　　　　　　1 500
　贷:库存现金　　　　　　　　　　　　　　　　1 500

(5)红星公司向银行开具现金支票提取现金 30 000 元。编制会计分录为

借:吸收存款——单位活期存款——红星公司存款户　30 000
　贷:库存现金　　　　　　　　　　　　　　　　30 000

(6)经批准按法定程序用资本公积转增资本 150 000 元。编制会计分录为

借:资本公积　　　　　　　　　　　　　　　　150 000
　贷:实收资本　　　　　　　　　　　　　　　　150 000

将上述六项经济业务的发生额与余额用表格方式试算平衡见表2.2。

表2.2　发生额与余额试算平衡表

单位:元

科目名称	上期余额		本期发生额		本期余额	
	借方	贷方	借方	贷方	借方	贷方
库存现金	800 000		510 000	31 500	1 278 500	
存放中央银行款项	600 000			450 000	150 000	
贷款	20 000		240 000		260 000	
吸收存款		1 361 000	30 000	300 000		1 631 000
实收资本		40 000		150 000		190 000
资本公积		180 000	150 000			30 000
利息支出	161 000		1 500		162 500	
合计	1 581 000	1 581 000	931 500	931 500	1 851 000	1 851 000

由表2.2可以看出,上述经济业务各科目借贷方发生额及余额均相等。

第三节 会计凭证

会计凭证是记录经济业务、明确经济责任的书面证明,也是登记账簿的依据。金融企业应对发生的每一项经济业务,按规定的程序和要求,由经办人员填制或取得会计凭证,并在凭证上签名或盖章,以对凭证的真实性和正确性负责任。会计凭证必须经有关人员严格审核,只有经审核无误后,才能作为登记账簿的依据。因此,填制和审核会计凭证,是金融企业会计核算的一项重要的基础工作。

会计凭证按填制程序和用途分为原始凭证和记账凭证两大类。下面主要以商业银行为例介绍会计凭证的相关内容。

一、原始凭证

原始凭证是在经济业务发生时取得或填制的,用以记录和证明经济业务的发生或完成情况的原始依据。

(一) 原始凭证的内容

由于经济业务的复杂性和经营管理的要求不同,原始凭证的名称、格式和内容是多种多样的。但原始凭证作为记录和证明经济业务的发生或完成情况、明确经办单位和人员的经济责任的原始证据,必须具备以下基本内容:(1)凭证名称;(2)编制年、月、日;(3)收、付款人户名和账号;(4)收、付款人开户银行名称及行号;(5)人民币(外币)符号和金额;(6)款项来源、用途及附件张数;(7)按照有关规定加盖的签章。

(二) 原始凭证的种类

原始凭证按其来源不同可分为外来原始凭证和自制原始凭证。

1. 外来原始凭证

外来原始凭证是在经济业务发生时,从其他单位或个人直接取得的凭证,如客户签开的支票、各种结算凭证、从其他银行收到的收付款通知等。

2. 自制原始凭证

自制原始凭证是金融企业在办理业务过程中,根据业务需要而填制的各种专用凭证,如利息计算清单,供收、付款时填制的特种转账借贷方凭证等。

二、记账凭证

记账凭证是根据原始凭证编制或用原始凭证代替的凭证,它是登记账簿的直接依据。

(一) 记账凭证的内容

记账凭证除具备原始凭证的有关要素内容外,还必须具备转账日期、会计分录、附件张数、银行记账人员和复核人员盖章等内容。记账凭证与原始凭证的划分并不是绝对的。原始凭证具备记账凭证的条件,就可用来代替记账凭证登记账簿。不能代替记账凭证的原始凭证,可作为记账凭证的附件,附于记账凭证之后。

(二) 记账凭证的种类

记账凭证按照其格式和使用范围不同可分为普通的基本凭证和特定的专业凭证。

1. 基本凭证

基本凭证是银行根据有关业务的原始凭证及其事实,自行编制用以记账的各种传票,如现金收入传票和现金付出传票、转账借方传票和转账贷方传票、特种转账借方传票和特种转账贷方传票、表外科目收入传票和表外科目付出传票等,见表2.3~表2.10。

表2.3 现金收入传票

(贷)_____
(借)库存现金

年　月　日

总字第　　号
字　第　　号

户名或账号	摘要	金额								
		百	十	万	千	百	十	元	角	分
合　　计										

会计　　　　　　出纳　　　　　　复核　　　　　　记账

表2.4 现金付出传票

(贷)库存现金
(借)_____

年　月　日

总字第　　号
字　第　　号

户名或账号	摘要	金额								
		百	十	万	千	百	十	元	角	分
合　　计										

会计　　　　　　出纳　　　　　　复核　　　　　　记账

表 2.5　转账贷方传票

年　　月　　日

| 总字第　　号 |
| 字　　第　　号 |

科目(借)		对方科目(贷)									
户名或账号		摘要		金额							
				百	十	万	千	百	十	元	角	分
合　　计												

附件　　张

会计　　　　　出纳　　　　　复核　　　　　记账

表 2.6　转账贷方传票

年　　月　　日

| 总字第　　号 |
| 字　　第　　号 |

科目(贷)		对方科目(借)									
户名或账号		摘要		金额							
				百	十	万	千	百	十	元	角	分
合　　计												

附件　　张

会计　　　　　出纳　　　　　复核　　　　　记账

表 2.7 特种转账借方传票

年　　月　　日

| 总字第　　号 |
| 字　　第　　号 |

付款单位	全称				收款单位	全称					
	账号或住址					账号或住址					
	开户银行					开户银行			行号		
金额	人民币（大写）						百 十 万 千 百 十 元 角 分				附件
原凭证金额 ¥		赔偿金 ¥				科目(借)					
原凭证名称			号码			对方科目(贷)					张
转账原因					银行盖章	合计　　复核　　记账					

表 2.8 特种转账贷方传票

年　　月　　日

| 总字第　　号 |
| 字　　第　　号 |

收款单位	全称				付款单位	全称					
	账号或住址					账号或住址					
	开户银行					开户银行			行号		
金额	人民币（大写）						百 十 万 千 百 十 元 角 分				附件
原凭证金额 ¥		赔偿金 ¥				科目(贷)					
原凭证名称			号码			对方科目(借)					张
转账原因					银行盖章	合计　　复核　　记账					

表2.9　表外科目收入传票

表外科目(收)　　　　　　　　　　　年　月　日

| 总字第　号 |
| 字　第　号 |

户名	摘要	金额								
		百	十	万	千	百	十	元	角	分
	合　计									

会计　　　　　　出纳　　　　　　复核　　　　　　记账

表2.10　表外科目付出传票

表外科目(付)　　　　　　　　　　　年　月　日

| 总字第　号 |
| 字　第　号 |

户名	摘要	金额								
		百	十	万	千	百	十	元	角	分
	合　计									

会计　　　　　　出纳　　　　　　复核　　　　　　记账

2. 专业凭证

专业凭证是金融企业根据某项业务的特殊需要而制定的、有专门格式和用途的凭证。以商业银行为例,这类凭证一般是由单位提交的各种结算和贷款的凭证。商业银行收到后,常把其中一联或两联代替传票,据以记账;有时也由银行自行填写,据以办理业务和记账,如定期储蓄存单等。此外,会计凭证从形式上可分为单式凭证和复式凭证。凡一笔经济业务涉及的科目分别填制在几张凭证上,一张凭证只作一个科目的记账依据,这种记账凭证称为单式凭证。凡一笔经济业务涉及的所有科目,都集中在一张凭证上,既作借方科目的记账依据,又作贷方科目的记账依据,这种记账凭证称为复式凭证。在其他企业中,单式凭证已较少采用。但是,由于金融企业经济业务量大,凭证传递次数多,会计分工较细,为加速凭证的传递,便于分工记账和汇总,金融企业中较多地使用单式凭证。

金融企业会计凭证的填制要求、审核、传递和保管与一般企业基本相同,不再赘述。

第四节 账务组织

金融企业账务组织又称金融企业会计核算形式,是指账簿的设置、记账程序和核对方法的有机结合。不同性质、不同规模的金融企业,其账务组织不同。以商业银行为例,其账务组织由明细核算、综合核算和账务核对三部分组成。

一、明细核算

明细核算是各科目的详细记录,它是在每个会计科目下,设立明细账户,以具体反映各账户资金增减变化及其结果的详细情况。明细核算由分户账、登记簿、余额表和现金收入(付出)日记簿组成,其核算程序为:根据会计凭证登记分户账或登记簿,根据分户账编制余额表,最后同总账进行核对。

(一) 分户账

分户账是明细核算的主要形式,是各科目的详细记录,也是银行同开户单位对账的依据。它按单位或资金性质立户,根据传票逐笔连续记载,具体反映各账户的资金活动情况。分户账的格式除规定的专用格式外,主要有甲、乙、丙、丁四种。

1. 甲种账

甲种账设有"借方""贷方""余额"三栏,一般适用于不计息或使用余额表计息的账户,以及银行内部的资金账户,其格式见表2.11。

表2.11 ××银行( )

××账

户名: 账号: 领用凭证记录: 利率:

年		摘要	凭证号码	对方科目代号	借方(位数)	贷方(位数)	借或贷	余额(位数)	复核盖章
月	日								

会计: 记账:

2. 乙种账

乙种账设有"借方""贷方""余额""积数"四栏,一般适用于在账页上加计积数,计算利息的账户,其格式见表2.12。

表2.12　××银行(　　)
××账

户名:　　　　账号:　　　　领用凭证记录:　　　　利率:

年		摘要	凭证号码	对方科目代号	借方(位数)	贷方(位数)	借或贷	余额(位数)	日数	积数(位数)	复核盖章
月	日										

会计:　　　　　　　　　　　　记账:

3. 丙种账

丙种账设有"借方发生额""贷方发生额""借方余额""贷方余额"四栏,一般适用于借贷双方余额的账户,其格式见表2.13。

表2.13　××银行(　　)
××账

户名:　　　　账号:　　　　领用凭证记录:　　　　利率:

年		摘要	凭证号码	对方科目代号	发生额		余额		复核盖章
月	日				借方(位数)	贷方(位数)	借方(位数)	贷方(位数)	

会计:　　　　　　　　　　　　记账:

4. 丁种账

丁种账设有"借方""贷方""余额""销账"四栏,一般适用于逐笔登记、逐笔销账的一次性业务的账户,其格式见表2.14。

表2.14　××银行(　　)
××账

户名:　　　　账号:　　　　领用凭证记录:　　　　利率:

年		摘要	起息日	凭证号码	借方(位数)	销账日期	贷方(位数)	借或贷	余额(位数)	复核盖章
月	日									

会计:　　　　　　　　　　　　记账:

(二) 登记簿

登记簿是一种备查账簿,在银行会计中较多地使用登记簿作为明细账的一种补充形式,它是适应某些业务(客户交来的托收单据)需要而设置的,也是记录和控制重要空白凭证(如现金支票)和有价单证(如银行本票)及实物的重要账簿。一般而言,凡不在分户账上记录而又需进行登记查证的业务,可通过登记簿予以登记反映。其格式可根据业务需要自行设计,一般都采用"收入""付出"和"余额"三栏式来反映数量及金额情况,其格式见表2.15。

表2.15　××银行(　　)
登记簿(卡)

户名:　　　　　　　　单位:

年		摘要	收入		付出		余额		复核盖章
月	日		数量	金额（位数）	数量	金额（位数）	数量	金额（位数）	

会计:　　　　　　　　　　　　　记账:

(三)余额表

余额表是明细核算的重要组成部分,它是核对分户账余额和正确计算利息的重要工具。余额表分为一般余额表和计息余额表两种。

(1)一般余额表。一般余额表适用于不计息的各科目,按各分户账的当日最后余额抄列,其格式见表2.16。

表2.16　××银行(　　)
一般余额表

年　　月　　日　　　　　　　　　　共　页　第　页

科目代号	户名	摘要	余额（位数）	科目代号	户名	摘要	余额（位数）

会计　　　　　　　复核　　　　　　　记账

(2)计息余额表。计息余额表适用于计息的各种科目。其编制方法为:每日营业终了,根据各科目分户账当日最后余额抄列。若当天未发生收付业务,则根据上一日的最后余额填列,其格式见表2.17。

(四)现金收入(付出)日记簿

现金收入(付出)日记簿是反映和控制现金收入、付出情况的序时账簿,是现金收入、付出的明细记录。现金收入、付出日记账是由出纳员根据现金收入传票和现金付出传票分别逐笔进行登记。每日营业终了,分别结出收入合计数和付出合计数,凭以登记现金库存簿,结出库存数,并与实际库存现金以及会计总账科目的对应项目核对相符,其格式见表2.18。

表2.17　中国工商银行(　)
计息余额表

科目名称_____　科目代号_____　　　年　　月份　　　　利率:共　页　第　页

日期＼余额＼用户账号									复核盖章
	位数	位数	位数	位数	位数	位数	位数	位数	
1									
⋮									
10天小计									
⋮									
20天小计									
本月合计									
至上月底未计息积数									
应加应减积数									
至本月底累计未计息积数									
结息时计算利息数									

会计　　　　　　　　复核　　　　　　　　　　记账

表2.18　现金收入(付出)日记簿

年　　月　　日　　　　　　　　　共　页　第　页

凭证号数	科目代号	户名或账号	计划项目代号	金额(位数)	凭证号数	科目代号	户名或账号	计划项目代号	金额(位数)

复核:　　　　　　　　　　　　　出纳:

二、综合核算

综合核算是按科目组织核算,综合、概括地反映各科目的资金增减变化情况,是明细核算的综合和概括,对明细核算起控制作用。综合核算由科目日结单、总账和日记表构成。其核算程序为:先编制科目日结单,然后根据日结单登记总账,最后编制日计表。

(一)科目日结单

科目日结单也称科目汇总传票,是每一会计科目当日借、贷方发生额和传票张数的汇总记录,是控制明细核算的发生额、记账凭证和轧平当日账务的重要工具。每天营业日结束,应按同一科目的凭证区分现金和转账凭证,按现金借方、现金贷方、转账借方、转账贷方分别加总,填入科目日结单的有关栏目,并注明传票张数。全部科目日结单相加的借贷方合计数必须平衡,其格式见表2.19。

表 2.19　银行(　　)

科目日结单

年　　月　　日

类别	日期	借方			贷方		
		传票张数	附件张数	金额（百十亿千百十万千百十元角分）	传票张数	附件张数	金额（百十亿千百十万千百十元角分）
转账							
小计							
现金							
合计							

(二)总账

总账是综合核算的主要形式,是对各科目的总括记录。它是银行经济业务"概览表",是对明细账起控制和统驭作用的账簿,是编制日计表、月计表和年度财务报表的依据。银行总账采用活页账形式,固定设有"借方发生额""贷方发生额""借方余额""贷方余额"四栏,按月进行更换,按年进行装订。其格式见表 2.20。

表 2.20　银行(　　)

总　账

科目名称　　　　　　　　　　　　　　　　　　　　　　　　　　第　　号

年　月份	借方(位数)	贷方(位数)
上年底余额		
本年累计发生额		
上月底余额		

日期	发生额		余额		核对盖章
	借方(位数)	贷方(位数)	借方(位数)	贷方(位数)	复核员
1					
2					
3					
⋮					
10 天小计					
11					
⋮					
20 天小计					

续表2.20

日期	发生额		余额		核对盖章
	借方(位数)	贷方(位数)	借方(位数)	贷方(位数)	复核员
月计					
自年初累计					
本月计息积数					

会计(主管)　　　　　　　　　　　　记账

总账的登记方法是,每日营业终了,根据各科目日结单的借方、贷方发生额合计数分别填列总账,并结出余额。10天一小计。每月终了,应加计本月的借、贷方发生额和本年累计发生额。

(三)日计表

日计表是综合反映各科目当日业务活动发生额和余额的报表,也是轧平当日全部账务的主要工具。日计表应每日编制,表中的会计科目按其代号顺序排列,该表设有"借方本日发生额""贷方本日发生额""借方余额""贷方余额"四栏,其格式见表2.21。

日计表的登记方法是:每日营业终了,其发生额和余额应根据总账当日各科目发生额和余额填记,借、贷本日发生额合计数及借、贷余额合计数必须各自平衡。

表2.21　××银行(　)日计表

年　　月　　日　　　　　　　　　　共　页　第　页

科目代号	科目名称	本日发生额		余额	
		借方	贷方	借方	贷方

行长:　　　　　　会计:　　　　　　复核:　　　　　　制表:

三、账务核对

账务核对是保证账务记载的内容正确无误所采取的一项重要手段,其目的是防错纠弊,保护资金财产安全。通过账务核对使银行会计核算确保账账、账款、账据、账实、账表和内外账务相符。银行的账务核对分为每日核对和定期核对两种方式。

(一)每日核对

每日核对是指银行于每日会计核算结束后,对账务的有关内容进行核对。每日核对的主要内容包括:

(1)各科目的分户账或余额表的余额的合计数应与同一科目总账余额核对相符。

(2)现金收入、付出日记簿当日合计应与总账现金科目的借、贷金额核对相符。

(3)现金库存簿的库存数应与总账现金科目的余额及实存现金数核对相符。

(4)表外科目余额应与有关的登记簿余额相符。

(二)定期核对

定期核对是指对未纳入每日核对的账务应按规定日期进行核对。定期核对的主要内

容包括:
(1)各科目余额的核对。
(2)总账与财务报表的核对。
(3)各种贷款科目账户余额与各种借据或借款合同及各种利息的核对。
(4)有实物的各科目与实物进行定期核对。
(5)表外科目核算凭证与登记簿的核对。

四、商业银行账务处理程序

商业银行账务处理程序,包括明细核算、综合核算和账务核对三个方面。具体程序如图2.1所示。对程序说明如下:
(1)根据银行业务编制或受理凭证(传票)。
(2)根据凭证登记分户账或现金收入、付出日记簿。
(3)根据分户账填制余额表。
(4)根据凭证按科目编制科目日结单。
(5)根据科目日结单登记总账。
(6)根据总账编制日计表。
(7)总账与分户账或余额表核对。
(8)总账与现金收入、付出日记簿和现金库存簿核对。
(9)现金库存簿与实存现金核对。

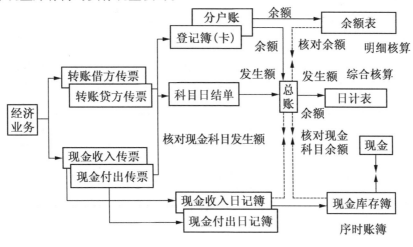

图2.1 商业银行每日账务处理与核对关系图

思考题

1.商业银行会计科目包括哪些类型?
2.简述商业银行的明细核算和综合核算及其相互之间的联系。
3.简述商业银行会计基本账务处理程序。
4.简述商业银行日常账户核对的内容。

第三章 存款业务的核算

第一节 存款业务概述

一、存款业务的意义和种类

存款是指银行以信用方式吸收社会闲置资金的筹资活动。存款是银行负债的重要组成部分,是银行信贷资金的重要来源,是银行生存和发展的基础。在社会主义市场经济的条件下,银行按照客观经济规律的要求,组织和运用存款,为社会主义建设筹措资金,对促进经济发展、平衡信贷收支、调节货币流通、稳定市场物价、促进经济核算、推动勤俭节约、增加社会财富等,具有十分重要的意义。开展存款业务的核算,首先应当对存款种类有明确的了解,然后才能制定和采用相应的核算方式。

存款的分类方法较多,比较常见的分类方法有以下几种:

(1)按存款对象的不同,可分为单位存款和居民个人储蓄存款。单位存款主要是银行吸收企业、事业、机关、社会团体、部队等单位的闲置资金形成的存款;居民个人储蓄存款主要是银行吸收城乡居民个人的资金形成的存款。

(2)按资金性质的不同,可以分为财政性存款和一般性存款。财政性存款是指各行经办的财政预算内存款及集中待缴财政的各种款项形成的存款,这部分存款属金融机构代理中国人民银行业务,属于中国人民银行的信贷资金,是中国人民银行基础货币的组成部分,应全部上缴中国人民银行。一般性存款是指银行吸收的各单位存款及财政预算外存款、居民个人储蓄存款等,这部分存款应按一定比例上缴中国人民银行,形成存款准备金。财政性存款一般不计付利息,一般存款则应计付利息。

(3)按存款期限的不同,可分为活期存款和定期存款。活期存款是存入时不确定存期、可以随时存取的存款,主要包括单位活期存款和个人活期存款。定期存款是在存款时约定存期、到期支取的存款,主要包括单位定期存款和个人定期存款。

(4)按存款币种的不同,存款业务可分为人民币存款和外币存款。人民币存款是单位或个人存入人民币款项而形成的存款。外币存款是单位或个人将其外汇资金存入银行,并随时或约期支取的存款。

二、银行存款账户的开立与管理

为加强对存款及其结算账户的管理,各存款人应按规定在银行开立各种结算账户。

(一)存款账户的种类

存款账户按管理要求的不同可分为基本存款账户、一般存款账户、专用存款账户和临时存款账户。

(1)基本存款账户。基本存款账户是存款人因办理日常转账结算和现金收付的需要而开立的银行结算账户。基本存款账户是存款人的主要账户。存款人日常经营活动的资金收付及其工资、奖金等现金的支取,应通过该账户办理。

(2)一般存款账户。一般存款账户是存款人因借款或其他结算需要,在基本存款账户开户行以外的银行营业机构开立的银行结算账户,该账户用于办理存款人借款转存、借款归还和其他结算的资金收付。一般存款账户可以办理现金缴存,但不得办理现金支取。

(3)专用存款账户。专用存款账户是存款人按照法律、行政法规和规章的要求,对其特定用途资金进行专项管理和使用而开立的银行结算账户。专用存款账户用于办理各项专用资金的收付。

(4)临时存款账户。临时存款账户是存款人因临时需要并在规定期限内使用而开立的银行结算账户。临时存款账户用于办理临时机构以及存款人因为临时经营活动而发生的资金收付。

(二)存款账户的管理

(1)单位基本存款账户的存款人只能在银行开立一个基本存款账户。申请人在开立基本存款账户时,应向开户银行出具工商行政管理机关核发的《企业法人执照》或《营业执照》正本,有关部门的证明、批文等证明文件之一。

(2)存款人开立基本存款账户、临时存款账户和预算单位开立专用存款账户实行核准制度,经中国人民银行核准后,由开户行核发开户登记证,但存款人因注册验资需要开立的临时存款账户除外。申请开立一般存款账户时,应向开户银行出具开立基本存款账户规定的证明文件、基本存款账户登记证和借款合同。申请开立专用存款账户时,存款人应出具开立基本存款账户规定的证明文件、基本存款账户登记证和经有关部门批准立项的文件或有关部门的批文等。申请开立临时存款账户时,存款人应向银行出具工商行政管理机关核发的营业执照、临时执照或有关部门同意设立外来临时机构的批文。

(3)存款人可以自主选择银行开立结算账户。开户可以实行双向选择,存款人可以自主选择银行,银行也可以自愿选择存款人开立账户,银行不得违反规定强行拉客户在本行开户,任何单位和个人也不能干预存款人在银行开立和使用账户。

(4)存款人开立和使用银行结算账户应当遵守法律、行政法规,不得利用银行结算账户进行偷逃税款、逃废债务、套取现金及其他违法犯罪活动,也不允许出租和转让他人。

三、存款业务核算设置的主要会计科目

(一)"吸收存款"科目

吸收存款科目属于负债类科目,用于核算商业银行吸收的除同业存放款项以外的其他各种存款的增减变动情况,包括单位存款(企业、事业、机关、社会团体等单位)、个人存款、信用卡存款、特种存款、转贷款资金和财政性存款等。该科目可按存款类别及存款单位,分别"本金""利息调整"等进行明细核算。该科目期末贷方余额,反映商业银行吸收的除同业存放款项以外的其他各项存款。

(二)"库存现金"科目

库存现金科目属于资产类科目,用于核算商业银行库存现金的增减变动情况。商业银行增加库存现金,借记"库存现金"科目,贷记"吸收存款"等科目;减少库存现金作相反的会计分录。该科目期末借方余额,反映商业银行持有的库存现金。

(三)"应付利息"科目

"应付利息"科目属于负债类科目,用于核算商业银行按照合同约定应支付的利息,包括吸收存款、分期付息到期还本的长期借款、商业银行债券等应支付的利息。该科目可按存款人或债权人进行明细核算。该科目期末贷方余额,反映商业银行应付未付的利息。

(四)"利息支出"科目

"利息支出"科目属于损益类科目,用于核算商业银行在吸收存款及借款中所发生的利息支出,包括吸收的各种存款(单位存款、个人存款、信用卡存款、特种存款、转贷款资金等)、与其他金融机构(中央银行、同业等)之间发生资金往来业务、卖出回购金融资产等产生的利息支出。该科目可按利息支出项目进行明细核算。期末,应将该科目余额转入"本年利润"科目,结转后本科目无余额。

第二节 单位存款业务的核算

一、单位活期存款业务的核算

(一)单位活期存款存与取的核算

按存取方式不同,单位活期存款可分为支票户和存折户。

1. 支票户存取款项的核算

(1)存入现金的处理。支票户存入现金时,应填制一式两联的进账单(即现金缴款单),连同现金一并交银行出纳部门。出纳员根据现金缴款单所填列金额如数点清收妥后,在现金缴款单上加盖现金收讫戳记和出纳员名章。第一联作回单退给交款单位,第二联作现金收入传票送会计部门记账。编制会计分录为

借:库存现金
　　贷:吸收存款——单位活期存款——××户

(2)支取现金的处理。单位向其开户银行支取现金时,应签发现金支票,填明支取金额和款项用途,并加盖预留银行印鉴,送银行会计部门审核,经审核无误后,剪下支票右下角的出纳对号单或发给铜牌交取款人,取款人凭此到出纳部门取款。银行会计部门以现金支票代现金付出传票记账。编制会计分录为

借:吸收存款——单位活期存款——××户
　　贷:库存现金

记账后会计人员加盖名章,交复核人员进行复核盖章后,现金支票传递到出纳部门,由出纳员根据现金支票登记现金付出日记簿,凭对号单向取款人支付现金。

2. 存折户存取款项的核算

(1)存入现金的处理。存折户存入现金时,应填制存款凭条,连同款项、存折一并交银行出纳部门,出纳部门根据存款凭条收妥款项后在存款凭条上加盖收讫章及出纳员名章,连同存折一并交会计部门。会计部门对存款凭条审查无误后编列账号,以存款凭条代收入传票记入单位存款账。编制的会计分录与支票户存入现金的相同。然后根据存款凭条填发结算存折,经审核无误后,将存折加盖银行专用章,退还存款单位收存,单位以后续存时,只要填写存款凭条,连同存折交银行比照上述手续处理。

(2)支取现金的处理。存折户向其开户银行支取现金时应填写取款凭条,加盖预留银行印鉴,连同存折一并交银行会计部门。会计部门应按照支票取款办法,经审核无误后,剪交出纳对号单或另发铜牌,然后以取款凭条代现金付出传票,记单位存款账和存折。编制的会计分录与支票户支取现金的相同。登完账折后,经审核无误加盖会计人员名章,将取款凭条同存折送交出纳部门登记现金付出日记簿并叫号付款,然后由出纳员将存折和现金交给取款单位。

(二)单位活期存款利息的核算

1. 计结息的基本规定

商业银行吸收的存款,除财政性存款、信用卡存款和被法院判决为赃款的冻结户存款等有特殊规定的款项外,吸收的其他各种存款均应按规定计付利息。根据2005年9月21日起执行的《中国人民银行关于人民币存贷款计结息问题的通知》,单位活期存款按日计息,按季结息,计息期间遇利率调整分段计息,每季度末月的20日为结息日。

2. 利息计算的公式

$$利息 = 本金 \times 存期 \times 利率$$

在运用上述公式时,应注意以下问题:

(1)本金以元位起息,元以下的不计息。计算的利息保留到分位,分位以下四舍五入。

(2)存期的计算。存期即为存款单位两次存取款的时间间隔。存期的计算一般采取"算头不算尾"的方法计算,即存入日计算利息,支取日不计算利息,实际存期的计算应从存入日至支取日的前一日止。但若遇结息日,则存期的计算应采取"算头又算尾"的方法,即实际存期的计算应从存入日算至结息日这一天为止。需要注意的是,在按以上公式及规则计算利息时,存期内如遇利率调整,应分段计息。

(3)利率的使用。利率有年利率、月利率和日利率,具体运用时应与存期保持一致,即存期按天数计算时,应用日利率;存期按月数计算时,应用月利率;存期按年数计算时,应用年利率。年利率、月利率和日利率之间的换算公式为

$$日利率 = 年利率(‰) \div 360$$

$$月利率 = 年利率(\%) \div 12$$

3. 利息的计算与核算

单位活期存款利息的计算采用积数计息法,即按实际天数每日累计账户余额,以累计积数乘以日利率计算利息。计息公式为

$$利息 = 累计计息积数 \times 日利率$$

式中,累计计息积数等于每日余额合计数。

(1)资产负债表日利息的计算与核算。资产负债表日,按计算确定的存入资金的利息,借记"利息支出"科目,贷记"应付利息"科目。编制会计分录为

借:利息支出——单位活期存款利息支出户

　　贷:应付利息——单位活期存款应付利息户

(2)结息日利息的计算与核算。单位活期存款的结息日一般采用余额表计息和在分户账页计息两种方法。

第一,余额表计息法。余额表计息法是指在每日营业终了,将各计息分户账的最后余额填入余额表内,求得累计计息积数,并据此计算利息的一种方法。其具体的做法是:每日营业终了,记账人员按照单位或账户顺序逐户地将账户当日余额分别抄列入余额表(当日

余额没有变动的,照上日余额抄列),各户各日余额相加之和,即为计息积数。每旬、每月和结息期,应结出累计计息积数。如遇记账日期与起息日期不同,或错账冲正涉及利息的,应根据其发生额和天数,算出应加或应减积数,填入余额表相关栏内进行调整。每到结息日,以调整后的余额表上的累计计息积数乘以日利率,可算出本季应付利息。其计算公式为

$$利息 = 累计计息积数 \times (月利率 \div 30)$$

注意,计算利息时须将月利率(以‰表示)折算成日利率(以‱表示),计息期和利率必须保持一致。该方法一般是每季度末的 20 日为结息日。

【例 3.1】 某银行 9 月份计息余额表中的 A 单位活期存款余额情况见表 3.1。

表 3.1 某银行计息余额表

2009 年 9 月份

科目名称:吸收存款　　　　　利率:0.72%　　　　　　　共　页　第　页

日期	户名、账号	A 单位活期存款户 201008	合计
	1	96 000	
	2	102 000	
	3	130 000	
	4	104 000	
	5	86 000	
	6	74 000	
	7	96 000	
	8	134 000	
	9	166 000	
	10	160 000	
	10 天小计	1 148 000	
	⋮	⋮	
	20 天小计	1 822 000	
	⋮	⋮	
	本月合计	3 152 000	
	至上月末未计息积数	6 128 000	
	应加积数	16 000	
	应减积数	22 000	
	至结息日累计应计息积数	7 944 000	
	至本月月末累计未计息积数	1 330 000	
	结息日计算利息数	158.88	

A 单位活期存款至上月月末未计息积数(即 6 月 21 日至 8 月 31 日的累计息积数)为

6 128 000 元,9 月份 1~20 日的计息积数为 1 822 000 元,本季度应加积数为 16 000 元,应减积数为 22 000 元,所以第三季度的计息积数(即上期结息日至 9 月 20 日止的累计应计息积数)为 7 944 000 元(1 822 000 + 6 128 000 + 16 000 − 22 000)。

结息日(9 月 20 日)计算利息数 = 至结息日累计计息积数 × 日利率 =
$$7\ 944\ 000 \times 0.72\% \div 360 = 158.88(元)$$

9 月 21 日编制"利息清单",办理利息转账。编制会计分录为

借:应付利息——单位活期存款应付利息户　　　158.88
　　贷:吸收存款——单位活期存款——A 单位户　　158.88

资产负债表日(9 月 30 日)计提利息费用 = 本月合计 × 日利率 =
$$1\ 330\ 000 \times 0.72\% \div 360 = 26.60(元)$$

编制会计分录为

借:利息支出——单位活期存款利息支出户　　　26.60
　　贷:应付利息——单位活期存款应付利息户　　26.60

第二,分户账页计息法。分户账页计息法是指在营业终了时,将存款账户的昨日账面余额乘以该余额再次变动前一天所延续的日数而计算求得积数,并据此计算利息的一种方法。采用分户账页计息,一般使用乙种账页。在发生收付业务时,按上次最后余额乘以该余额的实存日数计算出积数,记入分户账的"积数"栏内。实存日数按"算头不算尾"的方法计算,记入分户账的"日数"栏内,到结息日时,应先根据上一次记账日期和存款余额,计算出截至结息日为止的日数和积数后,再加计所有积数,如遇错账冲正,应调整积数,即求出本季度计息总积数,然后以积数乘以日息率,应得出本季度应付利息数。

余额表计息法适用于存款余额变动频繁的存款户,而分户账页计息法则适用于存款余额变动不多的存款户。

【例 3.2】　某银行甲单位 9 月份的分户账见表 3.2。

表 3.2　某银行甲单位 9 月份的分户账

户名:甲单位　　　　　　　账号:　　　　　　　　　利率:0.72%

20××年		摘要	凭证号	借方	贷方	贷或借	余额	日数	积数	复核盖章
月	日									
9	1	承前页				贷	56 000	72	3 691 400	
								6	336 000	
	7	汇出		10 000		贷	46 000	4	184 000	
	11	转收			24 000	贷	70 000	2	140 000	
	13	转付		8 000		贷	62 000	5	310 000	
	18	汇出		4 000		贷	58 000	3	174 000	
	21	结息转出			96.71	贷	58 096.71			

9 月 1 日的计息日数分为两格,"72"表示从 6 月 21 日至 8 月 31 日共 72 天,设累计积数为 3 691 400 元,第二格的"6"表示为 9 月 1 日至 7 日即 6 天,故积数为 336 000 元(56 000 × 6),其余类推。至结息日的累计计息积数为 4 835 400 元(3 691 400 + 336 000 + 184 000 + 140 000 + 310 000 + 174 000)。

结息日(9月20日)计算利息数=至结息日累计计息积数×日利率=
$$4\ 835\ 400 \times 0.72\% \div 360 = 96.71（元）$$

9月21日编制"利息清单",办理利息转账,并结出新的存款余额。编制会计分录为

借:应付利息——单位活期存款应付利息户　　　　　96.71
　　贷:吸收存款——单位活期存款——甲单位户　　　96.71

资产负债表日利息费用的核算略。

二、单位定期存款业务的核算

单位定期存款是银行为吸收单位长期闲置资金而开办的存款业务。各单位按有关规定提留的短期各项资金和地方财政结余款项,均可在当地开户行按银行规定办理整存整取定期存款。定期存款按自愿原则,存期为3个月、半年、1年、2年、3年、5年共6个档次,起存金额为10 000元,多存不限,定期存款一律记名,到期取款只能转账,不能支取现金。单位定期存款一般不能提前支取,过期支取的过期部分,按活期利率计息。定期存单不能流通转让。

(一)单位定期存款存入款项的核算

单位向银行申请办理定期存款时,应按存款金额签发基本账户或辅助账户转账支票,交银行会计部门。会计部门审核无误后,以转账支票登记单位分户账,并据以填写一式三联定期存款。

转账时,以转账支票代借方传票,存单第一联代贷方传票。编制会计分录为

借:吸收存款——单位活期存款——××户
　　贷:吸收存款——单位定期存款——××户

(二)单位定期存款支取款项的核算

1. 到期支取的核算

单位定期存款到期办理支取时,存款人应在定期存款开户证实书背面加盖公章,然后向开户银行办理定期存款的支取。

银行接到存款人提交的开户证实书,应抽出专夹保管的卡片联进行核对,核对无误后,按规定计付利息,并在两联证实书上加盖"结清"戳记,销记"开销户登记簿"。以开户证实书和利息清单作转账借方传票,另填制特种转账贷方传票进行转账。编制会计分录为

借:吸收存款——单位定期存款——××户
　　应付利息——单位定期存款——应付利息户
　　贷:吸收存款——单位活期存款——××户

2. 提前支取的核算

单位定期存款可以全部或部分提前支取,但若办理部分提前支取,则以一次为限。部分提前支取时,若剩余定期存款不低于起存金额,银行根据提前支取的规定计算利息,办理支取手续,并为定期存款剩余金额开具新存单;若剩余定期存款低于起存金额,银行根据提前支取的规定计算利息,并对该项定期存款予以清户。

(1)全部提前支取的处理。在办理单位定期存款全部提前支取时,银行应根据提前支取存款利息计算的有关规定,计算单位定期存款全部提前支取利息,并在卡片账及审查无误的存单上加盖"提前支取"戳记,其余手续和账务处理与单位定期存款到期支取相同。

(2)部分提前支取的处理。在办理单位定期存款部分提前支取时,若剩余定期存款不低于起存金额,银行应根据提前支取存款利息计算的有关规定,计算单位定期存款部分提前支取利息,填制利息清单,并采取满付实收、更换新存单的做法,即视同原存单本金一次全部支取,对实际未支取部分按原存期、原利率和到期日另开具新存单一式三联,新存单上注明"由××号存单部分转存"字样与原存入日,在原存单及卡片账上注明"部分支取××元"字样,同时,在开销户登记簿上做相应注明。

以原存单代定期存款转账借方传票,原卡片账作附件,以新存单第一联存款转账贷方传票,另编制三联特种转账传票,一联作转账借方传票,一联作贷方传票,办理转账。编制会计分录为

借:吸收存款——单位定期存款——××户
　　应付利息——单位定期存款应付利息户
　贷:吸收存款——单位活期存款——××户
借:吸收存款——单位活期存款——××户
　贷:吸收存款——单位定期存款——××户

新存单第二联加盖"单位定期存款专用章"和经办人员名章后,作为定期存款的凭据,与利息清单及作收账通知的特种转账传票一起交存款单位,新存单第三联定期存款卡片账留存,并按顺序专夹保管。

3.逾期支取的核算

单位定期存款若逾期支取,银行除计算到期利息外,对逾期部分还应根据逾期的本金和逾期存期,按逾取支取存款利息计算的有关规定,计算应付利息,其办理手续和账务处理与单位定期存款到期支取相同。

银行在办理单位定期存款的支取手续时,若单位定期存款转入的收款单位在本行开户的,应先将定期存款本息转入该存款单位在本行的单位活期存款账户,然后再按结算制度的规定办理。定期存款到期后,如果单位要求续存,则应结清旧户,并按开户手续另开新存单,其办理手续和账务处理与前述定期存款的到期支取和存入相同。

(三)单位定期存款利息的核算

1.利息计算的公式

单位定期存款利息的计算采用逐笔计息法,即在支取时,按预先确定的计息公式逐笔计算利息,利随本清。

(1)计息期为整年或整月时,计息公式为

利息 = 本金×年(月)数×年(月)利率

(2)计息期有整年或整月,又有零头天数时,计息公式为

利息 = 本金×年(月)数×年(月)利率 + 本金×零头天数×日利率

(3)将计息期全部化为实际天数计算利息时,计息公式为

利息 = 本金×实际天数×日利率

上述(1)和(2)公式中的年(月)数,按对年、对月、对日计算;(2)公式中的零头天数,按"算头不算尾"的方法计算实际天数;(3)公式中的实际天数,即每年为365天(闰年366天),每月为当月公历实际天数。年利率、月利率和日利率之间的换算同前述。

2. 利息计算的有关规定

(1) 单位定期存款在原定存期内的利息,按存入日(开户日)挂牌公告的利率计息,存期内遇利率调整,不分段计息。

(2) 单位定期存款全部提前支取时,按支取日挂牌公告的活期存款利率计算利息,不分段计息。

(3) 单位定期存款部分提前支取时,若剩余定期存款不低于起存金额,提前支取部分按支取日挂牌公告的活期存款利率计算利息(不分段计息),未支取部分按原存期及到期日另开新存单,到期时按原存款开户日挂牌公告的利率计算利息;若剩余定期存款低于起存金额,则对该项定期存款予以清户,按支取日挂牌公告的活期存款利率计算利息(不分段计息)。按规定,单位定期存款部分提前支取只能办理一次。

(4) 单位定期存款逾期支取时,逾期部分按支取日挂牌公告的活期存款利率计息,不分段计息。

(5) 单位定期存款的到期日若为节假日,可于节假日前最后一个营业日办理支取手续,银行扣除提前支取天数后,按存入日挂牌公告的利率计算利息。节假日后支取的,按逾期支取计算利息。

3. 利息的计提与支付

资产负债表日,应按摊余成本和实际利率计算确定的存入资金的利息费用,借记"利息支出"科目,按合同利率计算确定的应付未付利息,贷记"应付利息"科目,按其差额,借记或贷记"吸收存款——利息调整"科目。实际利率与合同利率差异较小的,也可以采用合同利率计算确定利息费用。

根据权责发生制原则,于资产负债表日计提利息费用时,应按定期存款利率档次分别逐笔计算利息费用和应付利息,然后根据计算的利息费用和应付利息金额,编制转账传票办理转账。单位支取定期存款时,应根据实际支付的利息额制作利息清单,并编制特种转账传票办理转账。利息支付的账务处理在"单位定期存款支取的核算"中已述。

【例 3.3】 中信公司 2011 年 8 月 25 日签发转账支票 80 000 元,转为定期存款半年,存入时挂牌的半年期定期存款利率为 2.25%,则中信公司 2011 年 8 月 25 日签发转账支票存入定期存款时银行应编制的会计分录为

借:吸收存款——单位活期存款——中信公司户　　　　　　80 000
　贷:吸收存款——单位定期存款——中信公司户　　　　　　　80 000

【例 3.4】 中国工商银行某支行 2012 年 1 月 31 日计提利息费用时,中信公司半年期定期存款 80 000 元,存入时年利率为 2.25%;申达公司 1 年期定期存款 100 000 元,存入时年利率为 2.52%;天凌集团 2 年期定期存款 120 000 元,存入时年利率为 3.06%;中盛工贸有限公司 3 年期定期存款 50 000 元,存入时年利率为 3.69%。假设上述存款均为 2011 年 12 月 31 日以前存入,存满本月,实际利率与合同利率差异较小,资产负债表日采用合同利率计算确定利息费用。

2012 年 1 月 31 日计算应提利息费用及编制会计分录如下。

(1) 中信公司:

利息费用 = 80 000 × 1 × 2.25% ÷ 12 = 150(元)

借:利息支出——单位定期存款利息支出户　　　　　　　　　150

贷：应付利息——单位定期存款应付利息户　　　　　　　　　150
(2)申达公司：
$$利息费用 = 100\,000 \times 1 \times 2.52\% \div 12 = 210（元）$$
借：利息支出——单位定期存款利息支出户　　　　　　　　　　210
　　贷：应付利息——单位定期存款应付利息户　　　　　　　　　210
(3)天凌集团：
$$利息费用 = 120\,000 \times 1 \times 3.06\% \div 12 = 306（元）$$
借：利息支出——单位定期存款利息支出户　　　　　　　　　　306
　　贷：应付利息——单位定期存款应付利息户　　　　　　　　　306
(4)中盛工贸有限公司：
$$利息费用 = 50\,000 \times 1 \times 3.69\% \div 12 = 153.75（元）$$
借：利息支出——单位定期存款利息支出户　　　　　　　　　　153.75
　　贷：应付利息——单位定期存款应付利息户　　　　　　　　　153.75

【例3.5】　承【例3.3】资料，假设中信公司由于急需资金，于2012年2月1日提前支取现金30 000元，2012年2月1日银行挂牌的活期存款利率为0.72%。

2012年2月1日部分提前支取时，计算利息及编制的会计分录为
$$利息 = 30\,000 \times 160 \times 0.72\% \div 360 = 96（元）$$
借：吸收存款——单位定期存款——中信公司户　　　　　　　　80 000
　　应付利息——单位定期存款应付利息户　　　　　　　　　　96
　　贷：吸收存款——单位活期存款——中信公司户　　　　　　　80 096
借：吸收存款——单位活期存款——中信公司户　　　　　　　　50 000
　　贷：吸收存款——单位定期存款——中信公司户　　　　　　　50 000

【例3.6】　承【例3.4】资料，假设申达公司1年期定期存款100 000元，为2011年12月28日签发转账支票存入，存入时年利率为2.52%，申达公司于2013年2月10日来行支取。2013年2月10日银行挂牌公告的活期存款利率为0.72%。

2013年2月10日，申达公司来行支取时，计算利息及编制的会计分录为

原定存期内利息计算采用"利息 = 本金 × 年(月)数 × 年(月)利率"计息公式计算；逾期部分按支取日挂牌公告的活期存款利率计息。
$$利息 = 100\,000 \times 1 \times 2.52\% + 100\,000 \times 44 \times 0.72\% \div 360 = 2\,520 + 88 = 2\,608（元）$$
借：吸收存款——单位定期存款——申达公司户　　　　　　　　100 000
　　应付利息——单位定期存款应付利息户　　　　　　　　　　2 608
　　贷：吸收存款——单位活期存款——申达公司户　　　　　　　102 608

第三节　个人储蓄存款业务的核算

一、储蓄存款及其分类

储蓄存款是指个人所有的存入在中国境内储蓄机构的人民币或外币存款。它是商业银行通过信用方式吸收的居民个人暂时闲置或节余的货币资金。吸收储蓄存款是银行扩

大信贷资金来源的重要手段。根据我国《个人储蓄存款实名制规定》的要求,银行办理储蓄存款业务应实行实名制,即以本人有效身份证件的姓名办理存入手续。

我国银行储蓄存款业务经过几十年的发展,业务品种不断丰富,形成了一套适应城乡居民多种需要的储蓄业务种类。

(1)活期储蓄。活期储蓄是零星存入,随时存取,每年计付一次利息的储蓄。活期储蓄是目前一种基本的存款方式,其存取方便灵活,存期不受限制,且有利于个人安全保管现金。

(2)定期储蓄。定期储蓄是储户在存款时约定期限,一次或在存期之内按期分次存入本金,整笔或分期、分次支取本金或利息的储蓄。定期储蓄根据其不同的存取办法和付息方式又分为整存整取、零存整取、存本取息、整存零取等。

(3)定活两便储蓄。定活两便储蓄是以存单为存取款凭证,50元起存,存款时不确定存期,随时可以提取,利率随存期长短而变动的一种介于活期和定期之间的储蓄。它既有活期存款随时可取的灵活性,又具有达到一定期限可享有同档次定期储蓄一定折扣利率的优惠。

(4)专项储蓄。专项储蓄是以积攒某项特定用途的费用为目的的储蓄,如教育储蓄。专项储蓄一般采取零存整取的办法,积少成多,逐步积累,以达到实现某项消费和开支的愿望。储蓄存款按币种不同,可分为人民币储蓄存款与外币储蓄存款。

二、储蓄存款的原则

为了加强储蓄管理,国务院颁发了《储蓄管理条例》,明确规定商业银行办理储蓄业务必须遵循"存款自愿、取款自由、存款有息、为储户保密"的原则。

(1)存款自愿。存款自愿是指储蓄必须出于存款人的自愿,对居民个人存多少、何时存、存期长短、存款种类、存储何处等都应完全由存款人自己决定,任何单位和个人均不得以各种方式干涉存款个人的这种自由。

(2)取款自由。取款自由是保护存款人财产所有权和处置权的重要原则,存款人可以根据需要随时支取部分或全部存款,也可以按规定手续办理提前支取,从而保证储户能以个人意愿支配自己的存款。

(3)存款有息。存款有息是按国家规定的利率,根据存款人存款金额的大小、期限长短付给一定的利息,存款人有取得存款利息的权利。

(4)为储户保密。为储户保密是保障存款人合法权益的又一条重要原则,存款人的户名、账号、存款金额、期限、地址等均属个人隐私,有义务为存款人保守秘密,不得向任何单位和个人透露。没有合法的手续,任何单位、个人不能查询储户的存款,经办储蓄业务的工作人员,对储户的存款要严格保密,不得随意告诉他人。

三、个人活期储蓄存款的核算

活期储蓄存款是不固定存期,凭银行卡或存折及预留密码可在银行营业时间内通过柜面或通过银行自助设备随时存取现金的存款。人民币活期存款1元起存,外币活期存款起存金额为不低于人民币20元的等值外汇,多存不限,开户时由储蓄机构发给存折或银行卡。储户也可预留印鉴,凭印鉴支取。活期储蓄存预留密码,凭存折和密码存取款。

(一)个人活期储蓄存款存入的核算

存入活期储蓄存款的处理包括开户与续存的处理。储户第一次存入活期储蓄存款称作开户。开户时储户应提交本人有效身份证件(由他人代理存款的需同时提交代理人和被代理人的有效身份证件),填制"储蓄存款凭条",连同现金一并交银行储蓄员。

银行储蓄员审查储蓄存款凭条的日期、户名、金额和储户身份证件无误后,点收现金与凭条相符,根据存款凭条输入计算机,由计算机系统编列账号、设置账户并打印存折。凭印鉴支取的还应由储户在印鉴卡上预留印鉴;凭密码支取的由储户预留密码。以存款凭条作现金收入传票办理核算。编制会计分录为

借:库存现金
  贷:吸收存款——个人活期存款——××户

经复核无误后,在存款凭条上盖"现金收讫"戳记和经办人名章,登记现金收入日记簿。同时,在活期储蓄存折上加盖业务公章后,问清姓名,将存折交给储户。储户以后续存时,首先应填写活期储蓄存款凭条,连同存折和现金一并交银行储蓄员,储蓄员检验存折、审查凭条、点收现金无误后,根据存款凭条记账。其余手续与前面所述相同。

(二)活期储蓄存款支取的核算

储户持活期储蓄存折支取存款时,应填写"活期储蓄取款凭条",连同存折一并交银行储蓄员。凭印鉴支取的,储户应在取款凭条上加盖预留银行印鉴;凭密码支取的应输入预留密码。储蓄员根据凭条核对账、折、印无误后,以取款凭条代借方传票办理核算手续。编制会计分录为

借:吸收存款——个人活期存款——××户
  贷:库存现金

复核无误后,在取款凭条上加盖"现金付讫"戳记及经办员名章,登记现金付出日记簿。根据取款凭条配款、核点后,将现金及存折一并交给储户。

储户若要求取出全部存款,并无意保留账号时,应予销户。储户应按存款余额填写取款凭条,银行凭其记账、登折,并计算应付利息余额,填制一式两联储蓄存款利息清单,然后在存折、凭条和分户账上加盖"结清"戳记及经办人名章,注销"开销户登记簿"。编制会计分录为

借:吸收存款——个人活期存款——××户
    利息支出
  贷:库存现金

对取款凭条、账页、存折、利息清单核对无误后,根据应付的税后本息配好款项,在取款凭条和利息清单上加盖"现金付讫"章,登记现金付出日记簿后,将一联利息清单连同本息交给储户,另一联留待营业终了据以汇总编制利息支出科目传票;在存折上加盖"附件"戳记作取款凭条的附件。

(三)个人活期储蓄利息的计算

1. 计结息的基本规定

根据2005年9月21日起执行的《中国人民银行关于人民币存贷款计结息问题的通知》,个人活期存款按季结息,按结息日挂牌活期利率计息。未到结息日清户时,按清户日

挂牌公告的活期利率计息到清户前一日止。计息期间遇利率调整,不分段计息。

2. 利息计算的公式

个人活期存款的计息公式与单位活期存款的计息公式相同。

3. 利息的计算与核算

个人活期存款利息的计算与单位活期存款利息的计算一样,采用积数计息法,即按实际天数每日累计账户余额,以累计积数乘以日利率计算利息。计息公式为

$$利息 = 累计计息积数 \times 日利率$$

式中,累计计息积数等于每日余额合计。

(1)资产负债表日利息的计算与核算。资产负债表日,按计算确定的存入资金的利息,借记"利息支出"科目,贷记"应付利息"科目。编制会计分录为

借:利息支出——个人活期存款利息支出户
　　贷:应付利息——个人活期存款应付利息户

(2)结息日利息的计算与核算。个人活期存款的结息日一般采用余额表计息和分户账页计息两种方法。编制会计分录为

借:应付利息——个人活期存款应付利息户
　　贷:吸收存款——个人活期存款 ——××户

四、个人定期存款的核算

个人定期存款是储户在存款时约定存储时间,到期支付本金和利息的一种储蓄存款。根据存取本息的方式不同可分为整存整取、零存整取、存本取息、整存零取、华侨人民币储蓄存款等。银行应在"定期储蓄存款"科目之下分别设置明细科目进行核算。由于定期储蓄存款具有事先约定存款期限、一次或分次存入本金、整笔或分期支取本息的特点,因此,核算手续大同小异,相同点主要表现在开户存入和支取上;不同点则主要表现在计息上。下面详细介绍整存整取和零存整取两种情况,其他仅作简略介绍。

(一)整存整取定期储蓄存款的核算

整存整取定期储蓄存款是一次存入一定数额,约定存期,到期一次支付本息的储蓄存款。这种存款50元起存,多存不限,存期分为3个月、6个月、1年、2年、3年、5年6档次。存期不同,存款的利率也不一样。储户也可在存款时与银行约定,由银行存到期时自动转存,整存整取储蓄到期,储户可提前支取,但如部分提前支取,以一次为限。利息计算采取利随本清的办法。

1. 开户存入的核算

储户来银行开户时,应提交本人有效身份证件,填写"整存整取储蓄存款凭条",连同现金一起交银行储蓄员。银行经办人员收妥现金,审核储户身份证件、存款凭条无误后,根据存款凭条记账,并打印"整存整取定期储蓄存单"。如储户要求凭印鉴支出存款,应预留储户印鉴,并在存单上加盖"凭印鉴支取"戳记;凭密码支取的由储户预留密码;以存款凭条代现金收入传票办理收款。编制会计分录为

借:库存现金
　　贷:吸收存款——个人定期存款——整存整取××户

经复核无误后,根据存款凭条登记"开销户登记簿",并在存单上加盖业务公章后将存单交储户收执。

2. 到期支取的核算

存款到期,储户持存单来行支取存款,银行储蓄员应根据储户提交的存单记账,并核对账单。凭印鉴支取的还须核对预留印鉴,凭密码支取的应由储户输入密码。经核对无误后,在存单上加盖支付日期和"结清"戳记,销记"开销户登记簿",然后按规定计算应付利息及利息税,并填制一式两联的储蓄存款利息清单,以存单和利息清单作付出传票。编制会计分录为

借:吸收存款——个人定期存款——整存整取××户
　　应付利息——个人定期存款应付利息户
　贷:库存现金

记账后,根据本息配款,并在存单、利息清单上加盖"现金付讫"戳记和经办员名章,将一联利息清单连同本息交给储户,另一联利息清单由储户签收后作利息支出汇总传票的附件。过期支取的,按规定计算过期利息,其余手续与到期支取的手续相同。

提前支取的,储户应提交本人身份证件,验证后将发证机关、证件名称及号码记录在存单背面,并由储户签章或证明,然后在存单上加盖"提前支取"戳记,办理付款手续,并按提前支取的计息规定计付利息。

若储户申请部分提前支付时,应按满付实收的做法,更换新存单,即将原存单本金一次全部付出,按规定计付支取部分的利息,对未支取部分按原存单存入日期、期限、到期日、利率等另开新存单,并在原存单上注明"部分提前支取××元",新存单上注明"由××号存单部分转存"字样,在开销户登记簿上也做相应的注明,其余手续与到期支取及存入时的手续相同。

3. 整存整取定期储蓄存款利息的计算

定期储蓄存款按对年、对月、对日计算利息,月按30天、年按360天计算;按"算头不算尾"(即存入日起息,支取的前一日止息)的方法计算实际天数。

根据不同的取款方式,整存整取定期储蓄存款应按下列规定的利率办理计息:

(1)定期储蓄存款到期支取,则在存期内按存入日挂牌公告的相应档次的定期储蓄利率计付利息,利随本清。在存期内遇有利率调整,不论调高或调低均不分段计息。

(2)定期储蓄存款全部提前支取,均按支取日挂牌公告的活期储蓄利率计付利息。部分提前支取的,支取部分按支取日挂牌公告的活期储蓄利率计付利息;未支取的部分,仍按原存期和原利率计付利息。

(3)定期储蓄存款逾期支取,其逾期部分的利息按支取日挂牌公告的活期储蓄利率计算。定期储蓄约定自动转存的,区分不同的取款方式,按上述规定的利率计息。

【例3.7】 某储户2012年2月18日存入本金为10 000元存期为1年的整存整取,年利率3.87%,2013年3月18日支取,支取日活期利率0.72%。

$$应计利息 = 10\ 000 \times (1 \times 3.87\% + 1 \times 0.72\% \div 12) = 393(元)$$

(4)资产负债表日,个人定期储蓄存款计提的利息费用数额是整个存期内的利息除以存期的月数。编制会计分录为

借:利息支出——个人定期存款利息支出户

贷：应付利息——个人定期存款应付利息户

每个资产负债表日，即 2012 年 2 月 28 日，3 月 31 日，4 月 30 日……，2013 年 1 月 31 日，银行应计提的利息费用及编制的会计分录为

$$利息费用 = (10\ 000 \times 1 \times 3.87\%) \div 12 = 32.25(元)$$

借：利息支出——个人定期存款利息支出户　　　　　　32.25
　　贷：应付利息——个人定期存款应付利息户　　　　　　32.25

（二）零存整取定期储蓄存款的核算

零存整取定期储蓄存款是每月存入固定数额的款项，约定存期，到期一次支取本息的储蓄存款。存期分 1 年、3 年、5 年 3 个档次。5 元起存，多存不限。每月固定存款金额，每月存入一次，中途如有漏存，可在次月补存，到期支取存款本息。

1. 开户存入的核算

储户开户时，应提交本人有效身份证件，填写"零存整取储蓄存款凭条"，将存款凭条连同现金一并交给银行储蓄员。银行储蓄员收妥现金，审查储户身份证件、存款凭条并与点收现金核对无误后，根据存款凭条记账并打印零存整取储蓄存折，并登记"开销户登记簿"，复核无误盖章后，存折交储户收执。编制会计分录为

借：库存现金
　　贷：吸收存款——个人定期存款——零存整取××户

2. 续存的核算

储户续存时，可在每月的任意时间以第一次存入的金额为准向银行存入固定金额；中途如有漏存，以后仍可续存；存期已满或存满应存次数，均不再办理续存手续。其核算手续与活期储蓄的续存手续基本相同。

3. 支取的核算

零存整取定期储蓄存款办理到期支取、提前支取或逾期支取，除按规定计息外，其余核算手续比照整存整取的相应手续办理。

4. 利息的计算

零存整取定期储蓄存款的利率规定与整存整取定期储蓄存款相同，但中途漏存而次月未补存的，作为违约，按活期储蓄利率计算利息。零存整取储蓄的存期，一般按起息日（第一次存入日）对年、对月计算。由于此种储蓄每月的任何一天都可存入，因此，存满 1 个月的才计息，不是整月的零头天数不计息。

零存整取定期储蓄存款的计息通常采用固定基数法和月积数法。

（1）固定基数法。固定基数法是先计算出每元存款存满约定的期限，按规定利率计算出应支付的利息作为基数。到期支取时，以每元存款利息基数乘以最后的存款余额即得出应付利息。其计算公式为

$$应付利息 = 每元利息基数 \times 最后余额$$
$$每元利息基数 = 1 元 \times (1 + 存期月数) \div 2 \times 月利率$$

根据零存整取定期储蓄存款的期限，银行事先计算每元本金的固定计息基数。办理计息时只需将计息基数乘以储蓄账户的最后余额即得应付利息额。

【例 3.8】 储户王某 2012 年 1 月 1 日存入零存整取定期储蓄，存 2 000 元，中途无漏

存。开户日挂牌公告的1年期零存整取定期储蓄存款年利率为1.98%。于2013年1月1日到期支取,则

$$应计利息 = [1 \times (1+12) \div 2 \times 1.98\% \div 12] \times (2\,000 \times 12) = 257.4(元)$$

固定基数法手续简便,可以提高工作效率,但其适用条件具有一定的局限性,只能适用于储户逐期存入,中间无漏存且储户每期存入的金额固定不变的情况,并不适用于提前支取的计息。

(2) 月积数法。月积数法是根据等差数列公式,将分户账上的每月余额计算累计余额积数,再乘以月利率,即为当期的应付利息。其计算公式为

$$应付利息 = (首次余额 + 末次余额) \times 存款次数 \div 2 \times 月利率$$

【例3.9】 王某采用零存整取方式,每月存入100元,存期1年。假设月利率为0.15%。则

$$应付利息 = (100 + 100 \times 12) \times 12 \div 2 \times 0.15\% = 11.7(元)$$

(三) 整存零取定期储蓄存款的核算

整存零取定期储蓄是一次存入较大数额的本金,在存期内分次等额支取本金,到期一次支付利息的储蓄存款。整存零取存款以1 000元起存,存期分1年、3年、5年3个档次;存期的档次、利率与零存整取定期储蓄存款相同。储户存入款项时由银行发给存单,以后凭存单分期支取本金,支取期分1个月、3个月和6个月利息于到期结清时一次支付。

由于整存零取定期储蓄的本金逐次递减,因此,在计算利息时,本金应按平均值计算。利息的计算公式为

$$应付利息 = (全部本金 + 每次支取本金金额) \div 2 \times 存期 \times 利率$$

若储户到期支取,应按存入日挂牌公告的相应档次利率计息;若储户逾期支取,应在约定的存期内按到期日支取计息,逾期部分则按到期日最后尚未支取的本金、逾期天数及支取日银行挂牌公告活期存款利率计息;若储户提前支取,则应按活期存款利率计息。

(四) 存本取息定期储蓄存款的核算

存本取息定期储蓄存款是一次存入本金,分期支取利息,到期归还本金的一种定期储蓄方式。存本取息定期储蓄存款5 000元起存,多存不限;存期为1年、3年、5年3个档次。支取利息的期次可以是一个月一次,也可以是几个月一次,由储户选择。若储户在取息日未支取利息,以后可随时支取,但不计复利。存本取息储蓄存款的利息,先根据整存整取定期储蓄利息的计算方法算出利息总额后,再按约定的支取利息次数算出每次应支付的利息数。利息的计算公式为

$$利息总额 = 本金 \times 存期 \times 利率$$
$$每次支取的利息 = 利息总额 \div 取息次数$$

若储户提前支取本金,应按支取日挂牌公告的活期存款利率计算利息,并扣回多支付的利息;若储户逾期支取,还要按逾期天数和支取日挂牌公告的活期储蓄存款利率计付逾期利息。

(五) 定活两便储蓄存款的核算

定活两便储蓄是一种存款期限不定,随时可取,按实际存期确定利率的储蓄存款方式。这种储蓄存款方式开户的起点金额为50元,存单分记名和不记名两种,记名的可以挂失,

不记名的不可以挂失。定活两便储蓄采用定额存单形式,储户来行办理存款时开立存单,支取时凭存单办理。凡存期不足 3 个月的,按支取日挂牌的活期储蓄利率计付利息;存期 3 个月以上(含 3 个月),不满半年的,整个存期按支取日定期整存整取半年期利率打六折计息;存期在半年以上(含半年)不满 1 年的,按支取日整存整取半年期利率打六折计息;存期在 1 年以上(含 1 年),无论存期多长,一律按支取日整存整取 1 年期利率打六折计息。其账务处理与定期整存整取相同。

资产负债表日,零存整取、整存零取、存本取息定期储蓄存款及定活两便储蓄存款利息费用的计提与核算与整存整取定期储蓄存款相同。

思考题

1. 存款业务有哪些种类?
2. 存款业务核算的基本要求是什么?
3. 什么是定期存款?定期储蓄存款通常有哪几种?
4. 商业银行存款利息计算有哪几种方法?
5. 整存整取、零存整取、整存零取及存本取息定期储蓄存款的利息如何计算?

练习题

资料:某银行某时期发生如下业务:

1. 某商店将今日销货收入的现金 500 000 元,填写现金缴款单存入银行。
2. 某单位持现金支票到银行支取现金 25 000 元,银行经审核无误,办理转账。
3. 某单位签发转账支票一张,金额 100 000 元,要求办理一年期的定期存款。
4. 银行在结算日计算应付给某单位的利息 2 000 元,并办理转账手续。
5. 某单位 100 000 元的定期存款到期,该开户行凭单办理转账手续,并按规定计算应付利息 2 400 元。
6. 某人持 20 000 元现金及存折,办理活期储蓄存款。
7. 某人持 50 000 元现金,办理 5 年期的定期储蓄存款。
8. 某人持存折,办理 30 000 元的定期储蓄存款。
9. 某储户于今年 1 月 20 日存入一年期的整存整取储蓄存款 20 000 元,4 月 18 日该储户申请提前支取,经银行审核同意办理,凭个人身份证办理取款手续,按活期利率支付利息,月利息率为 0.2%。
10. 某储户持到期存单来银行提款,该储户原存入本金 20 000 元,年利率为 2.5%,存期为一年,银行根据该储户的要求,将本金转入其活期存款户,剩余利息以现金支付。

要求:根据以上资料,编制银行方面的会计分录。

第四章 贷款业务的核算

办理贷款与票据贴现业务,是商业银行的重要职责。贷款业务是商业银行主要的资产业务,也是我国商业银行三大传统业务之一。商业银行发放贷款应遵循安全性、流动性和效益性原则。贴现是指商业汇票的持票人在汇票到期日前,将票据权利转让给银行而取得资金的行为。贷款与贴现虽然都属于商业银行向借款人融通资金的业务,但两者在资金投放对象、信用关系的当事人、计收利息的时间,以及资产的流动性等方面存在差异,因而其具体核算手续也有区别。本章将分别加以阐述。

第一节 贷款业务概述

一、贷款的含义与种类

(一)贷款的含义

贷款是指商业银行将其所吸收的资金,按一定的利率贷给客户,并约定一定期限归还贷款本息的经济行为。贷款是商业银行的主要资产业务之一,是商业银行资金运用的主要途径,也是商业银行取得利息收入形成利润的重要渠道。商业银行通过发放贷款,将一定数量的资金进行循环使用,可以充分发挥资金的使用效能,满足社会再生产过程中对资金的需求,促进国民经济的健康发展。

(二)贷款的种类

商业银行发放的贷款,可以按照不同的标准进行分类。

(1)按贷款期限分为短期贷款、中期贷款和长期贷款。短期贷款是指贷款期限在一年以内(含一年)的贷款;中期贷款是指贷款期限在一年以上,五年以下(含五年)的贷款;长期贷款是指贷款期限在五年以上的贷款。

(2)按贷款有无担保分为信用贷款和担保贷款。信用贷款是指仅凭借款人的信誉而发放的贷款;担保贷款是指银行以法律规定的担保方式作为还款保障而发放的贷款。担保贷款依担保方式的不同,又可以分为保证贷款、抵押贷款和质押贷款。

(3)按贷款对象分为单位贷款和个人贷款。单位贷款是指银行向企事业单位及机关、团体等经济组织发放的贷款,主要包括流动资金贷款、固定资产贷款和其他对公贷款;个人贷款是指银行向消费者个人发放的贷款,主要包括个人房屋类贷款、个人汽车类贷款、个人助学类贷款、个人质押类贷款和个人其他贷款。

(4)按贷款的风险程度分为正常贷款、关注贷款、次级贷款、可疑贷款和损失贷款。正常贷款是指借款人能够履行合同,有充分把握按时、足额偿还本息的贷款;关注贷款是指尽管借款人目前有能力偿还本息,但是存在一些可能对偿还产生不利影响因素的贷款;次级贷款是指借款人的还款能力出现了明显问题,依靠其正常经营收入已无法保证足额偿还本息的贷款;可疑贷款是指借款人无法足额偿还本息,即使执行抵押或担保也肯定造成一定损失的贷款;损失贷款是指在采取所有可能的措施和一切必要的法律程序后,本息仍无法收回或只能收回极少部分的贷款。

(5)按贷款经营属性分为自营贷款和委托贷款。自营贷款是指银行以合法方式筹集的资金自主发放的贷款,其风险由银行承担,并由银行收回本金和利息;委托贷款是指由政府部门、企事业单位和个人等委托人提供资金,由银行根据委托人确定的贷款对象、用途、金额、期限、利率等代为发放、监督使用并协助收回的贷款,银行只收取手续费,不承担贷款风险。

二、贷款业务核算设置的主要会计科目

商业银行办理贷款业务,主要应设置"贷款""利息收入""应收利息""贷款损失准备""资产减值损失"等科目进行核算。

(一)"贷款"科目

"贷款"科目为资产类科目,核算商业银行按规定发放的各种客户贷款,包括质押贷款、抵押、协议透支、信用卡透支、转贷款以及垫款等,在该科目核算;也可单设"银团贷款""贸易融资""协议透支""信用卡透支""转贷款""垫款"等科目核算。商业银行接受企业委托向其他单位贷出的款项,应设置"委托贷款"科目核算。该科目可按贷款类别、客户,分别"本金""利息调整""已减值"等进行明细核算。其具体核算将结合后面的具体业务加以介绍。该科目期末余额在借方,反映商业银行按规定发放尚未收回贷款的摊余成本。

(二)"利息收入"科目

"利息收入"科目为损益类科目,核算商业银行确认的利息收入,包括发放的各类贷款(银团贷款、贸易融资、贴现和转贴现融出资金、协议透支、信用卡透支、转贷款、垫款等)、与其他金融机构(中央银行、同业等)之间发生资金往来业务、买入返售金融资产等实现的利息收入。该科目可按业务类别进行明细核算。资产负债表日,商业银行应按合同利率计算确定的应收未收利息,借记"应收利息"科目,按摊余成本和实际利率计算确定的利息收入,贷记"利息收入"科目,按其差额,借记或贷记"贷款(利息调整)"等科目。实际利率与合同利率差异较小的,也可以采用合同利率计算确定利息收入。期末,应将该科目余额转入"本年利润"科目,结转后该科目无余额。

(三)"应收利息"科目

"应收利息"科目为资产类科目,核算商业银行发放贷款、存放中央银行款项、交易性金融资产等应收取的利息。该科目可按借款人或被投资单位进行明细核算。商业银行发放的贷款,应于资产负债表日按贷款的合同本金和合同利率计算确定的应收未收利息,借记"应收利息"科目,按贷款的摊余成本和实际利率计算确定的利息收入,贷记"利息收入"科目,按其差额,借记或贷记"贷款(利息调整)"科目。应收利息实际收到时,借记"存放中央银行款项"等科目,贷记"应收利息"科目。

该科目期末余额在借方,反映商业银行尚未收回的利息。

(四)"贷款损失准备"科目

"贷款损失准备"科目为资产类科目,同时也是"贷款"科目的备抵科目,核算商业银行

贷款的减值准备。该科目可按计提贷款损失准备的资产类别进行明细核算。资产负债表日,贷款发生减值的,按应减记的金额,借记"资产减值损失"科目,贷记"贷款损失准备"科目。对于确实无法收回的各项贷款,按管理权限报经批准后予以转销,借记"贷款损失准备"科目,贷记"贷款""贴现资产""拆出资金"等科目。已计提贷款损失准备的贷款价值以后又得以恢复,应在原已计提的贷款损失准备金额内,按恢复增加的金额,借记"贷款损失准备"科目,贷记"资产减值损失"科目。该科目期末余额在贷方,反映商业银行已计提但尚未转销的贷款损失准备。

(五)"资产减值损失"科目

"资产减值损失"科目为损益类科目,核算商业银行计提各项资产减值准备所形成的损失。该科目可按资产减值损失的项目进行明细核算。商业银行的贷款等资产发生减值的,按应减记的金额,借记"资产减值损失"科目,贷记"贷款损失准备"等科目。已计提减值准备的相关资产价值又得以恢复的,应在原已计提的减值准备金额内,按恢复增加的金额,借记"贷款损失准备"等科目,贷记"资产减值损失"科目。期末,应将该科目余额转入"本年利润"科目,结转后该科目无余额。

(六)"抵债资产"科目

"抵债资产"科目为资产类科目,核算商业银行依法取得并准备按有关规定进行处置的实物抵债资产的成本。商业银行依法取得并准备按有关规定进行处置的非实物抵债资产(不含股权投资),也通过该科目核算。该科目可按抵债资产类别及借款人进行明细核算。抵债资产发生减值的,可以单独设置"抵债资产跌价准备"科目,比照"存货跌价准备"科目进行核算。

三、贷款的确认与计量

贷款属于商业银行的"贷款和应收账款"类金融资产,应于发放并获得收取本金和利息的权利时予以确认。贷款初始计量时,按公允价值计量,相关费用计入初始确认金额;后续计量时,采用实际利率法,按摊余成本计量。实际利率法是指按照贷款的实际利率计算摊余成本及各期利息收入的方法。有关计算公式如下:

摊余成本 = 初始确认金额 − 已偿还的本金 ± 采用实际利率法将该初始确认金额与到期日金额之间的差额进行摊销形成的累计摊销额 − 已发生的减值损失

各期利息收入 = 摊余成本 × 实际利率

实际利率是指将贷款在预期存续期间或适用的更短期间内的未来现金流量,折现为该贷款当前账面价值所使用的利率。实际利率应当在取得贷款时确定,在该贷款预期存续期间或适用的更短期间内保持不变。其计算公式为

$$V = \frac{CF_1}{(1+IRR)^1} + \frac{CF_2}{(1+IRR)^2} + \cdots + \frac{CF_n}{(1+IRR)^n} = \sum_{t=1}^{n} \frac{CF_t}{(1+IRR)^t}$$

式中,V 为贷款当前账面价值;IRR 为实际利率;CF_t 为预计未来各期现金流量;n 为贷款的预期存续期间或适用的更短期间。由该公式可知,影响实际利率的因素有预计未来现金流量、贷款当前账面价值及计息期。资产负债表日,应按贷款的摊余成本和实际利率计算的

金额,确认利息收入。实际利率与合同利率差异较小的,也可以采用合同利率计算利息收入。商业银行应当在资产负债表日对贷款的账面价值进行检查,有客观证据表明其发生了减值的,应将其账面价值与预计未来现金流量现值之间的差额确认为减值损失。商业银行收回或处置贷款时,应将取得的价款与该贷款账面价值之间的差额计入当期损益。将交易费用计入贷款的初始确认金额,更能体现贷款资产直接的相关成本;将包括交易费用在内的溢折价在存续期内按照实际利率进行摊销,使贷款资产的期末价值更接近实际。

第二节 信用贷款的核算

信用贷款是商业银行仅凭借款人的信誉而发放的,不需要提供担保的贷款。信用贷款适用于具有良好信用等级且具有法人资格的企业单位。逐笔核贷是目前我国商业银行发放贷款最常用的核算方式。所谓逐笔核贷,是借款单位根据借款合同逐笔填写借据,经银行信贷部门逐笔审核,一次发放,约定期限,一次或分次归还的一种贷款核算方式。发放时,贷款应一次转入借款单位的结算存款账户后才能使用,不能在贷款户中直接支付;收回时,由借款单位开具支票,从借款单位账户中归还或由银行从借款单位账户中直接扣收。贷款利息一般由银行按季计收,个别为利随本清。

一、信用贷款发放的核算

借款人向银行申请贷款时,应向银行信贷部门提交借款申请书,经银行信贷部门审核批准后,双方商定贷款的额度、期限、用途和利率等,并签订借款合同或协议。借款合同一经签订,即具有法律效力,银行和借款人必须共同履行。

借款合同签订后,借款人需要用款时,应填写一式五联借款凭证,并在第一联凭证上加盖预留银行印鉴后,送交银行信贷部门审批。凭证各联用途为:第一联借据,由会计部门留存,按贷款种类、到期日的先后顺序排列保管;第二联代转账借方传票;第三联代转账贷方传票;第四联回单,退还客户;第五联由信贷部门留存备查。信贷部门审查同意后,在借款凭证上加注贷款编号、贷款种类、贷款期限、贷款利率等项目,并加盖"贷款审查发放专用章"后,送会计部门凭以办理贷款的发放手续。

会计部门收到借款凭证后,应认真审查各栏填写是否正确、完整,大小写金额是否一致,印鉴是否相符,有无信贷部门审批意见等。审查无误后,开立贷款账户,编列账号,将贷款转入借款单位存款账户,并根据凭证登记其存、贷款分户账。其会计分录为

借:贷款——××贷款——××户(本金) (贷款的合同本金)
借或贷:贷款——××贷款——××户(利息调整) (借贷方差额)
　　贷:吸收存款——活期存款——××户 (实际支付的金额)

第四联回单加盖转讫章后,交给借款人,作为其存款账户的收账通知;第五联加盖转讫章后,送信贷部门留存备查;第一联借据由会计部门留存保管。

商业银行按当前市场条件发放的贷款,应按发放贷款的本金和相关交易费用之和作为初始确认金额。

二、信用贷款资产负债表日的核算

资产负债表日,商业银行应按贷款的合同本金与合同利率计算确定的应收未收利息,借记"应收利息"科目,按贷款的摊余成本与实际利率计算确定的利息收入,贷记"利息收入"科目,按其差额,借记或贷记"贷款(利息调整)"科目。其会计分录为

借:应收利息——××户

借或贷:贷款——××贷款——××户(利息调整)

　　贷:利息收入——××贷款利息收入

合同利率与实际利率差异较小的,也可以采用合同利率计算确定利息收入。采用实际利率法,按摊余成本对贷款进行后续计量,实际上是通过差异摊销对贷款的名义利息进行调整。

三、信用贷款收回的核算

(一)借款人主动还款

借款人出具支付凭证主动还款时,银行审核后使用相关交易收回贷款,打印贷款还款记账凭证、贷款还款通知单、贷款还款通知单第一联作记账凭证附件,第二联交借款人。同时,系统自动补提到期日应收利息应有余额与现有余额的差额。

1. 补提利息的会计分录

借:应收利息——××贷款应收利息——××户

　　贷款——××贷款——××户(利息调整)

　　贷:利息收入——××贷款利息收入

2. 收回本息的会计分录

借:吸收存款——××存款——××户

　　贷:应收利息——××贷款应收利息——××户

　　　贷款——××贷款——××户(本金)

(二)银行主动扣收

贷款到期,借款人未能主动还款而其账户中又有足够金额时,银行可主动扣收。银行会计部门收到信贷部门的扣款通知书,打印贷款还款记账凭证和贷款还款通知单,扣款通知书、贷款还款通知单第一联作记账凭证附件,贷款还款通知单第二联交信贷部门。同时,系统自动补提到期日应收利息应有余额与现有余额的差额。会计分录同借款人主动还款。

贷款到期,借款人因客观情况变化,经过努力仍不能归还贷款的,可以向银行提出展期申请,办理贷款展期手续。贷款展期无须进行账务处理。

四、贷款展期的核算

借款人因故不能按期归还贷款时,短期贷款必须在到期日之前,中长期贷款必须在到期日之前一个月,由借款人填具一式三联"贷款展期申请书",向信贷部门提出展期申请。每笔贷款只能展期一次,短期贷款展期不得超过原贷款的期限,中长期贷款展期不得超过原贷款期限的一半,最长不得超过三年。对展期贷款,全部以展期之日公告的贷款利率为

计息利率。展期申请经信贷部门审查同意后,应在展期申请书上签注意见,一联留存备查,其余两联作贷款展期通知交会计部门办理贷款展期手续。

会计部门接到贷款展期申请书后,应对以下内容进行审查:信贷部门的批准意见及签章;展期贷款金额与借款凭证上的金额是否一致;展期时间是否超过规定期限,是否第一次展期;展期利率的确定是否正确。审查无误后,在贷款分户账及借据上注明展期还款日期及利率,同时,将一联贷款展期申请书加盖业务公章后退借款人收存,另一联贷款展期申请书附在原借据之后,按展期后的还款日期排列保管,无须办理转账手续。

【例4.1】 2013年12月31日中国工商银行河松支行向开户单位宏大公司发放一年期流动资金贷款,合同本金100万元,合同年利率12%,每月付息一次,银行于每月月末计提利息,并于2014年12月31日收回本金和利息。假设不考虑其他因素。

首先,贷款初始确认金额 = 1 000 000(元),设贷款的实际利率为 IRR,根据公式

$$V = \frac{CF_1}{(1+IRR)^1} + \frac{CF_2}{(1+IRR)^2} + \cdots + \frac{CF_n}{(1+IRR)^n} = \sum_{t=1}^{n} \frac{CF_t}{(1+IRR)^t}$$

得 $1\,000\,000 = 10\,000 \times (P/A, IRR, 12) + 1\,000\,000 \times (P/F, IRR, 12)$

采用逐步测试法,首先用 $IRR = 1\%$ 进行测试:

$10\,000 \times (P/A, IRR, 12) + 1\,000\,000 \times (P/F, IRR, 12) =$
$10\,000 \times 11.255\,1 + 1\,000\,000 \times 0.887\,4 = 1\,000\,000$

由计算结果可知,实际月利率 $IRR = 1\%$,与合同月利率相等。由于贷款发放时发生了交易费用和溢折价,实际付息周期(按年)与计息周期(按月)相同,因此,其实际利率与合同利率相等。

2013年12月31日,发放贷款时:

借:贷款——流动资金贷款——宏大公司(本金)　　　　　　1 000 000
　　贷:吸收存款——单位活期存款——宏大公司　　　　　　　1 000 000

2014年1～12月每月月末计提利息和收到利息时:

借:应收利息——流动资金贷款应收利息——宏大公司　　　　10 000
　　贷:利息收入——流动资金贷款利息收入　　　　　　　　　10 000
借:吸收存款——单位活期存款——宏大公司　　　　　　　　10 000
　　贷:应收利息——流动资金贷款应收利息——宏大公司　　　10 000

2014年12月31日,到期收回本金时:

借:吸收存款——单位活期存款——宏大公司　　　　　　　　1 000 000
　　贷:贷款——流动资金贷款——宏大公司(本金)　　　　　　1 000 000

【例4.2】 2013年12月31日中国工商银行河松支行向开户单位宏大公司发放一年期流动资金贷款,合同本金100万元,合同年利率12%,到期一次还本付息,银行于每月月末计提利息,并于2014年12月31日收回本金和利息。假设不考虑其他因素。

贷款初始确认金额 = 1 000 000(元)

设贷款的实际利率为 IRR,则根据公式

$$V = \frac{CF_1}{(1+IRR)^1} + \frac{CF_2}{(1+IRR)^2} + \cdots + \frac{CF_n}{(1+IRR)^n} = \sum_{t=1}^{n} \frac{CF_t}{(1+IRR)^t}$$

得 $IRR = 0.948\,9\%$。

由计算结果可知,实际月利率 $IRR = 0.9489\%$,与合同月利率不相等。贷款发放时虽然没有发生交易费用和溢折价,但由于实际付息周期(按年)与计息周期(按月)不相同,因此,其实际利率与合同利率不相等。

采用实际利率法计算利息收入和贷款摊余成本的数据见表4.1。

表4.1 实际利率法计算利息收入和贷款摊余成本表

单位:元

时间	期初摊余成本	利息收入 (实际月利率0.9489%)	现金流入	期末摊余成本	利息调整
2014-01-31	1 000 000	9 489	0	1 009 489	贷511
2014-02-29	1 009 489	9 579	0	1 019 068	贷421
2014-03-31	1 019 068	9 670	0	1 028 738	贷330
2014-04-30	1 028 738	9 761	0	1 038 499	贷239
2014-05-31	1 038 499	9 854	0	1 048 353	贷146
2014-06-30	1 048 353	9 948	0	1 058 301	贷52
2014-07-31	1 058 301	10 042	0	1 068 343	借42
2014-08-31	1 068 343	10 137	0	1 078 480	借137
2014-09-30	1 078 480	10 233	0	1 088 713	借233
2014-10-31	1 088 713	10 331	0	1 099 044	借331
2014-11-30	1 099 044	10 429	0	1 109 473	借429
2014-12-31	1 109 473	10 527	1 120 000	0	借527
合计	—	120 000	1 120 000	—	余额0

根据表4.1数据,工商银行河松支行有关账务处理如下。

(1)编制发放贷款的会计分录。

2013年12月31日,发放贷款时:

借:贷款——流动资金贷款——宏大公司(本金)   1 000 000
  贷:吸收存款——单位活期存款——宏大公司   1 000 000

(2)2014年1月31日,计提利息时:

借:应收利息——流动资金贷款应收利息——宏大公司   10 000
  贷:利息收入——流动资金贷款利息收入   9 489
    贷款——流动资金贷款——宏大公司(利息调整)   511

(3)2014年2月28日,计提利息时:

借:应收利息——流动资金贷款应收利息——宏大公司   10 000
  贷:利息收入——流动资金贷款利息收入   9 579
    贷款——流动资金贷款——宏大公司(利息调整)   421

(4)2014年3月31日,2012年4月30日,……,2014年11月30日,计提利息的会计分录略。

(5) 2012年12月31日，计提利息时：

借：应收利息——流动资金贷款应收利息——宏大公司　　10 000
　　　贷款——流动资金贷款——宏大公司（利息调整）　　527
　贷：利息收入——流动资金贷款利息收入　　10 527

(6) 2014年12月31日，收回贷款本息时：

借：吸收存款——单位活期存款——宏大公司　　1 120 000
　贷：贷款——流动资金贷款——宏大公司（本金）　　1 000 000
　　　应收利息——流动资金贷款应收利息——宏大公司　　120 000

第三节　担保贷款的核算

担保贷款是指银行以法律规定的担保方式作为还款保障而发放的贷款。担保贷款依担保方式的不同，又可以分为保证贷款、抵押贷款和质押贷款。担保贷款到期，若借款人不能按期归还贷款，应由保证人履行债务偿付责任或以财产拍卖、变卖的价款偿还贷款。

一、保证贷款的核算

保证贷款是指按《中华人民共和国担保法》规定的保证方式，以第三人承诺在借款人不能偿还贷款时，按约定承担一般保证责任或连带责任而发放的贷款。

借款人申请保证贷款，应提交借款申请书和其他银行要求的相关资料，同时还应向银行提供保证人情况及保证人同意保证的有关证明文件，担保人承担了保证偿还借款的责任后，还应开具《贷款担保意向书》。

银行信贷部门要对保证人的资格和经济担保能力进行认真的审查核实。重点审核保证人的法人资格、经济效益和信用履历情况，从而避免因担保人无力担保或无意承担担保责任而使贷款产生损失。审核符合出贷要求后，银行要同借款人（被担保人）、担保人三方签订合法完整的借款合同、担保合同，明确各方责任。

保证贷款出贷后，银行和保证人应共同监督借款人按合同规定使用贷款和按期偿还贷款。贷款到期后，如果借款人按时还本付息，借款合同和担保合同随即解除。如果借款人无力偿还贷款本息，银行可通知担保人代偿。保证贷款发放与收回的核算手续与信用贷款基本相同。

二、抵押贷款的核算

抵押贷款是指按《中华人民共和国担保法》规定的抵押方式，以借款人或第三人的财产作为抵押物而发放的贷款。抵押贷款中可以作为抵押物的财产有：

(1) 抵押人所有的房屋和其他地面附着物。

(2) 抵押人所有的机器、交通运输工具和其他财产。

(3) 抵押人依法有权处置的国有土地使用权、房屋和其他地面附着物。

(4) 抵押人依法有权处置的国有机器、交通运输工具和其他财产。

(5) 抵押人依法承包并经发包方同意抵押的荒山、荒丘、荒滩等荒地的土地使用权。

(6)依法可以抵押的其他财产。

抵押人可以其中一种、某几种或全部财产做抵押,但法律、法规禁止转让的国有土地所有权、自然资源和文物,金银及其制品,医院、学校、幼儿园等福利设施,对所有权有争议的财产和非借款人所有的财产以及依法被查封、扣押、监管的财产不能作为抵押品。

借款人若到期不能偿还贷款本息,银行有权依法处置其抵押品,并从所得价款中优先收回贷款本息。

抵押贷款中流动资金贷款最长不超过1年,固定资产贷款一般为1~3年(最长不超过5年)。抵押贷款不是按抵押物价值金额予以发放,而是按一定比例进行折扣,一般按抵押品现值的50%~70%确定贷款金额,抵押贷款应到期归还,一般不得展期。

(一)抵押贷款发放的核算

抵押贷款由借款人提出申请,并向银行提交"抵押贷款申请书",写明借款用途、金额、还款日期,抵押品名称、数量、价值、存放地点等有关事项。信贷部门审批同意后,签订抵押贷款合同,同时,借款人应将有关抵押品或抵押品产权证明移交银行。银行经审查无误后,签发"抵押品保管证"交借款人,出纳部门登记有关登记簿。同时,信贷部门应填制一式五联借款凭证,送会计部门凭以办理贷款的发放手续。会计部门收到借款凭证,经审核无误后进行账务处理。其会计分录为

借:贷款——抵押贷款——××户(本金) (贷款的合同本金)

借或贷:贷款——抵押贷款——××户(利息调整) (借贷方差额)

  贷:吸收存款——活期存款——××户 (实际支付的金额)

同时,对抵押物进行详细登记,并列入表外科目核算,其会计分录为

收入:代保管有价值品——××户

(二)抵押贷款资产负债表日的核算

资产负债表日,商业银行应按贷款的合同本金与合同利率计算确定的应收未收利息,借记"应收利息"科目,按贷款的摊余成本与实际利率计算确定的利息收入,贷记"利息收入"科目,按其差额,借记或贷记"贷款(利息调整)"科目。合同利率与实际利率差异较小的,也可以采用合同利率计算确定利息收入。

借:应收利息——××贷款应收利息——××户

借或贷:贷款——抵押贷款——××户(利息调整)

  贷:利息收入——××贷款利息收入

(三)抵押贷款到期收回的核算

抵押贷款到期,借款人应主动提交放款收回凭证或转账支票到银行办理还款手续。会计处理与信用贷款相同。

抵押贷款本息全部收回后,银行会计部门应根据信贷部门签发的抵押物品、证券退还通知书填制表外科目付出传票,出纳部门销记表外科目登记簿,退还抵押品。其会计分录为

付出:代保管有价值品——××户

三、质押贷款的核算

质押贷款是指按《中华人民共和国担保法》规定的质押方式,以借款人或第三人的动产

或权利作为质物而发放的贷款。质押贷款的发放,必须以质物为基础。质物可以是出质人的动产,也可以是出质人的权利。

以动产作质押的,必须将动产移交发放贷款的银行,并订立质押合同。以权利作质押的,可以作为质押的权利包括:汇票、支票、本票、债券、存款单、仓单和提货单;依法可转让的股份、股票;依法可转让的商标专用权、专利权、著作权中的财产权及可质押的其他权利。其中,以汇票、支票、本票、债券、存款单、仓单和提货单作质物的,应当在合同约定的期限内将权利凭证交付发放贷款的银行;以依法可以转让的股票作质物的,应向证券登记机构办理出质登记;以依法可以转让的商标专用权、专利权、著作权中的财产权作质物的,应向其管理部门办理出质登记。

以依法可以转让的商标专用权、专利权、著作权中的财产权作质物的,出质后,只有经出质人与质权人协商同意,才可以转让或许可他人使用,并且出质人所得的转让费、许可费,应当向质权人提前清偿所担保的债权,或向质权人约定的第三人提存。

质押贷款发放与收回的处理与抵押贷款基本相同。质押贷款到期,若借款人不能归还贷款,银行可以所得质物的价款收回贷款本息。

第四节 贷款减值与转销业务的核算

一、贷款减值的核算

为了提高商业银行抵御和防范风险的能力,正确核算其经营损益,各商业银行应当按照谨慎性原则的要求,在资产负债表日,对各项贷款的账面价值进行检查。如有客观证据表明该贷款发生减值的,应当计提减值准备。商业银行按规定对发生减值的贷款计提的减值准备,应通过"贷款损失准备"科目进行核算。

(一)贷款损失准备的计提范围

计提贷款损失准备的资产是指商业银行承担风险和损失的资产。具体包括:贴现资产、拆出资金、客户贷款、银团贷款、贸易融资、协议透支、信用卡透支、转贷款和垫款(如银行承兑汇票垫款、担保垫款、信用证垫款)等。商业银行对不承担的委托贷款等,不计提贷款损失准备。

(二)贷款减值损失的确认与计量

1. 贷款减值损失的确认

商业银行首先对贷款进行减值测试,在进行减值测试时,根据自身管理水平和业务特点,将贷款分为单项金额重大和不重大的贷款(单项金额重大贷款的标准一经确定不得随意变更)。对单项金额重大的贷款,应单独进行减值测试;对单项金额不重大的贷款,可以单独进行减值测试,或者将其包括在具有类似信用风险特征的贷款组合中进行减值测试。单独测试未发生减值的贷款(包括单项金额重大和不重大的贷款),也应当包括在具有类似信用风险特征的贷款组合中再进行减值测试。

商业银行采用单独和组合方式对贷款进行减值测试,如有客观证据表明贷款已经发生减值,应进行减值计量,并根据计量结果确认贷款减值损失,计提贷款减值准备。其中,表明贷款发生减值的客观证据是指贷款初始确认后实际发生的,对该贷款的预计未来现金流量有影响,且商业银行能够对该影响进行可靠计量的事项。主要包括:债务人发生严重财务困难;债务人违反了合同条款,如偿付利息或本金发生违约或逾期等;债权人出于经济或法律等方面因素的考虑,对发生财务困难的债务人做出让步;债务人很可能倒闭或进行其他财务重组;其他表明贷款发生减值的客观证据。客观证据应当发生于贷款初始确认之后,因为减值是相对于贷款账面价值而言的,在贷款发放时已经存在的减值客观证据,在贷款初始确认即按公允价值进行初始计量时已予以考虑,在减值测试时不应重复考虑。

2. 贷款减值损失的计量

对单独进行减值测试的贷款商业银行于资产负债表日采用现金流折现模型进行减值测试。即预计资产负债表日后的与该贷款相关的未来现金流量(包括借款人或保证人用来还款的经营现金流量和特定现金流量、处置抵押物和质押权利取得的净收入等),按照初始确认时确定的实际利率将预计未来现金流量折现至资产负债表日,得到预计未来现金流量现值。若预计未来现金流量现值低于该贷款的账面价值的差额确认为贷款减值损失,计入当期损益。已单项确认减值损失的贷款,不再包括在具有类似信用风险特征的贷款组合中进行减值测试。

对采用组合方式进行减值测试的贷款,商业银行应依据贷款的风险特征,选择既便于操作又能够反映贷款风险特征的分组依据进行分组,如预计违约概率和信用风险评级、贷款方式、地理分布、担保类型、借款者类型、逾期状况、到期时间等。商业银行选择恰当的分组依据将贷款划分为具有类似信用风险特征的若干组合后,根据自身风险管理模式和数据支持程度,采用合理的办法计量贷款组合的减值损失。目前我国商业银行实务中主要采用迁移模型、滚动率模型进行组合评估,计量贷款组合的减值损失。

(三)贷款减值的账务处理

1. 贷款发生减值时

资产负债表日,商业银行确定贷款发生减值的,应当将该贷款的账面价值减记至预计未来现金流量现值,减记的金额确认为资产减值损失,计入当期损益。即按应减记的金额,借记"资产减值损失"科目,贷记"贷款损失准备"科目。同时,应将"贷款(本金、利息调整)"科目余额转入"贷款(已减值)"科目,借记"贷款(已减值)"科目,贷记"贷款(本金、利息调整)"科目。其会计分录为

借:资产减值损失——贷款损失准备金户
  贷:贷款损失准备——客户贷款户
借:贷款——××贷款——××户(已减值)
借或贷:贷款——××贷款——××户(利息调整)
  贷:贷款——××贷款——××户(本金)

其中,预计未来现金流量现值,应当按照该贷款的原实际利率折现确定,并考虑相关担保物的价值(取得和出售该担保物发生的费用应当予以扣除)。原实际利率是初始确认该贷款时计算确定的实际利率。对于浮动利率贷款,在计算未来现金流量现值时,则可采用合同规定的现行实际利率作为折现率。

2. 计提减值贷款利息时

资产负债表日,应按减值贷款的摊余成本和实际利率计算确定的利息收入,借记"贷款损失准备"科目,贷记"利息收入"科目。同时,将按合同本金和合同利率计算确定的应收利息金额进行表外登记。其会计分录为

借:贷款损失准备——客户贷款户
　　贷:利息收入——发放贷款及垫款
收入:应收未收利息——××户

其中,计算确定利息收入的实际利率,应为确定减值损失时对未来现金流量进行折现所采用的折现率。

3. 减值贷款价值恢复时

已计提贷款损失准备的贷款,如有客观证据表明该贷款的价值已恢复,且客观上与确认该减值损失后发生的事项有关(如债务人的信用评级已提高等),原确认的减值损失应当予以转回,计入当期损益。但是,该转回后的账面价值,不应当超过假定不计提减值准备情况下该贷款在转回日的摊余成本。其会计分录为

借:贷款损失准备——客户贷款户
　　贷:资产减值损失——贷款损失准备金户

4. 收回减值贷款时

收回减值贷款时,应按实际收到的金额,借记"吸收存款"等科目,按相关贷款损失准备余额,借记"贷款损失准备"科目,按相关贷款余额,贷记"贷款(已减值)"科目,按其差额,贷记"资产减值损失"科目。其会计分录为

借:吸收存款(存放中央银行款项)
　　贷款损失准备——客户贷款户
　　贷:贷款——××贷款——××户(已减值)
　　　　资产减值损失——贷款损失准备金户

同时,销记表外登记的应收未收利息,会计分录为

付出:应收未收利息——××户

(四)抵债资产的账务处理

抵债资产是指当债务人无法以货币资金偿还债务时,银行依法行使债权或担保物权取得的用以抵偿债务的非货币性资产。

(1)银行以作价入账方式处置抵(质)押物收回贷款而取得抵债资产,或以资抵债收回贷款而取得抵债资产时,会计分录如下。

如为借方差额,则
借:抵债资产
　　贷款损失准备——客户贷款户
　　营业外支出
　　贷:贷款——××贷款——××户(已减值)
　　　　应交税费

如为贷方差额,则

借:抵债资产
　　贷款损失准备——客户贷款户
　　贷:贷款——××贷款——××户(已减值)
　　　应交税费
　　　资产减值损失
同时,销记表外登记的应收未收利息,会计分录为
付出:应收未收利息——××户
如抵债资产原为贷款抵押品、质押品的,将其转为抵债资产核算时,还应销记原已登记的表外科目和担保物登记簿,会计分录为
付出:待处理抵押(质押)品——××户

(2)抵债资产保管期间取得的收入及保管期间发生的直接费用,应列作其他业务收入和其他业务成本。其会计分录为
借:库存现金(存放中央银行款项)
　　贷:其他业务收入
借:其他业务成本
　　贷:库存现金(存放中央银行款项)

(3)处置抵债资产时,会计分录如下。
如为借方差额,则
借:库存现金(存放中央银行款项)
　　抵债资产跌价准备
　　营业外支出
　　贷:应交税费
　　　抵债资产
如为贷方差额,则
借:库存现金(存放中央银行款项)
　　抵债资产跌价准备
　　贷:应交税费
　　　抵债资产
　　　营业外收入

(4)银行取得抵债资产后转为自用的,应在相关手续办妥时,按转换日抵债资产的账面余额,借记"固定资产"等科目,贷记"抵债资产"科目。已计提抵债资产跌价准备的,还应同时予以结转。其会计分录为
借:固定资产(或其他资产类科目)
　　抵债资产跌价准备
　　贷:抵债资产

二、贷款转销的核算

(一)贷款转销的条件和有关规定

商业银行对于确实无法收回的贷款,应按规定的条件和管理权限报经批准后,作为呆账

予以转销。凡符合下列条件之一的,造成商业银行不能按期收回的贷款,可以被确认为呆账:

(1)借款人和担保人依法被宣告破产,经法定清偿后仍未还清的贷款。

(2)借款人死亡,或依照《中华人民共和国民法通则》的规定,宣告失踪或死亡,以其财产或遗产清偿后未能还清的贷款。

(3)借款人遭受重大自然灾害或意外事故,损失巨大且不能获得保险赔款,确实不能偿还的部分或全部贷款,或经保险赔偿清偿后未能还清的贷款。

(4)借款人依法处置抵押物所得价款不足以补偿的贷款部分。

(5)经国务院专案批准核销的贷款。

各级银行机构对借款人有经济偿还能力,但因某些原因不能按期偿还贷款,不得列作呆账,应积极组织催收。银行工作人员因渎职或其他违法行为造成贷款无法收回的,不得列作呆账,除追究有关责任人的责任外,应在银行的利润留成中逐年冲销。

对于需要转销的呆账贷款,银行要按规定的程序办理,申请转销呆账贷款时,应填报"核销呆账损失申报表"并附详细说明,按规定的转销权限逐级报上级行审查。上级行收到"核销呆账损失申报表"后,应组织信贷、法规、会计、稽核部门进行审查并签署意见。如符合规定条件,就可以冲减贷款损失准备。

(二)贷款转销的核算

1. 按法定程序核销呆账损失时

会计分录为

借:贷款损失准备——客户贷款户

　　贷:贷款——××贷款——××户(已减值)

按管理权限报经批准后转销表外应收未收利息,减少表外"应收未收利息"科目金额。其会计分录为

付出:应收未收利息

2. 已转销的贷款又收回时

已确认并转销的贷款以后又收回的,按原转销的已减值贷款余额恢复原转销的贷款,同时办理收回贷款入账。其会计分录为

借:贷款——××贷款——××户(已减值)　(原转销的已减值贷款余额)

　　贷:贷款损失准备——客户贷款户

同时,

借:吸收存款(存放中央银行款项)　(实际收到的金额)

　　贷款损失准备　(账面余额)

　　贷:贷款——××贷款——××户(已减值)　(原转销的已减值贷款余额)

　　　　资产减值损失——贷款损失准备金户　(借贷方差额)

【例4.3】 2012年12月31日,中国工商银行河松支行向开户单位宏大公司发放一年期流动资金贷款,合同本金100万元,合同年利率12%,到期一次还本付息,同时发生交易费用1万元,支付给在本行开户的W咨询公司。银行于每月月末计提利息。2013年8月31日,有客观证据表明宏大公司发生严重财务困难,银行据此认定对宏大公司的贷款发生了减值,并预期将于2014年8月31日收到现金60万元。2014年8月31日银行与宏大公

司结算货款,实际收到现金 80 万元。假设不考虑其他因素。

$$贷款初始确认金额 = 1\,000\,000(元)$$

设贷款的实际利率为 IRR,则根据公式:

$$V = \frac{CF_1}{(1+IRR)^1} + \frac{CF_2}{(1+IRR)^2} + \cdots + \frac{CF_n}{(1+IRR)^n} = \sum_{t=1}^{n} \frac{CF_t}{(1+IRR)^t}$$

得 $IRR = 0.865\,2\%$。

采用实际利率法计算利息收入和贷款摊余成本的数据见表 4.2。

表 4.2 实际利率法计算利息收入和贷款摊余成本表

单位:元

时间	期初摊余成本	利息收入（实际月利率 0.865 2%）	现金流入	贷款减值损失	期末摊余成本	利息调整
2012-12-31	1 010 000				1 010 000	借 10 000
2013-01-31	1 010 000	8 739	0		1 018 739	贷 1 261
2013-02-28	1 018 739	8 814	0		1 027 553	贷 1 186
2013-03-31	1 027 553	8 890	0		1 036 443	贷 1 110
2013-04-30	1 036 443	8 968	0		1 045 411	贷 1 032
2013-05-31	1 045 411	9 045	0		1 054 456	贷 955
2013-06-30	1 054 456	9 123	0		1 063 579	贷 877
2013-07-31	1 063 579	9 202	0		1 072 781	贷 798
2013-08-31	1 072 781	9 282	0	540 991	541 072	贷 2 781
2013-09-30	541 072	4 681	0		545 753	
2013-10-31	545 753	4 722	0		550 475	
2013-11-30	550 475	4 763	0		555 238	
2013-12-31	555 238	4 804	0		560 042	
2014-01-31	560 042	4 845	0		564 887	
2014-02-29	564 887	4 887	0		569 774	
2014-03-31	569 774	4 930	0		574 704	
2014-04-30	574 704	4 972	0		579 676	
2014-05-31	579 676	5 015	0		584 691	
2014-06-30	584 691	5 059	0		589 750	
2014-07-31	589 750	5 103	0		594 853	
2014-08-31	594 853	5 147	600 000		0	
合计	—	130 991		540 991	—	余额 0

根据上表数据,工商银行河松支行有关账务处理如下。

(1)编制发放贷款的会计分录。

2012 年 12 月 31 日,发放贷款时:

借:贷款——流动资金贷款——宏大公司(本金)　　　　　　　1 000 000
　　贷款——流动资金贷款——宏大公司(利息调整)　　　　　10 000
　贷:吸收存款——单位活期存款——宏大公司　　　　　　　1 000 000
　　吸收存款——单位活期存款——W公司　　　　　　　　　10 000

(2)编制每月月末计提利息的会计分录。

①2013年1月31日,计提利息时:

借:应收利息——流动资金贷款应收利息——宏大公司　　　　10 000
　贷:利息收入——流动资金贷款利息收入　　　　　　　　　　8 739
　　贷款——流动资金贷款——宏大公司(利息调整)　　　　　1 261

②2013年2月28日,计提利息时:

借:应收利息——流动资金贷款应收利息——宏大公司　　　　10 000
　贷:利息收入——流动资金贷款利息收入　　　　　　　　　　8 814
　　贷款——流动资金贷款——宏大公司(利息调整)　　　　　1 186

③2013年3月31日,2013年4月30日……2013年7月31日,计提利息略。

④2013年8月31日,计提利息时:

借:应收利息——流动资金贷款应收利息——宏大公司　　　　10 000
　贷:利息收入——流动资金贷款利息收入　　　　　　　　　　9 282
　　贷款——流动资金贷款——宏大公司(利息调整)　　　　　718

(3)2013年8月31日,确认贷款减值损失:

　未确定减值损失前贷款的摊余成本 = 1 072 781 + 9282 = 1 082 063(元)

　新预计未来现金流量现值 = 6 000 000 × (1 + 0.865 2%)$^{-12}$ = 541 072(元)

　确认的贷款减值损失 = 未确认减值损失前的摊余成本 − 新预计未来现金流量现值 =
　　　　　　　　　　(贷款本金 + 应收未收利息) − 新预计未来现金流量现值 =
　　　　　　　　　　1 082 063 − 541 072 = 540 991(元)

借:资产减值损失——贷款准备支出　　　　　　　　　　　　540 991
　贷:贷款损失准备　　　　　　　　　　　　　　　　　　　540 991

借:贷款——××贷款——A公司(已减值)　　　　　　　　　1 082 063
　贷:贷款——××贷款——A公司(本金)　　　　　　　　　1 000 000
　　贷款——流动资金贷款——宏大公司(利息调整)　　　　　2 063
　　应收利息——××贷款应收利息——宏大公司　　　　　　80 000

(4)2013年9月30日,确认减值贷款利息收入时:

减值贷款利息收入 = 贷款摊余成本 × 实际利率 = 541 072 × 0.865 2% ≈ 4 681(元)

借:贷款损失准备　　　　　　　　　　　　　　　　　　　　4 681
　贷:利息收入——××贷款利息收入　　　　　　　　　　　4 681
收入:应收未收利息　　　　　　　　　　　　　　　　　　　10 000

(5)2013年10月31日,确认减值贷款利息收入时:

减值贷款利息收入 = 贷款摊余成本 × 实际利率 = 545 753 × 0.865 2% ≈ 4 722(元)

借:贷款损失准备　　　　　　　　　　　　　　　　　　　　4 722
　贷:利息收入——××贷款利息收入　　　　　　　　　　　4 722

収入:应收未收利息　　　　　　　　　　　　　　　　　　10 000

(6)2013年11月30日,2013年12月31日,……,2014年7月31日,确认减值贷款利息收入的会计分录略。

(7)2014年8月31日,确认减值贷款利息收入时:

减值贷款利息收入 = 贷款摊余成本×实际利率 = 594 853×0.865 2% ≈ 5 147(元)

借:贷款损失准备　　　　　　　　　　　　　　　　　5 147
　　贷:利息收入——××贷款利息收入　　　　　　　　　　5 147
収入:应收未收利息　　　　　　　　　　　　　　　　　10 000

(8)2014年8月31日,与宏大公司结算贷款时:

借:吸收存款——单位活期存款——宏大公司　　　　800 000
　　贷款损失准备　　　　　　　　　　　　　　　　482 063
　　贷:贷款——流动资金贷款——宏大公司(已减值)　　1 082 063
　　　资产减值损失　　　　　　　　　　　　　　　200 000
付出:应收未收利息　　　　　　　　　　　　　　　120 000

第五节　贷款利息的核算

一、贷款利息计算的有关规定

商业银行发放的贷款,应按照规定计收利息。其利息计算的有关规定为:

(1)商业银行发放贷款的合同利率,应当根据人民银行规定的利率及浮动幅度加以确定。

(2)商业银行发放的贷款,期限在一年以内的,贷款期内按合同利率计息,若遇利率调整,不分段计息。

(3)商业银行发放的贷款,期限在一年以上的,若遇利率调整,应从新年度开始按调整后的利率计息。

(4)商业银行发放的贷款,到期日为节假日的,若在节假日前一日归还,应扣除归还日至到期日的天数后,按前述规定的利率计算利息;节假日后第一个工作日归还,应加收到期日至归还日的天数,按前述规定的利率计算利息;节假日后第一个工作日未归还,应从节假日后第一个工作日开始按逾期贷款利率计算利息。逾期贷款利率一般是在合同利率基础上加收一定比例的罚息。

二、贷款利息的计提

资产负债表日,商业银行应按贷款的合同本金与合同利率计算确定的应收未收利息,借记"应收利息"科目,按贷款的摊余成本与实际利率计算确定的利息收入,贷记"利息收入"科目,按其差额,借记或贷记"贷款(利息调整)"科目。合同利率与实际利率差异较小的,也可以采用合同利率计算确定利息收入。

对已确定发生减值损失的贷款,在资产负债表日,应按减值贷款的摊余成本和实际利率计算确定的利息收入,借记"贷款损失准备"科目,贷记"利息收入"科目。同时,将按合

同本金和合同利率计算确定的应收利息金额进行表外登记。其会计分录为

　　借:贷款损失准备——客户贷款户
　　　贷:利息收入——发放贷款及垫款
　　收入:应收未收利息——××户

三、贷款利息的计算方法

商业银行对贷款利息的计算,按照结计利息的时间不同,分为定期结息和逐笔结息两种方法。以下分别加以介绍。

1. 定期结息

定期结息是指银行按规定的结息期结计利息,一般为按季结息或按月结息,每季末月20日或每月20日为结息日,结计的利息于结息日次日办理转账。其利息的计算与活期存款利息的计算基本相同,具体可采用余额表和乙种账两种工具计算累计计息积数。

将计算的各贷款户利息,编制一式三联贷款利息清单,第一联作转账贷方传票,第二联作转账借方传票,第三联作回单交借款人,同时汇总编制利息收入科目传票办理转账。其会计分录为

　　借:吸收存款——活期存款——××户
　　　贷:应收利息——××户

若借款人存款账户无款支付或不足支付,对未收回的利息,应按前述规定的利率计收复息。若贷款到期(含展期后到期)未收回,则从逾期之日起至款项还清前一日止,按规定的逾期贷款利率计息,对未收回的利息,应按逾期贷款利率计收复息。

对纳入表外核算的"应收未收利息",应按期计算复息,计算的复息也在"应收未收利息"表外科目核算。

2. 逐笔结息

逐笔结息是指银行按规定的贷款期限,在收回贷款的同时逐笔计收利息。逐笔结息即为利随本清。在逐笔结息方式下,贷款利息计算的基本公式为

$$贷款利息 = 贷款本金 \times 时期 \times 利率$$

逐笔结息方式的利息计算在单位定期存款的利息计算中已进行了介绍,这里不再赘述。

第六节　票据贴现的核算

一、票据贴现概述

票据贴现是商业汇票的持票人在票据到期前,为取得资金,向银行贴付利息而将票据转让给银行,以此融通资金的行为。通过票据贴现,持票人可提前收回垫支于商业信用的资金,贴现银行通过买入未到期票据的债权,使商业信用转化为银行信用。除另有规定外,商业汇票的贴现银行必须是贴现申请人的开户银行。

贴现贷款与一般贷款虽然都是商业银行的资产业务,是借款人的融资方式,商业银行都要计收利息,但两者在以下方面又存在着明显的区别:首先,资金投放的对象不同,贴现

贷款以持票人（债权人）为放款对象；一般贷款以借款人（债务人）为对象；其次，体现的信用关系不同。贴现贷款体现的是银行与持票人、出票人、承兑人及背书人之间的信用关系，一般贷款体现的是银行与借款人、担保人之间的信用关系；再次，计息的时间不同，贴现贷款在放款时就扣收利息，一般贷款则是到期或定期计收利息；最后，资金的流动性不同，贴现贷款可以通过转贴现和再贴现提前收回资金，一般贷款只有到期才能收回。

二、会计科目的设置

商业银行办理票据贴现业务，应设置"贴现资产"科目进行核算。

"贴现资产"为资产类科目，核算商业银行办理商业票据的贴现、转贴现等业务所融出的资金。该科目可按贴现类别和贴现申请人，分别"面值""利息调整"进行明细核算。

商业银行办理贴现时，按贴现票面金额，借记"贴现资产（面值）"科目，按实际支付的金额，贷记"吸收存款"等科目，按其差额，贷记"贴现资产（利息调整）"科目。

资产负债表日，商业银行按计算确定的贴现利息收入，借记"贴现资产（利息调整）"科目，贷记"利息收入"科目。贴现票据到期，应按实际收到的金额，借记"吸收存款"等科目，按贴现的票面金额，贷记"贴现资产（面值）"科目，按其差额，贷记"利息收入"科目。存在利息调整金额的，也应同时予以结转。该科目期末余额在借方，反映商业银行办理的贴现、转贴现等业务融出的资金。

三、贴现银行办理贴现的核算

持票人持未到期的商业汇票向开户银行申请贴现时，应填制一式五联贴现凭证。第一联作贴现借方凭证，第二联作收款户贷方凭证，第三联作利息收入贷方凭证，第四联作收账通知，第五联作票据贴现到期卡。持票人在第一联上加盖预留印鉴后，连同汇票送交银行。

银行信贷部门对其进行审查，若符合贴现条件，应在贴现凭证"银行审批"栏签注"同意"字样，并加盖有关人员印章后，送交会计部门。

会计部门接到汇票和贴现凭证后，经审核无误，按规定的贴现利率计算贴现利息和实付贴现金额。其计算公式为

$$汇票到期值 = 汇票票面金额 + 汇票票面金额 \times 年利率 \div 360$$
$$贴现利息 = 汇票到期值 \times 贴现天数 \times (月贴现率 \div 30)$$
$$实付贴现金额 = 汇票到期值 - 贴现利息$$

公式中的"贴现天数"一般按实际天数计算，从贴现之日起算至汇票到期的前一日止。承兑人在异地的，贴现天数的计算应另加3天的划款期。

将贴现率及计算的贴现利息和实付贴现金额填写在贴现凭证的有关栏目后，以贴现凭证第一联作转账借方传票，第二、三联作转账贷方传票，办理转账。其会计分录为

借：贴现资产——票据贴现——××户（面值）
　　贷：吸收存款——活期存款——××户
　　　　贴现资产——票据贴现——××户（利息调整）

贴现利息调整摊销采用直线法于每月月末摊销，计算公式为

$$当月摊销金额 = 贴现利息 / 票据贴现天数 \times 本月应摊销天数$$

资产负债表日和到期收回日，系统自动计算本期贴现利息调整应摊销的金额，并确认

为贴现利息收入。会计分录为

 借:贴现资产——票据贴现——××户(利息调整)
  贷:利息收入——贴现利息收入

四、贴现汇票到期银行收回票款的核算

对到期的贴现汇票,贴现银行应及时收回票款,并分别以下两种情况进行处理。

(一)商业承兑汇票贴现到期收回的核算

商业承兑汇票贴现到期收回是通过委托收款方式进行的。贴现银行作为收款人,应于汇票到期前估算邮程,提前填制委托收款凭证,连同汇票一并向付款人开户行收取票款。

1. 付款人开户行的处理

付款人开户行收到委托收款凭证和汇票后,应于汇票到期日将票款从付款人账户付出。其会计分录为

 借:吸收存款——活期存款——××户
  贷:清算资金往来

若付款人存款账户无款支付或不足支付,付款人开户行应将汇票和凭证退回贴现银行。若付款人拒绝付款,付款人开户行应将拒付理由书、汇票和凭证退回贴现银行。

2. 贴现银行的处理

(1)贴现银行收到划回的票款时,会计分录为

 借:清算资金往来
  贷:贴现资产——票据贴现——××户(面值)

存在利息调整金额的,也应同时予以结转。

(2)若贴现银行收到付款人开户行退回委托收款凭证和汇票时,对已贴现的金额应从贴现申请人账户中收取。其会计分录为

 借:吸收存款——活期存款——××户
  贷:贴现资产——票据贴现——××户(面值)

存在利息调整金额的,也应同时予以结转。

(3)如贴现申请人存款账户不足支付票款,则不足部分作为逾期贷款。其会计分录为

 借:吸收存款——活期存款——××户
   贷款——逾期贷款——××户
  贷:贴现资产——票据贴现——××户(面值)

存在利息调整金额的,也应同时予以结转。

(二)银行承兑汇票贴现到期收回的核算

1. 承兑银行的处理

承兑银行于汇票到期日,应向承兑申请人收取票款并专户储存。其会计分录为

 借:吸收存款——活期存款——××户
  贷:吸收存款——应解汇款——××户

如承兑申请人账户不足支付,则不足部分作为逾期贷款。其会计分录为

 借:吸收存款——活期存款——××户

  贷款——逾期贷款——××户
   贷:吸收存款——应解汇款——××户
承兑银行收到贴现银行寄来的汇票和凭证,于汇票到期日或到期日后的见票当日,将票款划出。其会计分录为
  借:吸收存款——应解汇款——××户
   贷:清算资金往来
2. 贴现银行的处理
贴现银行收到划回的票款,办理转账。其会计分录为
  借:清算资金往来
   贷:贴现资产——票据贴现——××户(面值)
存在利息调整金额的,也应同时予以结转。

【例4.4】 2012年3月10日,工商银行河松支行为其开户单位三禾公司办理银行承兑汇票贴现,该银行承兑汇票为无息汇票,于2012年3月5日签发并承兑,票面金额100万元,期限4个月。贴现利率为4.5%,承兑银行在异地,工商银行河松支行到期收回票款。
会计分录如下。
(1) 2012年3月10日,办理贴现时:
贴现天数应从2012年3月10日算至7月4日,再另加3天的划款期,共120天。
$$贴现利息 = 1\,000\,000 \times 120 \times 4.5\% \div 360 = 15\,000(元)$$
$$实付贴现净额 = 1\,000\,000 - 15\,000 = 985\,000(元)$$

借:贴现资产——银行承兑汇票贴现——三禾公司(面值)	1 000 000
贷:吸收存款——单位活期存款——三禾公司	985 000
贴现资产——银行承兑汇票贴现——三禾公司(利息调整)	15 000

(2) 2012年3月31日,摊销贴现利息调整时:
$$当月摊销金额 = 15\,000 \div 120 \times 22 = 2\,750(元)$$

借:贴现资产——银行承兑汇票贴现——三禾公司(利息调整)	2 750
贷:利息收入——贴现利息收入	2 750

(3) 2012年4月30日,摊销贴现利息调整时:
$$当月摊销金额 = 15\,000 \div 120 \times 30 = 3\,750(元)$$

借:贴现资产——银行承兑汇票贴现——三禾公司(利息调整)	3 750
贷:利息收入——贴现利息收入	3 750

(4) 2012年5月31日,摊销贴现利息调整时:
$$当月摊销金额 = 15\,000 \div 120 \times 31 = 3\,875(元)$$

借:贴现资产——银行承兑汇票贴现——三禾公司(利息调整)	3 875
贷:利息收入——贴现利息收入	3 875

(5) 2012年6月30日,摊销贴现利息调整时:
$$当月摊销金额 = 15\,000 \div 120 \times 30 = 3\,750(元)$$

借:贴现资产——银行承兑汇票贴现——三禾公司(利息调整)	3 750
贷:利息收入——贴现利息收入	3 750

(6) 2012年7月8日,收到划回的票款时:

借：清算资金往来　　　　　　　　　　　　　　　　　1 000 000
　　贷：贴现资产——银行承兑汇票贴现——三禾公司（面值）　1 000 000
同时，摊销贴现利息调整：
　　　　　　当月摊销金额 = 15 000 ÷ 120 × 7 = 875（元）
借：贴现资产——银行承兑汇票贴现——三禾公司（利息调整）　875
　　贷：利息收入——贴现利息收入　　　　　　　　　　　875

思考题

1. 贷款的种类有哪些？
2. 商业银行的哪些资产应计提贷款损失准备？
3. 贷款发生减值的客观证据有哪些？
4. 资产负债表日已减值贷款的利息应如何核算？
5. 简述贷款利息计算的规定及方法。
6. 贴现银行办理贴现时实付贴现金额应如何计算？

练习题

1. 开户单位玩具厂申请办理信用贷款1 000 000元，审核后办理。编写会计分录。

2. 借款人服装厂抵押贷款逾期未还，本金980 000元，利息42 000元，银行处理抵押的设备一套，得款1 000 000元，编写会计分录。

3. 7月10日，开户单位中信公司持银行承兑汇票申请办理贴现，汇票金额为350 000元，汇票到期日为11月2日，经信贷部门审查后予以办理（贴现率为3‰）。要求计算贴现息并编制有关会计分录。

4. 7月12日，给开户单位化纤厂贴现的商业承兑汇票150 000元未能按期收回票款，向贴现申请人收取，但该单位存款账户只有100 000元。做出会计分录。

5. 2011年12月31日，中国工商银行海淀支行向其开户单位宏大公司发放一年期流动资金贷款，合同本金100万元，合同季复利率3%，到期一次还本付息，同时在发放贷款时一次性按本金的3.047%扣除手续费。为简化核算，假设中国工商银行海淀支行于每季季末计提利息，并于2012年12月31日到期收回本息。不考虑其他因素。

要求：
(1) 编制发放贷款的会计分录。
(2) 编制每季季末计提利息的会计分录。
(3) 编制到期收回本息的会计分录。

第五章 资金清算业务的核算

第一节 资金清算业务概述

一、资金清算业务的含义

简单地讲,我们通常把单位以及个人之间通过银行进行的资金往来称为支付结算。在办理支付结算业务中,如果收付款人在同一行处开户,那么资金划拨在一个行处内即可完成;如果收付款人在不同的行处开户,资金则需要在两个行处之间划拨。银行之间由于支付结算业务往来所产生的资金划拨称作资金清算。所以支付结算与资金清算两者紧密联系,相辅相成。比如,北京农行的一个客户欲将 100 000 元款项通过电子汇划业务汇往上海工行(其实是支付信息报文到达工行,工行就可以记账了),这时候办理的业务叫支付结算;然后农行通过支付系统将 100 000 元划到上海工行,这时候的业务处理就是资金清算。某种意义上可以认为资金清算是支付结算业务的延伸,客户来银行办理业务,往往集支付结算、汇划清算为一体,通过清算系统将银行遍布全国各地网点联成一个整体,实现资金往来及时到账。

二、我国资金支付清算体系

目前,我国已建成以中国现代化支付系统为核心,银行业金融机构行内业务系统为基础,票据交换系统、银行卡支付系统、票据影像系统等为重要组成部分,行业清算组织和互联网支付服务组织业务系统为补充的支付清算网络体系,对加快社会资金周转、提高支付清算效率、促进国民经济健康平稳发展发挥着越来越重要的作用。

第二节 商业银行系统内资金清算业务的核算

一、商业银行系统内资金清算的含义

系统内不同行处之间发生系统内往来业务时,往来资金并没有实际划拨,而是通过相互记往来账以反映往来行处间应收、应付资金的方式来实现收付款方资金的划拨。由于各分支行处均为独立核算单位,因系统内往来而导致的相互资金存欠必须及时清算。

系统内资金清算是指对由系统内资金调拨、划拨支付结算款项等业务引起的系统内行处间的资金往来按照一定的清算模式进行实际资金划转的过程。系统内资金清算通过各级行处在上级管辖行开立的备付金存款账户办理。

商业银行系统内往来与资金清算通常使用各行自己开发的系统内资金汇划清算系统,未建立系统内资金汇划清算系统的商业银行及非银行金融机构的资金划拨,通过中国人民

银行的现代化支付系统或由建有系统内资金汇划清算系统的商业银行转汇办理。商业银行系统内资金汇划清算系统在支付清算体系中处于基础地位,是银行业金融机构办理结算资金和银行内部资金往来清算的渠道,是集汇划业务、清算业务、结算业务等功能于一体的综合性应用系统。

二、系统内资金汇划与清算的核算

(一)业务范围与处理流程

1. 资金汇划清算系统的业务范围

资金汇划清算系统处理的汇划业务是由社会支付、银行内部资金调拨与清算等引起的,具体包括:汇兑、委托收款、托收承付、银行汇票、银行卡、储蓄旅行支票、内部资金划拨、其他款项汇划及其资金清算,对公、储蓄、银行卡异地通存通兑业务的资金清算,有关的查询、查复业务。

2. 资金汇划清算系统的处理流程

资金汇划清算系统处理的汇划业务,其信息从发报经办行发起,经发报清算行、总行清算中心、收报清算行,至收报经办行止。

经办行是办理结算和资金汇划业务的行处。发报经办行为汇划业务的发生行,收报经办行为汇划业务的接收行。

清算行是在总行清算中心开立备付金存款账户的行,各直辖市分行和二级分行(包括省区分行营业部)均为清算行,清算行负责办理辖属行处汇划款项的清算。

省区分行也在总行清算中心开立备付金存款账户,但不用于汇划款项的清算,只用于办理系统内资金调拨和内部资金利息的汇划。

总行清算中心主要是办理系统内各经办行之间的资金汇划、各清算行之间的资金清算及资金拆借、账户对账等账务的核算与管理。

资金汇划清算系统处理汇划业务的流程为:各发报经办行根据发生的结算等资金汇划业务录入数据,全部及时发送至发报清算行;发报清算行将辖属各发报经办行的资金汇划信息传输给总行清算中心;总行清算中心对发报清算行传输来的汇划数据及时传输给收报清算行;收报清算行当天或次日将汇划数据传输给收报经办行,从而实现资金汇划业务。其中清算行处于信息中转的地位,既要向总行清算中心传输发报经办行的汇划信息,又要向收报经办行传输总行清算中心发来的汇划业务信息,资金汇划的出口、入口均反映在清算行,使其可以控制辖属经办行的资金汇划与清算。资金汇划清算系统处理汇划业务流程如图5.1所示。

资金汇划清算系统以清算行为单位在总行清算中心开立备付金存款账户,用于汇划款项的资金清算。当发报经办行通过其清算行经总行清算中心将款项汇划给收报经办行的同时,总行清算中心每天根据各行汇出汇入资金情况,从各该清算行备付金存款账户付出资金或存入资金,从而实现各清算行之间的资金清算。各清算行在总行清算中心开立的备付金账户,应保证足额的存款。同样,各支行应在上级管辖分行清算中心开立备付金账户,用于经办行与清算行辖内其他支行之间的资金清算。

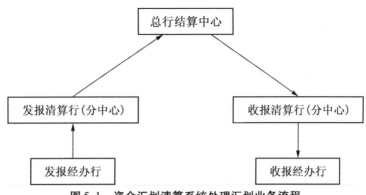

图 5.1 资金汇划清算系统处理汇划业务流程

(二)会计科目的设置

1."上存系统内款项"科目

"上存系统内款项"科目属于资产类科目,是下级行用以核算其存放在上级行的资金。各清算行(直辖市分行、总行直属分行、二级分行)和省区分行在总行开立的备付金账户以及二级分行在省区分行开立的调拨资金账户均使用该科目进行核算。

2."系统内款项存放"科目

"系统内款项存放"科目属于负债类科目,与"上存系统内款项"科目相对应,是上级行用以核算其下级行上存的备付金存款和调拨资金。总行在该科目下按清算行和省区分行设置"××行备付金",用以核算各清算行和省区分行在总行的备付金存款的增减变动情况。省区分行在该科目下按二级分行设置"××行调拨资金",用以核算二级分行的调拨资金存款的增减变动情况。

3."待清算辖内往来"科目

"待清算辖内往来"科目属于资产负债共同类科目,核算各发、收报经办行与清算行之间的资金汇划往来与清算情况,余额轧差反映。

4."上存辖内款项"科目

"上存辖内款项"科目属于资产类科目,各支行、网点用以核算其存放在上级行的备付金存款。

5."辖内款项存放"科目

"辖内款项存放"科目属于负债类科目,各分行、支行用以核算其所辖支行、网点上存的备付金存款。

(三)汇划款项与资金清算的核算

发报经办行是发起汇划业务、向发报清算行发送汇划信息的行处,其发起的汇划业务分为两类:划收款业务和划付款业务。

划收款业务是发报经办行发起的代收报经办行向付款客户收款的汇划业务。如汇兑、委托收款划回、托收承付划回等结算业务及系统内资金划拨等。发报经办行发起划收款业务,记入"待清算辖内往来"科目的贷方,因此,也称为贷方报单业务(简称贷报业务)。

划付款业务是发报经办行发起的代收报经办行向收款客户付款的汇划业务主要包括银行汇票的解付、信用卡的解付及定期借记业务等。发报经办行发起划付款业务,应记入

"待清算辖内往来"的借方,因此也称为借方报单业务(简称借报业务)。

1. 发报经办行的处理

发报经办行将原始凭证数据录入计算机,经复核、授权后实时或批量发送至发报清算行。

如为贷报业务,则会计分录为

借:吸收存款或其他科目
  贷:待清算辖内往来——××行

如为借报业务,则会计分录相反。

日终,"待清算辖内往来"若为贷方余额(贷差),则为本行应付汇差,日终清算时,应减少本行在上级清算行的备付金存款。会计分录为

借:待清算辖内往来——××行
  贷:上存辖内款项——存××行备付金

若为借方余额(借差),则为本行应收汇差,日终清算时,应增加本行在上级清算行的备付金存款。会计分录相反。

每日营业终了,发报经办行根据当天向发报清算行发出的汇划业务信息打印辖内往来汇总记账凭证、资金汇划业务清单及有关原始凭证作汇总记账凭证的附件。

2. 发报清算行的处理

(1) 跨清算行汇划业务的处理。发报清算行收到发报经办行传输来的跨清算行汇划业务报文,系统自动更新其在总行清算中心的备付金存款,并将汇划数据加押后传输至总行清算中心。如为贷报业务,则会计分录为

借:待清算辖内往来——××行
  贷:上存系统内款项——上存总行备付金

如为借报业务,则会计分录相反。

日终,对"待清算辖内往来"科目按经办行轧差,若为借方余额(借差),则为本行应收汇差,日终清算时,应减少该经办行在本行的备付金存款。会计分录为

借:辖内款项存放——××行
  贷:待清算辖内往来——××行

若为贷方余额(贷差),则为本行应付汇差,日终清算时,应增加该经办行在本行的备付金存款。会计分录相反。

(2) 同一清算行辖内汇划业务的处理。发报清算行收到发报经办行传输来的本清算行辖内汇划业务报文,系统直接将汇划数据加押后传输至收报经办行,并分别更新发报经办行和收报经办行在本行清算中心的备付金存款。如为贷报业务,则会计分录为

借:辖内款项存放——××发报经办行
  贷:辖内款项存放——××收报经办行

如为借报业务,则会计分录相反。

每日营业终了,发报清算行打印清算行辖内往来汇总记账凭证、清算行备付金汇总记账凭证、资金汇划业务清单等,并核对有关数据。

3. 总行清算中心的处理

总行清算中心收到各发报清算行上送的汇划业务报文,系统自动登记后,传输至收报

清算行。日终,系统自动更新各清算行在总行的备付金存款账户。如为贷报业务,则会计分录为

　　借:系统内款项存放——××发报清算行备付金
　　　　贷:系统内款项存放——××收报清算行备付金

如为借报业务,则会计分录相反。

每日营业终了,系统自动生成总行清算中心的资金汇划日报表和相应的对账信息,下发清算行和经办行对账。

4.收报清算行的处理

收报清算行收到总行清算中心传来的汇划业务报文,系统自动更新在总行清算中心的备付金存款账户,采用分散式或集中式进行处理。其中,实时业务即时处理并传输至收报经办行,批量业务处理后次日传输至收报经办行。

(1)集中式。集中式是指收报清算行作为业务处理中心,负责全辖汇划收报的集中处理及汇出汇款等内部账务的集中管理。

①实时汇划业务核押无误后,由收报清算行一并处理本身及收报经办行的账务,记账信息传至收报经办行。如为贷报业务,则会计分录为

　　借:上存系统内款项——上存总行备付金
　　　　贷:待清算辖内往来——××行

同时,代理收报经办行记账,会计分录为

　　借:待清算辖内往来——××行
　　　　贷:吸收存款或其他科目

如为借报业务,则会计分录相反。

②批量业务核押无误后,收报清算行当日进行挂账处理。如为贷报业务,则会计分录为

　　借:上存系统内款项——上存总行备付金
　　　　贷:其他应付款——待处理汇划款项

如为借报业务,则会计分录相反。

次日,由清算行代收报经办行逐笔确认后冲销"其他应付款""其他应收款"。如为贷报业务,则会计分录为

　　借:其他应付款——待处理汇划款项
　　　　贷:待清算辖内往来——××行

如为借报业务,则会计分录相反。

同时,代理收报经办行记账。如为贷报业务,则会计分录为

　　借:待清算辖内往来——××行
　　　　贷:吸收存款或其他科目

如为借报业务,则会计分录相反。

(2)分散式。分散式是指收报清算行收到总行传来的汇划数据后均传至收报经办行处理。

①实时汇划业务核押无误后,收报清算行及时传至收报经办行。如为贷报业务,则会计分录为

　　借:上存系统内款项——上存总行备付金
　　　　贷:待清算辖内往来——××行

如为借报业务,则会计分录相反。

②批量业务核押无误后,收报清算行当日先转入"其他应付款""其他应收款"进行挂账处理;次日,由收报经办行逐笔确认后冲销"其他应付款""其他应收款",并通过"待清算辖内往来"科目传至收报经办行记账。会计分录与集中式批量处理相同。

(3)日终清算的处理。日终,对"待清算辖内往来"科目按经办行轧差,若为贷方余额(贷差),则为本行应付汇差,日终清算时,应增加该经办行在本行的备付金存款。会计分录为

借:待清算辖内往来——××行
　　贷:辖内款项存放——××行

若为借方余额(借差),则为本行应收汇差,日终清算时,应减少该经办行在本行的备付金存款。会计分录相反。

每日营业终了,收报清算行打印清算行辖内往来汇总记账凭证、清算行备付金汇总记账凭证、资金汇划业务清单等,并核对有关数据。

5. 收报经办行的处理

(1)分散式。分散管理模式下,收报经办行收到收报清算行传来的批量、实时汇划报文,系统自动记账,打印资金汇划补充凭证。如为贷报业务,则会计分录为

借:待清算辖内往来——××行
　　贷:吸收存款或其他科目

如为借报业务,则会计分录相反。

日终,"待清算辖内往来"若为借方余额(借差),则为本行应收汇差,日终清算时,应增加本行在上级清算行的备付金存款。会计分录为

借:上存辖内款项——存××行备付金
　　贷:待清算辖内往来——××行

若为贷方余额(贷差),则为本行应付汇差,日终清算时,应减少本行在上级清算行的备付金存款。会计分录相反。

(2)集中式。集中管理模式下,收报业务均由收报清算行代理记账,收报经办行只需于日终打印资金汇划补充凭证和有关记账凭证及清单,用于账务核对。集中模式下收报经办行日终清算的会计分录与分散模式相同。

三、系统内资金调拨与利息的核算

系统内资金调拨是商业银行系统内上、下级行之间因日常结算、资金清算和经营管理需要而存放、缴存以及借入、借出各种款项的业务。

1. 系统内备付金存款的核算

(1)备付金存款账户的开立与资金存入的处理。清算行和省区分行以实汇资金的方式将款项存入在总行清算中心开立的备付金存款账户时,会计分录为

借:其他应收款——待处理汇划款项
　　贷:存放中央银行款项——准备金存款

待接到总行清算中心返回的成功信息后,会计分录为

借:上存系统内款项——上存总行备付金
　　贷:其他应收款——待处理汇划款项

总行清算中心收到上存的备付金时,会计分录为

借:存放中央银行款项——准备金存款
　贷:系统内款项存放——××行备付金

各清算行或省区分行在总行清算中心的备付金存款不足时,通过中国人民银行汇款补足的处理同上。

(2)通过人民银行调回备付金的处理。总行清算中心以实汇资金的方式将款项调出时,会计分录为

借:系统内款项存放——××行备付金
　贷:存放中央银行款项——准备金存款

清算行和省区分行接到总行清算中心发来的信息后,会计分录为

借:其他应收款——待处理汇划款项
　贷:上存系统内款项——上存总行备付金

待收到调回的备付金后,会计分录为

借:存放中央银行款项——准备金存款
　贷:其他应收款——待处理汇划款项

二级分行通过中国人民银行向管辖的省区分行上存、调回调拨资金,各支行通过中国人民银行向管辖的清算行上存、调回备付金,可比照上述方式进行处理。

2. 利息的核算

总行清算中心按季计付各清算行和省区分行存入总行的备付金存款利息。

总行清算中心按季付息时,系统自动生成各清算行和省区分行利息报文,次日营业开始时下送各行。会计分录为

借:利息支出——系统内往来支出
　贷:系统内款项存放——××分行备付金

清算行和省区分行次日收到利息报文后,系统自动进行账务处理:

借:上存系统内款项——上存总行备付金
　贷:利息收入——系统内往来收入

第三节　现代化支付系统的核算

一、我国现代化支付系统概述

中国现代化支付系统(China National Advanced Payment System,CNAPS)是中国人民银行按照我国支付清算需要,利用现代计算机技术和通信网络开发建设的,能够高效、安全地处理各银行办理的异地、同城各种支付业务及其资金清算的应用系统。

中国现代化支付系统是我国支付体系的中枢,中国人民银行自2005年起相继在全国建成了包括大额支付系统(2005)、小额支付系统(2006)和支票影像系统(2007)等主要应用的第一代支付系统。从2009年起,中国人民银行着手建设第二代支付系统,在继承第一代支付系统主要功能的基础上,对系统进行了重新设计和定位。比如,提供了灵活的接入方式和清算模式,支持银行业金融机构以其法人(总行、总部)一点接入现代化支付系统,所

有通过支付系统处理的支付业务均通过法人开设的单一清算账户进行资金清算,以适应银行业金融机构集约化经营的需要;进一步完善了流动性风险管理功能,使银行业金融机构能及时灵活地掌握清算账户头寸,提高其资金使用效率;新建了网上支付跨行清算系统(2010),支持银行业金融机构之间网银业务跨行处理,有效地促进了银行业金融机构中间业务的发展。各类跨行支付清算系统的建成运行,为银行业金融机构和金融市场参与者构建了跨行清算的"高速公路"。

二、我国现代化支付系统的基本架构

1. 清算账户管理系统

清算账户管理系统是现代化支付系统的核心支持系统,集中存储、管理清算账户,处理大额支付系统、小额支付系统、网上支付跨行清算系统等业务系统的资金清算,以及处理中央银行会计核算系统发起的现金存取、再贷款、再贴现等单边业务和同城轧差净额业务。

2. 大额支付系统

大额支付系统采取逐笔实时发送支付指令,全额清算资金。处理同城和异地商业银行跨行之间和行内的每笔金额在规定起点以上的大额贷记支付业务和紧急的小额贷记支付业务;中央银行会计和国库部门办理的贷记支付业务;公开市场操作、债券交易等的即时转账业务。

3. 小额支付系统

小额支付系统采取批量发送支付指令,轧差净额清算资金。处理同城和异地纸凭证截留的商业银行跨行之间的借记支付业务及每笔金额在规定起点以下的小额贷记支付业务;中央银行会计和国库部门办理的借记支付业务。

4. 网上支付跨行清算系统即网银互联系统

网上支付跨行清算系统即网银互联系统采取逐笔实时发送支付指令,轧差净额清算资金。处理跨行(同行)网上支付、电话支付、手机支付等新兴电子支付业务,跨行账户信息查询,在线签约业务。处理银行机构跨行和行内的支票影像信息交换,实现支票的全国通用。

5. 支票影像交换系统

支票影像交换系统综合运用影像技术和支付密码等技术,将纸质支票转换为影像和电子信息,实现纸质支票截留,利用网络技术将支票影像和电子清算信息传递至出票人开户行进行提示付款,付款回执通过小额支付系统返回,由小额支付系统统一纳入轧差并提交清算,实现支票的全国通用。

6. 支付管理信息系统

支付管理信息系统是现代化支付系统的辅助支持系统,主要负责管理行名行号、统计分析、统计报表、监控业务运行、集中存储支付系统的基础数据和计费服务等。

三、大额支付系统

(一)大额支付系统处理的业务范围

处理规定金额起点以上的跨行贷记支付业务(目前为5万元以上);规定金额起点以下的紧急跨行贷记支付业务;各银行行内需要通过大额支付系统处理的贷记支付业务;中国

人民银行会计营业部门和国库部门发起的贷记业务;城市商业银行银行汇票资金的移存和兑付资金的汇划业务;特许参与者发起的即时转账业务;中国人民银行规定的其他支付清算业务。

(二)大额支付系统的核算

以普通贷记业务为例,如银行业金融机构发起业务,则有:

1. 发起(清算)行的处理

(1)发起行的处理。发起行的账务处理按各银行系统内往来的规定办理:

借:吸收存款——××存款——×××户
　　贷:待清算辖内往来——××行

(2)发起清算行的处理。发起清算行收到后,审核无误进行账务处理:

借:待清算辖内往来——××行
　　贷:存放中央银行款项——准备金存款

若发起清算行本身就是发起行,则会计分录为

借:××科目
　　贷:存放中央银行款项——准备金存款

发起清算行将支付报文(信息)发送(导入)前置机系统,系统自动逐笔加编地方密押后发送发报中心。待清算账户管理系统清算资金后接收回执。

2. 发报中心(CCPC)的处理

发报中心收到发起清算行发来的支付信息,确认无误后,逐笔加编全国密押,实时发送国家处理中心。

3. 国家处理中心(NPC)的处理

国家处理中心收到发报中心发来的支付报文,逐笔确认无误后,提交清算账户管理系统进行资金清算。清算账户管理系统分别情况进行账务处理:

(1)发起清算行、接收清算行均为银行业金融机构的:

借:××存款——××行
　　贷:大额支付往来——人民银行××行(即发起清算行所在地人行户)
借:大额支付往来——人民银行××行(即接收清算行所在地人行户)
　　贷:××存款——××行

(2)发起清算行为银行业金融机构,接收清算行为人民银行(会计营业部门或国库部门)的:

借:××存款——××行
　　贷:大额支付往来——人民银行××行
借:大额支付往来——人民银行××行(库)
　　贷:汇总平衡科目——人民银行××行(库)

(3)发起清算行为人民银行(会计营业部门或国库部门),接收清算行为银行业金融机构的:

借:汇总平衡科目——人民银行××行(库)
　　贷:大额支付往来——人民银行××行(库)

借:大额支付往来——人民银行××行
　　贷:××存款——××行

(4)发起清算行、接收清算行均为人民银行(会计营业部门或国库部门)的:

借:汇总平衡科目——人民银行××行(库)
　　贷:大额支付往来——人民银行××行(库)
借:大额支付往来——人民银行××行(库)
　　贷:汇总平衡科目——人民银行××行(库)

(5)发起清算行为银行业金融机构的,其清算账户头寸不足时,清算账户管理系统将该笔支付业务进行排队处理。清算账户管理系统账务处理完成后,将支付信息转发国家处理中心。国家处理中心收到后转发收报中心。

4. 收报中心(CCPC)的处理

收报中心接收国家处理中心发来的支付信息,确认无误后,逐笔加编地方密押,实时发送接收清算行。

5. 接收(清算)行的处理

(1)接收清算行的处理。接收清算行前置机收到收报中心发来的支付信息,逐笔确认后,送行内系统进行账务处理:

借:存放中央银行款项——准备金存款
　　贷:待清算辖内往来——××行

若接收清算行本身就是接收行,则会计分录为

借:存放中央银行款项——准备金存款
　　贷:××科目

(2)接收行的处理。接收行收到接收清算行通过行内系统发来的支付信息,逐笔确认无误后,按各银行系统内往来的规定进行账务处理并通知接收人。会计分录为

借:待清算辖内往来——××行
　　贷:吸收存款——××存款——××户

四、小额支付系统的核算

(一)小额支付系统处理的业务范围

小额支付系统实行7×24小时不间断运行,主要处理跨行同城、异地纸质凭证截留的借记支付业务,以及每笔金额在规定起点以下的小额贷记支付业务,可以支撑各种支付工具的应用。小额支付系统处理的业务种类主要有普通贷记业务、定期贷记业务、实时贷记业务、普通借记业务、定期借记业务、实时借记业务、非金融支付服务组织发起的代收付业务、信息服务业务等。

(二)小额支付系统的核算

以普通贷记业务为例,如银行业金融机构发起业务,则:

1. 付款(清算)行的处理

(1)付款行的处理。付款行的账务处理按各银行系统内往来的规定办理:

借:吸收存款——××存款——××户

贷:待清算辖内往来——××行
　　(2)付款清算行的处理。付款清算行收到后,审核无误进行账务处理:
　　借:待清算辖内往来——××行
　　　　贷:待清算支付款项
　　若付款清算行本身就是发起行,则会计分录为
　　借:××科目
　　　　贷:待清算支付款项

　　付款清算行行内系统将支付信息按收款清算行组包后发送前置机,前置机收到业务包审核无误后,逐包加编地方押发送城市处理中心;或付款清算行将支付信息导入前置机,前置机按收款清算行组包并加编地方押后发送城市处理中心。
　　待付款清算行收到已清算通知,进行相应账务处理:
　　借:待清算支付款项
　　　　贷:存放中央银行款项——准备金存款
　　若付款清算行收到已拒绝通知,则会计分录为
　　借:××科目　　　　　　　　　　　　(红字)
　　　　贷:待清算支付款项　　　　　　　(红字)

　　2. 付款清算行城市处理中心的处理
　　城市处理中心收到业务包,检查核押无误,加编全国押后转发国家处理中心。
　　3. 国家处理中心的处理
　　国家处理中心收到业务包后,对检查核押无误的业务包提交清算账户管理系统进行净借记限额检查。将检查通过的纳入轧差处理并对业务包标记"已轧差"状态,转发收款清算行的城市处理中心,同时向付款清算行的城市处理中心返回已轧差信息;检查未通过的,将业务包做排队处理并向付款清算行的城市处理中心返回已排队信息。
　　4. 收款清算行城市处理中心的处理
　　城市处理中心收到国家处理中心发来的业务包,核验全国押无误后,加编地方押转发收款清算行。
　　5. 收款(清算)行的处理
　　(1)收款清算行的处理。收款清算行前置机收到城市处理中心发来的业务包,逐包确认并核押无误,送行内系统进行账务处理:
　　借:待清算支付款项
　　　　贷:待清算辖内往来——××行
　　若收款清算行本身就是收款行,则会计分录为
　　借:待清算支付款项
　　　　贷:××科目
　　待收款清算行收到已清算通知,进行相应账务处理:
　　借:存放中央银行款项——准备金存款
　　　　贷:待清算支付款项
　　(2)收款行的处理。收款行收到收款清算行通过行内系统发来的支付信息,确认无误后,按各银行系统内往来的规定进行账务处理并通知收款人。会计分录为

借:待清算辖内往来——××行
　　贷:吸收存款——××存款——××户

五、网上支付跨行清算系统的核算

(一)网上支付跨行清算系统的体系结构

网上支付跨行清算系统以网银互联处理中心为核心,各参与者集中一点接入网银互联处理中心。网银互联处理中心与大额支付系统国家处理中心、小额支付系统国家处理中心同位摆放,共享基础数据。网上支付跨行清算系统体系结构如图5.2所示。

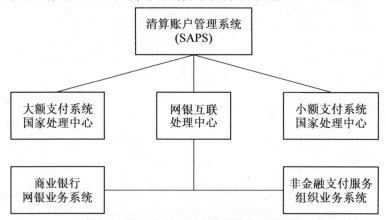

图5.2　网上支付跨行清算系统体系结构图

网上支付跨行清算系统实行7×24小时不间断运行,采取逐笔发送、实时轧差、定时清算机制,发起方可实时获知业务的最终处理结果。主要处理规定金额(目前为5万元及以下)的网上支付业务和账户信息查询等业务,具体有:网银贷记业务、网银借记业务、第三方贷记业务、中国人民银行规定的其他支付业务。(本书仅介绍网银贷记业务的核算)

(二)网上支付跨行清算系统的核算

以网银贷记业务的核算为例:

1. 发起网银贷记业务的处理

(1)付款(清算)行的处理。付款(清算)行受理付款请求,检查付款人账户状态、余额,检查通过后进行账务处理:

借:吸收存款——××存款——××户
　　贷:待清算支付款项

付款清算行组网银贷记业务报文,加编数字签名后发送网银中心,并标记该业务状态为"已发送"。待付款清算行收到各类通知时,相应修改业务状态,并进行以下处理:

①付款清算行收到"已拒绝"通知时,进行账务处理:

借:吸收存款——××存款——××户　　　　　　　　(红字)
　　贷:待清算支付款项　　　　　　　　　　　　　　(红字)

账务处理完成后,通知付款人付款失败。

②付款清算行收到"已轧差"通知时,通知付款人付款成功。

③付款清算行收到"已清算"通知时,进行账务处理:

借:待清算支付款项
　　贷:存放中央银行款项——准备金存款

(2)网银中心的处理。网银中心收到付款清算行发来的网银贷记业务报文,检查并核验数字签名无误后,转发收款清算行,同时标记该业务状态为"已转发";检查未通过的,做拒绝处理。

(3)收款清算行的处理。收款清算行前置机收到网银中心转发的网银贷记业务报文,检查并核验数字签名无误后,转发行内业务系统;检查未通过的,做拒绝处理。

2.网银贷记业务回执的处理

(1)收款(清算)行的处理。收款清算行行内系统收到网银贷记报文,实时核验检查,根据检查结果组"已确认"或"已拒绝"的网银贷记回执报文,加编数字签名后实时发送网银中心。

待收款清算行收到各类通知时,相应修改业务状态,并进行以下处理:

①收款清算行收到"已轧差"通知时,进行账务处理:

借:待清算支付款项
　　贷:吸收存款——××存款——××户

②收款清算行收到"已清算"通知时,进行账务处理:

借:存放中央银行款项——准备金存款
　　贷:待清算支付款项

(2)网银中心的处理。网银中心收到收款清算行发来的网银贷记业务回执报文,检查并核验数字签名。对核验无误的"已确认"网银贷记业务回执报文,立即进行净借记限额检查;核验失败的,标记该业务状态为"已拒绝",同时通知付款清算行和收款清算行。净借记限额检查通过的,实时纳入轧差处理,将该业务状态标记为"已轧差"后组织轧差通知报文,加编数字签名,发送至付款清算行、收款清算行;净借记限额检查未通过的,做拒绝处理,并将处理结果通知付款清算行和收款清算行。网银中心收到"已拒绝"网银贷记业务回执报文,标记该业务状态为"已拒绝",通知付款清算行。

网银中心在规定时点将本场轧差净额自动提交清算账户管理系统进行资金清算。待收到轧差净额"已清算"通知,标记该业务状态为"已清算",并通知付款清算行和收款清算行。

第四节　同城票据交换系统的核算

一、同城票据交换系统概述

同城票据交换系统是我国支付清算系统的重要组成部分,主要处理同城或同一票据交换区跨行资金汇划与资金清算。在同城结算业务中,与结算业务有关的首付款方大都不在同一行处开户,由此所引起的同城不同行处之间的资金账务往来,可通过同城票据交换系统采取集中交换票据、轧差清算资金的方式办理。

(一)同城票据交换的有关规定

同城票据交换是同城或同一票据交换区内各商业银行将相互代收、代付的票据,每日定时定点集中相互交换,并轧差清算资金的方式。主要处理实物票据不能截留的跨行支票、本票、银行汇票以及跨行代收、代付的其他纸质凭证。集中交换票据的场所称为票据交换所,由中央银行主办,参加票据交换的银行须经中央银行批准并核发交换号,方可按规定时间参加票据交换。同城票据交换的资金清算,可由参加票据交换的商业银行各行处分别在当地人民银行开立清算账户,分别与人民银行进行资金清算;也可以其管辖行作为清算行在人民银行开立清算账户,统一与人民银行进行资金清算,然后管辖行再通过系统内往来与辖属各行处进行二次清算。同城票据交换必须坚持"及时处理、差额清算;先借后贷、收妥抵用;银行不予垫款"的原则。

(二)同城票据交换的基本原理

同城票据交换分为提出票据和提入票据,通过票据交换所向他行提出票据的银行为提出行。通过票据交换所从他行提入票据的银行为提入行。参加票据交换的银行一般既是提出行又是提入行。商业银行提出交换的票据可分为两类:

(1)代收票据。代收票据(贷方凭证)是以本行开户单位为付款人,向他行开户单位付款的结算凭证。如支票签发人提交的进账单、代发工资凭证、划转税款凭证等。

(2)代付票据。代付票据(借方凭证)是以本行开户单位为收款人,向他行开户单位收款的结算凭证。如收款人解入的支票、银行本票、银行汇票等。

由于参加票据交换的商业银行一般既是提出行又是提入行,因此,在每场票据交换中,各行应收和应付金额合计分别为

应收金额合计 = 提出的代付票据(借方凭证)金额 + 提入的代收票据(贷方凭证)金额
应付金额合计 = 提出的代收票据(贷方凭证)金额 + 提入的代付票据(借方凭证)金额

各行在每场交换中应当场轧计出应收差额或应付差额:将加计的应收款项总金额与应付款项总金额进行比较,如应收款项大于应付款项,即为应收差额;如果应付款项大于应收款项,即为应付差额。最后由票据交换所汇总轧平各行的应收、应付差额,转交中央银行办理转账,清算差额。

(三)会计科目的设置

商业银行设置"清算资金往来"科目,该科目属于资产负债共同类科目,核算商业银行间业务往来的资金清算款项。

(四)同城票据交换的核算

1.提出票据的处理

柜员收到客户提交的需通过同城票据交换提出的票据,审核无误后,使用相关交易进行记账,汇划渠道选择"交换提出"。交易成功后打印记账凭证,系统自动登记同城票据提出登记簿。每日定时,各柜员将提出交换的票据交票据交换员提出交换。

(1)提出贷方凭证(如进账单)的会计分录为

借:吸收存款——××存款——××付款人
　贷:清算资金往来——同城票据清算

(2)提出借方凭证,根据"收妥入账"的原则,分别不同情况进行处理。

①对于即时抵用的票据,如银行本票、银行汇票等,应及时将资金划入客户账内。会计分录为

借:清算资金往来——同城票据清算
　　贷:吸收存款——××存款——××收款人
②对于收妥抵用的票据,如转账支票等,先将应收票款记入"其他应付款"账户。会计分录为
借:清算资金往来——同城票据清算
　　贷:其他应付款——同城清算提出
若超过规定的退票时间,未发生退票,再将资金划入客户账内:
借:其他应付款——同城清算提出
　　贷:吸收存款——××存款——××收款人

2. 票据交换所的处理

票据交换所收到各提出行的提出票据后,由票据清分机自动将票据按提入行清分后放入各提入行箱夹并对通过票据清分机的票据进行数据清算,轧计各行本场次应收金额合计和应付金额合计以及应收或应付差额,并汇总轧平各行应收、应付差额,产生"交换差额报告单",打印各交换行提回明细清单。然后票据交换所将各提入行箱夹中的票据连同"交换差额报告单"和提回明细清单,按提入行整理封包,待交换行提回。

3. 提入票据的处理

票据交换员提回交换包,将提入票据、交换差额报告单及清单等移交柜员。柜员审核无误后,使用相关交易进行处理,打印记账凭证,系统自动登记同城票据提入登记簿。

(1)提入贷方凭证时:
借:清算资金往来——同城票据清算
　　贷:吸收存款——××存款——××收款人

(2)提入借方凭证时:
借:吸收存款——××存款——××付款人
　　贷:清算资金往来——同城票据清算

4. 交换轧差资金清算的处理

柜员进行交换轧差交易处理,将提入的票据头寸与提出的票据头寸进行轧差,并与当地中央银行清算差额。

若为应收差额,会计分录为
借:存放中央银行款项——准备金存款
　　贷:清算资金往来——同城票据清算
若为应付差额,会计分录相反。

5. 退票的处理

提入的票据由于各种原因不能办理转账时均要办理退票。

(1)提入票据退票的处理。提入行提入的票据需要退票时,应在规定的退票时间内电话通知原提出行,等下次票据交换时进行实物退票,并将待退票据视同提出票据列入下次清算。同时,对待退票款项列入应收或应付科目核算。会计分录为
①对提入的贷方凭证(如进账单)需要退票时:
借:清算资金往来——同城票据清算
　　贷:其他应付款——同城清算退票

下次交换提出退票时:
借:其他应付款——同城清算退票
　　贷:清算资金往来——同城票据清算
②对提入的借方凭证(如空头支票)需要退票时:
借:其他应收款——同城清算退票
　　贷:清算资金往来——同城票据清算
下次交换提出退票时:
借:清算资金往来——同城票据清算
　　贷:其他应收款——同城清算退票

(2)提出票据退票的处理。提出行接到退票通知后,如查明确属本行提出的票据,在登记簿中注明退票的理由和时间,下次票据交换时将退回的票据视同提入票据处理。会计分录如下。

①提出的贷方凭证发生退票,下次交换提入退票时:
借:清算资金往来——同城票据清算
　　贷:吸收存款——××存款——××付款人
②提出的借方凭证发生退票,下次交换提入退票时:
借:其他应付款——同城清算提出
　　贷:清算资金往来——同城票据清算

【例5.1】 4月10日,T市同城票据交换所纳入当日第一场票据交换轧差的各交换行提出和提入票据如下(假设未发生退票):

(1)中国建设银行某分行提出转账支票金额567 000元,提出进账单金额216 000元;提入银行本票金额127 000元,提入进账单金额438 000元。

(2)招商银行某分行提出银行本票金额7 200元,提出进账单金额33 800元;提入转账支票金额21 600元,提入进账单金额8 600元。

(3)中国工商银行某分行提出银行汇票金额243 200元,提出进账单金额249 900元;提入转账支票金额738 600元,提入进账单金额122 900元。

假设各交换行均为清算行,且在中国人民银行的备付金存款账户有足够的资金清算票据交换差额。根据上述资料,编制各交换行的会计分录,计算各交换行应收(付)差额并与人民银行清算差额。

各交换行有关账务处理如下。
(1)中国建设银行某分行的会计分录如下。
①提出转账支票(借方票据、代付票据,收妥抵用):
借:清算资金往来——同城票据清算　　　　　　　　　　567 000
　　贷:其他应付款——同城清算提出　　　　　　　　　　567 000
超过退票时间,未发生退票。
借:其他应收款——同城清算退票　　　　　　　　　　567 000
　　贷:吸收存款——××存款——××付款人　　　　　567 000
②提出进账单(贷方票据、代收票据):
借:吸收存款——××存款——××付款人　　　　　　216 000

贷：清算资金往来——同城票据清算　　　　　　　　　　216 000
③提入银行本票（借方票据、代付票据）：
借：吸收存款——××存款——××付款人　　　　　　　127 000
　　　贷：清算资金往来——同城票据清算　　　　　　　　　　127 000
④提入进账单（贷方票据、代收票据）：
借：清算资金往来——同城票据清算　　　　　　　　　　　　438 000
　　　贷：吸收存款——××存款——××收款人　　　　　　　438 000
⑤计算建设银行某分行应收差额如下：
　　　　　应收金额合计 = 567 000 + 438 000 = 1 005 000
　　　　　应付金额合计 = 216 000 + 127 000 = 343 000
　　　　　应收差额 = 1 005 000 - 343 000 = 662 000
建设银行某分行与中国人民银行清算差额的会计分录为
借：存放中央银行款项——准备金存款　　　　　　　　　　662 000
　　　贷：清算资金往来——同城票据清算　　　　　　　　　　662 000
(2)招商银行某分行的会计分录如下：
①提出银行本票（借方票据、代付票据，即时抵用）：
借：清算资金往来——同城票据清算　　　　　　　　　　　　7 200
　　　贷：吸收存款——××存款——××付款人　　　　　　　　7 200
②提出进账单（贷方票据、代收票据）：
借：吸收存款——××存款——××付款人　　　　　　　　33 800
　　　贷：清算资金往来——同城票据清算　　　　　　　　　　 33 800
③提入转账支票（借方票据、代付票据）：
借：吸收存款——××存款——××付款人　　　　　　　　21 600
　　　贷：清算资金往来——同城票据清算　　　　　　　　　　 21 600
④提入进账单（贷方票据、代收票据）：
借：清算资金往来——同城票据清算　　　　　　　　　　　　8 600
　　　贷：吸收存款——××存款——××收款人　　　　　　　　8 600
⑤招商银行某分行应付差额如下：
　　　　　应收金额合计 = 7 200 + 8 600 = 15 800
　　　　　应付金额合计 = 33 8000 + 21 600 = 55 400
　　　　　应付差额 = 55 400 - 15 800 = 39 600
招商银行某分行与中国人民银行清算差额的会计分录为
借：清算资金往来——同城票据清算　　　　　　　　　　　　39 600
　　　贷：存放中央银行款项——准备金存款　　　　　　　　　39 600
(3)工商银行某分行的会计分录为
①提出银行汇票（借方票据、代付票据，即时抵用）：
借：清算资金往来——同城票据清算　　　　　　　　　　　　243 200
　　　贷：吸收存款——××存款——××付款人　　　　　　　243 200
②提出进账单（贷方票据、代收票据）：

借:吸收存款——××存款——××付款人　　　　　　　　　　　249 900
　　贷:清算资金往来——同城票据清算　　　　　　　　　　　249 900
③提入转账支票(借方票据、代付票据):
借:吸收存款——××存款——××付款人　　　　　　　　　　　738 600
　　贷:清算资金往来——同城票据清算　　　　　　　　　　　738 600
④提入进账单(贷方票据、代收票据):
借:清算资金往来——同城票据清算　　　　　　　　　　　　　122 900
　　贷:吸收存款——××存款——××收款人　　　　　　　　　122 900
⑤工商银行某分行应付差额如下:
　　　　　　　应收金额合计 = 243 200 + 122 900 = 366 100
　　　　　　　应付金额合计 = 249 900 + 738 600 = 988 500
　　　　　　　应付差额 = 988 500 - 366 100 = 622 400
工商银行某分行与中国人民银行清算差额的会计分录为
借:清算资金往来——同城票据清算　　　　　　　　　　　　　622 400
　　贷:存放中央银行款项——准备金存款　　　　　　　　　　622 400

思考题

1. 简述我国资金支付清算体系的组成。
2. 简述资金汇划清算系统的业务范围。
3. 简述资金汇划清算系统的业务处理流程。
4. 什么是同城票据交换?什么是代收、代付票据?

练习题

1. 工商银行济南槐荫支行尤里科技公司汇款 1 000 000 元,给工商银行北京海淀支行联想集团公司购买计算机。做出槐荫支行的会计分录。

2. 工商银行济南槐荫支行为开户单位茂名针织厂提交的由上海浦东支行签发的银行汇票第二、三联,金额 150 000 元,办理收款入账。

3. 8 月 2 日工商银行、农业银行第一次票据交换情况如下:

(1)工商银行提出转账支票 12 张,金额 67 441 元;提出进账单 4 张,金额 11 021 元;提入转账支票 7 张,金额 41 200 元;提入进账单 2 张,金额 8 456 元。

(2)农业银行提出转账支票 9 张,金额 59 784 元;提出进账单 5 张,金额 39 004 元;提入支票 10 张,金额 72 097 元;提入进账单 6 张,金额 27 900 元。

要求:根据上述资料分别计算工商银行、农业银行应收金额、应付金额和交换差额并编制其相关会计分录。

第六章 金融机构往来业务的核算

第一节 商业银行与中央银行往来的核算

我国的金融机构是以中央银行为核心,商业银行为主体,其他金融机构并存的金融机构体系。金融机构业务往来就是由于资金调拨、缴存存款、汇划款项和办理结算等业务而引起的各金融机构之间相互代收、代付款项所发生的资金业务往来。

广义上讲,金融机构往来包括:商业银行与中央银行的往来,商业银行之间的往来,商业银行与非银行金融机构的往来,中央银行与非银行金融机构的往来,非银行金融机构之间的往来以及商业银行系统内部的往来等。而狭义的金融机构往来仅指商业银行与中央银行间的业务往来、商业银行跨系统机构间的业务往来和商业银行系统内部的业务往来。本章主要介绍狭义的金融机构往来。下面先介绍商业银行与中央银行间的往来业务。

一、商业银行与中央银行往来的主要内容

中国人民银行是我国的中央银行,是管理全国金融工作的国家机关,是商业银行的银行,各商业银行要接受中央银行的领导和管理。中央银行具有三大职能:一是发行的银行;二是银行的银行;三是国家的银行。前两项职能的发挥就必然要求商业银行与其发生业务往来。人民币发行程序是:当商业银行营业网点现金不足支付时,到当地中央银行在其存款户余额内提取现金,于是人民币就从中央银行发行库转移到各商业银行业务库,这意味着这部分人民币进入流通领域。当商业银行营业网点现金超过其业务库库存限额时,超过的部分交送中央银行。该部分现金进入发行库,意味着退出流通领域。因此,人民币的发行就是中央银行发行库向各商业银行业务库转移的过程。中央银行作为银行的银行,主要体现在集中存款准备、向商业银行融通资金以及组织各商业银行的清算。具体讲,商业银行与中央银行往来的业务内容主要有以下几点:

(1)向中央银行提取、送存现金。
(2)按规定向中央银行缴存存款准备金。
(3)向中央银行借款、再贴现。
(4)同城票据交换。
(5)通过中央银行办理大额的汇划款项。

二、商业银行与中央银行往来核算应设置的会计科目

为了核算商业银行与中央银行往来业务,商业银行应设置以下科目。

(一)"存放中央银行款项"科目

"存放中央银行款项"科目是资产类科目,用于核算商业银行存放中央银行的各种款

项,包括提取或缴存现金、资金的调拨、办理同城票据交换和异地跨系统资金汇划等。当在中央银行的存款增加时记在该科目的借方,存款减少时记在该科目的贷方;余额在借方,表明商业银行在中央银行存款的结余数。

该科目可按存放款项的性质设置"准备金存款""缴存财政性存款"等进行明细核算。

1. "准备金存款"

核算商业银行按规定缴存中央银行的法定存款准备金和超额存款准备金的增减变动情况。商业银行增加在中央银行的准备金存款时记入该账户的借方,减少在中央银行的准备金存款时记入该账户的贷方。期末借方余额,反映商业银行存放在中央银行的准备金存款余额。由于商业银行的法定存款准备金由其总行(法人)统一向中央银行缴存,中央银行按法人统一考核商业银行法定存款准备金的缴存情况。因此,商业银行总行在中央银行开立的准备金存款户,属于法定准备金存款与超额准备金存款合一的账户,除用以考核法定存款准备金以外,还用于向中央银行存取现金、调拨资金、清算资金以及其他日常支付款项。该账户余额应大于、最低应等于规定的法定存款准备金余额。商业银行分支机构在中央银行开立的准备金存款户,为超额准备金存款账户,不用于考核法定存款准备金,仅用于向中央银行存取现金、调拨资金、清算资金和其他日常支付款项,不允许透支,如果账户资金不足,可以通过向上级行调入资金或向同业拆借补充。"准备金存款"是核算商业银行与中央银行往来业务的基本账户。

2. "缴存财政性存款"

核算商业银行按规定缴存中央银行的财政性存款的增减变动情况。商业银行向中央银行缴存或调增财政性存款时记入该账户的借方,调减财政性存款时记入该账户的贷方。期末借方余额反映商业银行缴存中央银行的财政性存款余额。

商业银行各级机构吸收的财政性存款采取全额就地缴存中央银行的办法,因此,商业银行各级行处均应在"存放中央银行款项"科目下设置该明细账户。

(二)"向中央银行借款"科目

"向中央银行借款"科目是负债类科目,用于反映商业银行向中央银行借入款项的增减变化情况。当向中央银行借入款项时记在该科目及相关明细科目的贷方,当向中央银行归还借款时记在该科目及相关明细科目的借方;余额在贷方,表明商业银行向中央银行借入而尚未归还的借款。该科目按借款的性质,设置"年度性借款户""季节性借款户""日拆性借款户"等明细科目。

(三)"贴现负债"科目

"贴现负债"科目是负债类科目,用于核算银行办理商业票据的转(再)贴现融入资金等业务的款项。该科目应当按照贴现类别和贴现金融机构,分别"面值""利息调整"进行明细核算。该科目期末贷方余额,反映企业办理的转贴现融入资金等业务的款项余额。

三、向中央银行送存和提取现金的核算

根据货币发行制度的规定,商业银行库存限额超过业务库存限额,商业银行应送存中央银行,作为货币回笼;相反,商业银行库存限额不足时,向中央银行提取,作为货币发行。

(一)提取现金的核算

向中央银行提取现金时,由出纳员签开中央银行"现金支票",经出纳负责人和主管行长审批同意,在现金支票存根联上签字,由会计主管人员审核,加盖预留中央银行印鉴,交提款人向中央银行提取现金。

现金提回后,应立即交管库员办理现金入库手续。管库员清点核对现金无误后,填制"现金入库票"一式两联,一联留存,凭以登记"库存现金登记簿",一联递交出纳人员。出纳人员根据现金支票存根联和入库票登记"现金收入日记簿",并加盖"现金讫"章及经办人员名章之后,将现金支票存根联交会计部门作贷方记账凭证,另集中编制借方记账凭证,现金收入日记簿和一联现金入库票作借方凭证附件,办理转账。编制会计分录为

　　借:库存现金
　　　　贷:存放中央银行款项——准备金存款

(二)送存现金的核算

向中央银行送存现金时,由管库员填制中央银行"现金缴款单"一式两联,根据交款单填制"现金出库票"一式两联,经出纳负责人和主管行长审查同意,在出库票上签章,据以办理现金出库手续。现金和两联现金交款单一并点交交款人。交款人持单押款到中央银行办理现金交存手续。

现金交存后,交款人应立即将中央银行签章退回的"现金缴款单"回单联交管库员,管库员审查无误后,一联现金出库票凭以登记"库存现金登记簿",另一联现金出库票连同现金交款单回单联交出纳员。出纳员凭以登记"现金付出登记簿"后,现金交款单回单联交会计部门作借方记账凭证,"现金付出日记簿"和一联出库票作贷方记账凭证附件,办理转账。编制会计分录为

　　借:存放中央银行款项——准备金存款
　　　　贷:库存现金

四、向中央银行缴存存款的核算

缴存存款是指商业银行和其他金融机构将吸收的存款全部或按规定的比例缴存中央银行。

商业银行吸收的存款按其性质可以划分为三大类:财政性存款、企事业单位存款和城乡居民储蓄存款。财政性存款属于中央银行的资金,商业银行不得占用,应全额缴存中央银行;后两类属于商业银行所组织的一般性存款,构成商业银行自身的信贷资金来源,应按规定比例缴存存款准备金。所以,商业银行缴存的存款包括缴存财政性存款和法定准备金存款,两者的性质不同,应注意严格区分,不得混淆。

(一)缴存财政性存款的核算

1.缴存财政性存款的一般规定

财政性存款主要有中央预算收入、地方财政金库存款和代理发行国债款项等。其缴存范围是:国家金库款轧减中央经费限额支出数;待结算财政款项轧减借方数;财政发行期票款项轧减应收期票款项;财政发行的国库券及各项债券款项,轧减已兑付国库券及各项债券款项数。财政性存款是中央银行的资金来源,应全额划缴中央银行。财政性存款由各

分、支行按财政性存款余额全额直接向其开户银行缴存。不在中央银行开户的分支机构,应委托其管辖行或代理行代为缴存。

商业银行在规定的时间内办理缴存财政性存款时,填制"缴存(调整)财政性存款划拨凭证"一式四联。第一联商业银行代转账贷方传票,第二联商业银行代转账借方传票,第三联中央银行代转账贷方传票,第四联中央银行代转账借方传票。财政性存款欠缴凭证一式四联,各联的用途与缴存存款凭证相同。

2.缴存财政性存款的账务处理

(1)首次缴存的处理。商业银行第一次向中央银行缴存存款时,应填制"缴存存款各科目余额表"一式两份,然后按照比例100%计算出应缴存金额,填制"缴存财政性存款划拨凭证"一式四联。

以第一、第二联分别作借方、贷方传票进行账务处理。编制会计分录为

借:存放中央银行款项——缴存财政性存款

　　贷:存放中央银行款项——准备金存款

转账后,将第三、第四联划拨凭证和一份余额表一并送交中央银行;另一份余额表留存备查。

(2)调整缴存款的处理。商业银行初次缴存财政性存款后,还应根据其吸收的财政性存款余额的增减变动,对缴存中央银行的财政性存款按旬调整。即每旬末根据缴存科目余额,按比例100%计算出应缴金额,与缴存财政性存款账户余额进行比较。若缴存财政性存款账户余额小于应缴金额,则应按差额调增补缴,否则应按差额调减退回。初次缴存金额及调整缴存金额均以千元为单位,千元以下四舍五入。调整缴存应于旬后5日内办理,如遇调整日最后一天为节假日,则可顺延。调整缴存的处理手续与初次缴存基本相同,调增补缴的会计分录与初次缴存一致,调减退回的会计分录与初次缴存相反。

(3)欠缴存款的处理。商业银行在规定的时间内调整缴存款,如果在中央银行的存款科目余额不足,无法如数缴存时,对本次能实缴的金额仍应及时缴存,不足部分即为欠缴存款。对欠缴存款应按如下规定处理:商业银行对本次能实缴的金额和欠缴的款项要分开填列凭证;中央银行对欠缴的存款待商业银行调入资金后,应一次性全额收回,不予分次扣收;中央银行对欠缴的金额每日按规定比例扣收罚款,随同扣收缴存款时一并收取。

对本次实缴金额,应在划拨凭证内的"本次应补缴金额"栏内改填"本次能实缴金额"数,并在凭证备注栏注明本次应补缴金额和本次欠缴金额后,其余按正常缴存存款的有关手续处理。对欠缴金额,另填制欠缴凭证一式四联,各联用途与划拨凭证相同。同时,填制待清算凭证表外科目收入传票,凭以记载表外科目登记簿。编制会计分录为

收入:待清算凭证

然后,将欠缴凭证第三、第四联与划拨凭证第三、第四联及存款科目余额表一起送交开户的中央银行,欠缴凭证第一、第二联留存。

对欠缴的存款,商业银行应积极筹集调度资金,及时补缴。中央银行对商业银行超过欠缴期限的金额,应按规定每天计收罚款。罚款的计算是从旬后第5天起至欠缴款项收回日止的实际天数,算头不算尾。补缴时,中央银行按日计收罚息,随同欠缴存款一并扣收。商业银行收到中央银行的扣款通知后,抽出原保管的欠缴凭证第一、第二联,办理转账手续,编制会计分录为

借:存放中央银行款项——缴存财政性存款
　　营业外支出——罚款支出
　　贷:存放中央银行款项——准备金存款
同时销记待清算凭证表外科目登记簿:
付出:待清算凭证

【例6.1】 某商业银行2013年1月末试算平衡表显示:集中上缴中央财政资金4 500万元;集中上缴地方财政资金1 500万元;待结算财政款项1 500万元;代收企业购买国库券款项4 500万元;兑付企业国库券本息款项1 500万元;代收个人购买国库券款项7 500万元;兑付个人国库券本息款项1 500万元。该行已向中央银行缴存财政性存款准备金10 500万元,该行在中央银行存款为4 500万元。

(1)本次应补缴财政性存款 = 4 500 + 1 500 + 1 500 + (4 500 − 1 500) +
　　　　　　　　　　　　　(7 500 − 1 500) − 10 500 =
　　　　　　　　　　　　　6 000(万元)

(2)根据中央银行盖章的"缴存财政性存款划拨凭证"(实缴数),编制会计分录为

借:存放中央银行款项——缴存财政性存款　　　　　　　45 000 000
　　贷:存放中央银行款项——准备金存款　　　　　　　　　45 000 000
同时,欠缴金额进行表外登记。
收入:待清算凭证　　　　　　　　　　　　　　　　　15 000 000

(3)根据中央银行主动扣缴欠缴存款1 500万元及扣收加息75 000元的有关凭证,编制会计分录为

借:存放中央银行款项——缴存财政性存款　　　　　　　15 000 000
　　营业外支出——罚款支出户　　　　　　　　　　　　　　75 000
　　贷:存放中央银行款项——准备金存款　　　　　　　　　15 075 000
同时销记待清算凭证表外科目登记簿:
付出:待清算凭证　　　　　　　　　　　　　　　　　15 000 000

(二)缴存法定准备金存款的核算

1.法定准备金存款缴存的范围与比例

一般性存款的缴存范围是:各商业银行吸收的企业存款,储蓄存款,农村存款,基建单位存款,机关团体存款,财政预算外存款,委托存款轧减委托贷款、委托投资后的贷方余额及其他一般存款。2012年5月18日我国法定存款准备金率调整后,大型存款类金融机构为20%,中小型存款类金融机构为16.50%。法定存款准备金制度是中央银行实施宏观调控的货币政策工具之一,也是对金融机构进行监督管理的重要手段。

2.缴存法定存款准备金的核算

商业银行的法定存款准备金由总行统一向中央银行缴存。由于商业银行总行的法定存款准备金与超额存款准备金同存放于中央银行的准备金存款账户,因此,商业银行总行旬末只要确保准备金存款账户余额高于旬末应缴存的法定存款准备金金额即可,而不必进行账务处理。

3. 存款准备金制度的有关规定

（1）商业银行法人法定存款准备金按旬调整，于旬后5日内办理。中央银行对商业银行法定存款准备金按旬按法人统一考核，商业银行当旬第五日至下旬第四日每日营业终了时，各行按统一法人存入的准备金存款余额与上旬末该行全行一般存款余额之比，不得低于法定准备金率。

（2）商业银行日终按法人统一存入中央银行的法定准备金存款低于上旬末一般存款余额的法定准备金率，中央银行对其不足部分按每日万分之六的利率处以罚息。

（3）商业银行法人每日应将汇总的全系统一般存款余额表和日计表，报送中央银行。

（4）商业银行法人旬后未按法定准备金率存入法定准备金和未及时向中央银行报送有关报表的，中央银行按有关规定予以处罚。

（5）商业银行法人在中央银行的存款，中央银行于每日日终考核其存款准备金率；日间，只控制其存款账户的透支行为。商业银行分支机构在中央银行的存款，中央银行不考核存款准备金率，只控制其存款账户的透支行为。

（6）商业银行分支机构在中央银行准备金存款账户出现透支，中央银行按有关规定予以处罚。

五、向中央银行借款的核算

向中央银行借款按时间的不同分为年度性贷款、季节性贷款和日拆性贷款。年度性贷款是中央银行用于解决商业银行因经济合理增长引起的年度性资金不足，而发给商业银行在年度周转使用的贷款。商业银行向中央银行申请年度性贷款，一般限于省分行或二级分行，借入款后可在系统内拨给所属各行使用。此种贷款期限一般为1年，最长不超过2年。

中央银行季节性、日拆性贷款是中央银行解决商业银行因信贷资金先放后收和存贷款季节性上升、下降等情况以及汇划款未达和清算资金不足等因素，造成临时性资金短缺，而发放给商业银行的贷款。季节性贷款一般为2个月，最长不超过4个月。日拆性贷款一般为10天，最长不超过20天。会计核算与年度性贷款基本相同。

（一）借入再贷款的核算

商业银行向中央银行申请贷款时，应填制一式五联借款凭证加盖印鉴后，提交中央银行。经中央银行审核无误后，根据退回的第三联借款凭证代转账借方传票，并另编转账贷方传票进行转账。编制会计分录为

借：存放中央银行款项——准备金存款
　　贷：向中央银行借款——××借款

（二）利息的处理

商业银行在资产负债表日和到期还款日，按计算确定的利息费用计提利息支出，会计分录为

借：利息支出——向中央银行借款
　　贷：应付利息——××行

中央银行对借款一般按季结息，每季收到中央银行的利息回单时，使用相关交易记账，打印记账凭证，利息回单作记账凭证附件。会计分录为

借:应付利息——××行
　　贷:存放中央银行款项——准备金存款

(三)到期归还的处理

借款到期,商业银行应填制转账支票或当地央行规定的转账凭证,提交中央银行主动办理借款归还手续。待收到中央银行退回的借款凭证和还款证明后,使用相关交易记账,打印记账凭证,中央银行退回的借款凭证、还款证明和转账支票存根等作记账凭证附件。会计分录为

借:向中央银行借款——××借款
　　应付利息——××行
　　贷:存放中央银行款项——准备金存款

借款到期,商业银行未主动办理还款手续时,若其存款账户有足够的资金,中央银行可以在征得商业银行同意后,填制特种转账凭证收回贷款;若商业银行存款账户余额不足,中央银行应于到期日将贷款转入逾期贷款户,并按规定计收逾期贷款利息。

六、再贴现的核算

(一)再贴现的种类

再贴现是指商业银行以未到期的已贴现票据,向中央银行办理的贴现,是商业银行对票据债权的再转让,是中央银行对商业银行贷款的形式之一,商业银行因办理票据贴现而引起资金不足,可以向中央银行申请再贴现,贴现期一般不超过6个月。

中央银行办理再贴现的对象,是在中央银行开立科目的商业银行。再贴现金额以再贴现的票据金额为准,扣除再贴现利息后,将其差额作为实付再贴现额支付给申请再贴现的商业银行,再贴现期限从再贴现之日起至汇票到期日止。

对再贴现票据的处理,中央银行现有两种操作方式:一种是对再贴现票据进行买断,另一种是进行票据回购。

买断式再贴现是商业银行将未到期的已贴现商业汇票背书转让给中央银行融通资金的行为。再贴现利息按日计算,利率为中央银行发布的再贴现利率,再贴现天数从再贴现之日起至汇票到期的前一日止。汇票到期,中央银行作为票据的债权人向付款人收取票款。

回购式再贴现是商业银行将未到期的已贴现商业汇票质押给中央银行,并约定回购日及回购方式的融资行为。再贴现利息按日计算,利率为中央银行发布的再贴现利率,再贴现天数从再贴现之日起至汇票回购的前一日止。办理回购式再贴现,票据不作背书,不转移票据权利,商业银行于回购日将票据购回,并作为债权人向付款人收取票款。

(二)买断式再贴现的核算

1.办理买断式再贴现的处理

商业银行向中央银行申请买断式再贴现时,应填制一式五联再贴现凭证,与商业承兑汇票或银行承兑汇票一并提交中央银行。中央银行审核后按规定的再贴现率计算出再贴现利息和实付再贴现额。

再贴现利息 = 再贴现汇票到期值 × 再贴现天数 × (年再贴现率 ÷ 360)

实付再贴现额 = 再贴现汇票到期值 − 再贴现利息

商业银行收到中央银行的再贴现款项及退回的第四联再贴现凭证后,使用相关交易记账,打印记账凭证,第四联再贴现凭证作记账凭证附件,并根据再贴现的商业汇票是否带有追索权分别采用不同的方法进行账务处理。

(1)不带追索权的商业汇票再贴现的处理。将不带追索权的商业汇票再贴现,商业银行在转让票据所有权的同时,也将票据到期不能收回票款的风险一并转给了中央银行,商业银行对票据到期无法收回的票款不承担连带责任,即符合金融资产终止确认的条件。在我国,商业银行将银行承兑汇票再贴现,基本上不存在到期不能收回票款的风险,商业银行应将银行承兑汇票再贴现视为不带追索权的票据再贴现业务,按金融资产终止确认的原则进行处理。会计分录为

借:存放中央银行款项——准备金存款　(实际收到的金额)
　　贴现资产——银行承兑汇票贴现——××户(利息调整)　(账面余额)
　　利息支出(借贷方差额,贷方大于借方时)
贷:贴现资产——银行承兑汇票贴现——××户(面值)　(票面金额)
　　利息收入(借贷方差额,借方大于贷方时)

(2)带追索权的商业汇票再贴现的处理。将带追索权的商业汇票再贴现,商业银行并未转嫁票据到期不能收回票款的风险,商业银行因背书而在法律上负有连带偿还责任,并且直至中央银行收到票款后方可解除。因此,将带追索权的商业汇票再贴现,不符合金融资产终止确认的条件。在我国,商业银行将商业承兑汇票再贴现,是一种典型的带追索权的票据再贴现业务,会计上不应终止确认贴现资产,而应将实际收到的再贴现款确认为一项负债。会计分录为

借:存放中央银行款项——准备金存款　(实际收到的金额)
　　贴现负债——××行再贴现负债(利息调整)　(借贷方差额)
贷:贴现负债——××行再贴现负债(面值)　(票面金额)

2.再贴现利息调整摊销的处理

再贴现利息调整采用直线法于每月月末摊销,计算公式为

$$当月摊销金额 = 再贴现利息 \div 再贴现天数 \times 本月应摊销天数$$

对于带追索权的商业汇票再贴现业务,商业银行应于资产负债表日和到期收回日,计算本期再贴现利息调整应摊销的金额,并确认为再贴现利息支出。会计分录为

借:利息支出——再贴现利息支出
贷:贴现负债——××行再贴现负债(利息调整)

3.买断式再贴现到期收回的处理

买断式再贴现汇票到期,再贴现中央银行作为持票人直接向付款人收取票款。中央银行填制委托收款凭证与汇票一并交付款人办理收款。付款人在异地的,应在汇票到期前,匡算付款人的邮程,提前办理委托收款。第二联委托收款凭证与再贴现凭证一并暂存,待款项划回后,据以处理账务。

对于不带追索权的商业汇票再贴现业务,由于商业银行于再贴现发放时已终止确认贴现资产,因此,汇票到期时商业银行无须进行账务处理。对于带追索权的商业汇票再贴现业务,票据到期时商业银行应根据不同的情况进行账务处理。

(1)票据的付款人于汇票到期日将票款足额付给再贴现中央银行,商业银行未收到有

关追索债务的通知,则商业银行因票据再贴现而产生的负债责任解除,应将贴现负债和与之对应的贴现资产对冲。会计分录为

  借:贴现负债——××行再贴现负债(面值) （票面金额）
   贷:贴现资产——商业承兑汇票贴现——××户(面值) （票面金额）
  借:利息支出——再贴现利息支出
   贷:贴现负债——××行再贴现负债(利息调整)

(2)如果票据的付款人于汇票到期日未能向再贴现中央银行足额支付票款,再贴现中央银行收到付款人开户银行退回的委托收款凭证、汇票和拒付理由书或付款人未付票款通知书后,应追索票款,从申请再贴现的商业银行账户收取(若商业银行存款账户不足支付,则不足部分作为逾期贷款),办理转账后将收款通知连同汇票和拒付理由书或付款人未付票款通知书交给商业银行。商业银行收到中央银行从其存款账户中收取再贴现票款的通知,审核无误后进行账务处理。会计分录为

  借:贴现负债——××行再贴现负债(面值) （票面金额）
   贷:存放中央银行款项——准备金存款 （可支付部分）
    向中央银行借款——逾期贷款 （不足支付部分）
  借:利息支出——再贴现利息支出
   贷:贴现负债——××行再贴现负债(利息调整)

商业银行应继续向贴现申请人追索票款,先从其存款账户中收取,存款账户不足支付的,不足支付部分做逾期贷款处理。会计分录为

  借:吸收存款——单位活期存款——××单位 （可支付部分）
   贷款——逾期贷款——××户 （不足支付部分）
   贷:贴现资产——商业承兑汇票贴现——××户(面值) （票面金额）
  借:贴现资产——商业承兑汇票贴现——××户(利息调整)
   贷:利息收入——贴现利息收入

4.回购式再贴现的核算

(1)办理回购式再贴现的处理。商业银行办理回购式再贴现的处理手续与买断式再贴现基本相同。中央银行对商业银行的回购式再贴现申请审批同意后,应与申请再贴现的商业银行签订回购合同,约定票据回购日,票据回购日不得为法定节假日,且不得超过汇票到期日前7天。

办理回购式再贴现,票据不需要背书给中央银行,票据权利人仍为申请再贴现的商业银行,因此,商业银行不应终止确认贴现资产,而应将实际收到的再贴现款确认为一项负债。会计分录为

  借:存放中央银行款项——准备金存款 （实际收到的金额）
   贴现负债——××行再贴现负债(利息调整) （借贷方差额）
   贷:贴现负债——××行再贴现负债(面值) （票面金额）

(2)再贴现利息调整摊销的处理。再贴现利息调整采用直线法于每月月末摊销,商业银行应于资产负债表日和到期收回日,计算本期再贴现利息调整应摊销的金额,并确认为再贴现利息支出。会计分录为

  借:利息支出——再贴现利息支出

贷:贴现负债——××行再贴现负债(利息调整)

(3)回购式再贴现回购的处理。回购日,根据回购合同约定的回购方式,由商业银行主动向中央银行送交转账支票及进账单回购再贴现的商业汇票,或由中央银行直接从再贴现商业银行的准备金存款账户划收票款(商业银行未主动送交支票的,也可由中央银行从其存款账户直接扣收),并将再贴现票据交还商业银行。中央银行划(扣)收票款时,若商业银行存款账户余额不足,则不足部分做逾期贷款处理。商业银行回购再贴现票据的会计分录为

借:贴现负债——××行再贴现负债(面值) (票面金额)
  贷:存放中央银行款项——准备金存款 (可支付部分)
    向中央银行借款——逾期贷款 (不足支付部分)
借:利息支出——再贴现利息支出
  贷:贴现负债——××行再贴现负债(利息调整)

商业银行回购再贴现票据后,作为收款人向付款人办理托收的处理,在第4章介绍"票据贴现的核算"时已阐述。

【例6.2】 2012年4月1日,HKB银行持已贴现尚未到期的银行承兑汇票向中央银行申请办理买断式再贴现,汇票面额为1 000 000元,7月5日到期,再贴现率为3.6%,承兑银行在异地。HKB银行办理再贴现时,该银行承兑汇票"贴现资产(面值)"账户借方余额为1 000 000元,"贴现资产(利息调整)"账户贷方余额为12 250元。

再贴现天数应从2012年4月1日算至7月4日,再另加3天的划款期,共98天。

$$再贴现利息 = 1\,000\,000 \times 98 \times 3.6\% \div 360 = 9\,800(元)$$
$$实付再贴现金额 = 1\,000\,000 - 9800 = 990\,200(元)$$

HKB银行编制办理买断式再贴现的会计分录为

借:存放中央银行款项——准备金存款   990 200
  贴现资产——银行承兑汇票贴现——三禾公司(利息调整)   12 250
  贷:贴现资产——银行承兑汇票贴现——三禾公司(面值)   1 000 000
    利息收入   2 450

【例6.3】 沿用例6.2的资料,假设2012年4月1日,HKB银行持已贴现尚未到期的商业承兑汇票向中央银行申请办理买断式再贴现,中央银行到期收回票款,其他资料不变。

HKB银行编制会计分录如下:

借:存放中央银行款项——准备金存款   990 200
  贴现负债——××行再贴现负债(利息调整)   9 800
  贷:贴现负债——××行再贴现负债(面值)   1 000 000

(2)2012年4月30日,HKB银行摊销再贴现利息调整时:

$$当月摊销金额 = 9\,800 \div 98 \times 30 = 3\,000(元)$$

借:利息支出——再贴现利息支出   3 000
  贷:贴现负债——××行再贴现负债(利息调整)   3 000

(3)2012年5月31日,HKB银行摊销再贴现利息调整时:

$$当月摊销金额 = 9\,800 \div 98 \times 31 = 3\,100(元)$$

借:利息支出——再贴现利息支出   3 100

贷:贴现负债——××行再贴现负债(利息调整)   3 100

(4)2012 年 6 月 30 日,HKB 银行摊销再贴现利息调整时:

$$当月摊销金额 = 9\,800 \div 98 \times 30 = 3\,000(元)$$

借:利息支出——再贴现利息支出   3 000
 贷:贴现负债——××行再贴现负债(利息调整)   3 000

(5)2012 年 7 月 8 日,中央银行到期收回票款,HKB 银行因票据再贴现而产生的负债责任解除,应将贴现负债和与之对应的贴现资产对冲。会计分录为

借:贴现负债——××行再贴现负债(面值)   1 000 000
 贷:贴现资产——商业承兑汇票贴现——三禾公司(面值)   1 000 000

同时,摊销再贴现利息调整:

$$当月摊销金额 = 9\,800 \div 98 \times 7 = 700(元)$$

借:利息支出——再贴现利息支出   700
 贷:贴现负债——××行再贴现负债(利息调整)   700

【例6.4】 沿用例 6.2 的资料,假设 2012 年 4 月 1 日,HKB 银行持已贴现尚未到期的商业承兑汇票向中央银行申请办理买断式再贴现。2012 年 7 月 8 日,中央银行收到付款人开户行寄来的付款人未付款项通知书及退回的托收凭证、汇票,从再贴现申请人 HKB 银行账户收取票款,但 HKB 银行准备金存款账户只有 80 万元。其他资料不变。

HKB 银行编制会计分录如下:

(1)~(4)的会计分录同例 6.3。

(5)2012 年 7 月 8 日,HKB 银行收到中央银行从其存款账户中收取再贴现票款的通知时,会计分录为

借:贴现负债——××行再贴现负债(面值)   1 000 000
 贷:存放中央银行款项——准备金存款   800 000
  向中央银行借款——逾期贷款   200 000

同时,摊销再贴现利息调整:

$$当月摊销金额 = 9\,800 \div 98 \times 7 = 700(元)$$

借:利息支出——再贴现利息支出   700
 贷:贴现负债——××行再贴现负债(利息调整)   700

【例6.5】 沿用例 6.2 的资料,假设 2012 年 4 月 1 日,HKB 银行持已贴现尚未到期的商业承兑汇票向中央银行申请办理回购式再贴现,双方约定票据回购日为 2012 年 6 月 21 日,HKB 银行于票据回购日,主动向中央银行回购再贴现的商业承兑汇票。其他资料不变。

回购天数从 2012 年 4 月 1 日算至 6 月 20 日,共 81 天。

$$回购利息 = 1\,000\,000 \times 81 \times 3.6\% \div 360 = 8\,100(元)$$
$$实付票据回购金额 = 1\,000\,000 - 8\,100 = 991\,900(元)$$

HKB 银行编制会计分录如下:

(1)2012 年 4 月 1 日,HKB 银行办理回购式再贴现时:

借:存放中央银行款项——准备金存款   991 900
 贴现负债——××行再贴现负债(利息调整)   8 100
 贷:贴现负债——××行再贴现负债(面值)   1 000 000

(2) 2012年4月30日,HKB银行摊销再贴现利息调整时:

$$当月摊销金额 = 8\ 100 \div 81 \times 30 = 3\ 000(元)$$

借:利息支出——再贴现利息支出　　　　　　　　　　　3 000
　贷:贴现负债——××行再贴现负债(利息调整)　　　　　　3 000

(3) 2012年5月31日,HKB银行摊销再贴现利息调整时:

$$当月摊销金额 = 8\ 100 \div 81 \times 31 = 3\ 100(元)$$

借:利息支出——再贴现利息支出　　　　　　　　　　　3 100
　贷:贴现负债——××行再贴现负债(利息调整)　　　　　　3 100

(4) 2012年6月21日,HKB银行回购再贴现的商业承兑汇票时:

借:贴现负债——××行再贴现负债(面值)　　　　　1 000 000
　贷:存放中央银行款项——准备金存款　　　　　　　　1 000 000

同时,摊销再贴现利息调整:

$$当月摊销金额 = 8\ 100 \div 81 \times 20 = 2\ 000(元)$$

借:利息支出——再贴现利息支出　　　　　　　　　　　2 000
　贷:贴现负债——××行再贴现负债(利息调整)　　　　　　2 000

第二节　商业银行同业往来的核算

商业银行之间的往来又称同业往来,是指商业银行之间由于办理跨系统结算、相互拆借等业务所引起的资金业务往来。单位、个人办理结算,有的在同系统银行开户,有的不在同系统银行开户,这样会引起商业银行之间的业务有的是系统内的,有的是跨系统的。另外,各商业银行之间,为了解决临时性资金短缺进行的同业拆借,也构成了同业往来的重要内容。

一、异地跨系统转汇的核算

跨系统转汇是指由于客户办理异地结算业务而引起的各商业银行之间相互汇划款项的业务。商业银行跨系统异地汇划款项,可以通过两种方法办理:一是通过中央银行转汇;二是通过商业银行间相互转汇。下面仅就商业银行转汇方式进行讲述。即采用"跨系统汇划款项,相互转汇"的办法进行处理。根据商业银行的机构设置不同,可分别采用以下三种划款方式,这些方式与通过中央银行办理大额汇划业务的方法有相似之处。

(一)"先横后直"的方式

"先横后直"的方式适用于汇出行所在地为双设机构地区,即在汇出行所在地,除本行外还设有汇入行系统的银行机构。其划款程序是:由汇出行将跨系统的汇划凭证,按不同系统逐笔填写"转汇清单",并汇总"划收"或"划付"凭证,通过同城票据交换或通过"同业存放",将款项划至汇入行的转汇行。转汇行再通过本系统联行将款项转划给汇入行。如图6.1所示。

(1) A地汇出行的会计分录为

借:吸收存款——单位或个人活期存款(汇款人户)

贷:同业存放(或存放中央银行款项)
(2) A 地转汇行的会计分录为
借:存放同业(或存放中央银行款项)
　贷:清算资金往来
(3) B 地汇入行的会计分录为
借:清算资金往来
　贷:吸收存款——单位或个人活期存款(收款人户)
如为划付款业务,则各行的会计分录相反。

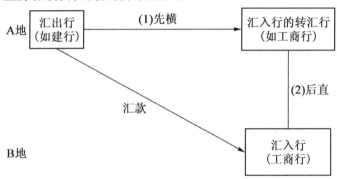

图 6.1　"先横后直"异地跨系统转汇方式程序图

(二)"先直后横"的方式

"先直后横"的方式适用于汇出行所在地为单设机构地区,即汇出行所在地没有汇入行系统的分支机构。其划款程序是:由汇出行将款项通过本系统联行划至汇入行所在地本系统转汇行,再由其通过"同业存放款项"或同城票据交换转划给跨系统汇入行。如图 6.2 所示。

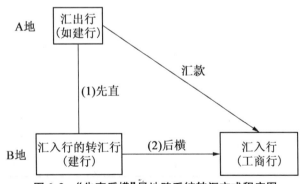

图 6.2　"先直后横"异地跨系统转汇方式程序图

(2) B 地汇出行的转汇行的会计分录为
借:清算资金往来
　贷:同业存放(或存放中央银行款项)
(3) B 地汇入行的会计分录为
借:存放同业(或存放中央银行款项)
　贷:吸收存款——单位或个人活期存款(收款人户)
如为划付款业务,则各行的会计分录相反。

(三)"先直后横再直"的方式

"先直后横再直"的方式适用于汇出行和汇入行所在地均为单设机构地区。其划款程序是:由汇出行先通过本系统联行将款项划至就近的、双设机构的本系统转汇行,再由其通过"同业存放款项"或同城票据交换将款项划至跨系统汇入行的转汇行,最后由汇入行的转汇行通过本系统联行转划给汇入行如图 6.3 所示。

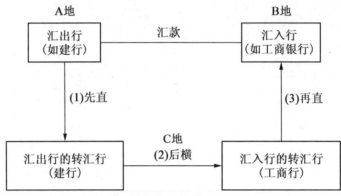

图 6.3 "先直后横再直"异地跨系统转汇方式程序图

(1) A 地汇出行的会计分录为
借:吸收存款——单位或个人活期存款(汇款人户)
　贷:清算资金往来
(2) C 地汇出行的转汇行的会计分录为
借:清算资金往来
　贷:同业存放(或存放中央银行款项)
(3) C 地汇入行的转汇行的会计分录为
借:存放同业(或存放中央银行款项)
　贷:清算资金往来
(4) B 地汇入行的会计分录为
借:清算资金往来
　贷:吸收存款——单位或个人活期存款(收款人户)
如为划付款业务,则各行的会计分录相反。

二、同业拆借资金的核算

(一)同业拆借的含义

同业拆借是指商业银行之间临时融通资金的一种借贷行为,是解决商业银行短期资金不足的一种有效方法。同业之间的拆出资金限于交足存款准备金和归还中央银行到期贷款之后的闲置资金;拆入资金也仅用于弥补票据清算、电子汇划汇差头寸不足和解决临时性周转资金的需要,不得将拆借资金用于弥补信贷收支缺口,扩大贷款规模和直接投资。

同业拆借分为同业头寸拆借和同业短期拆借。参加同城票据交换的金融机构可通过同业头寸拆借调剂头寸余缺,头寸拆借以无形市场为主,拆借期限不得超过 7 天。同业短期拆借应通过融资中介机构办理,只限于没有向中央银行借款的商业银行之间的资金融通,向中央银行借款的商业银行,在同业短期拆借市场上只能拆入资金而不得拆出资金,同业短期拆借的期限为7天以上4个月以内。

同业拆借可在同城商业银行之间进行,也可在异地商业银行之间进行,但异地商业银行间的拆借必须通过中央银行的融资中心机构办理,双方行处在商定了拆借条件并签订拆借合同后,通过中央银行划拨资金。

(二)同业拆借核算应设置的会计科目

1."拆出资金"科目

"拆出资金"科目属于资产类科目,核算商业银行拆借给境内、境外其他金融机构的款项。该科目可按拆放的金融机构进行明细核算。商业银行拆出资金时,借记"拆出资金"科目;收回资金时,贷记"拆出资金"科目。该科目期末余额在借方,反映商业银行按规定拆放给其他金融机构的款项。

2."拆入资金"科目

"拆入资金"科目属于负债类科目,核算商业银行从境内、境外金融机构拆入的款项。该科目可按拆入资金的金融机构进行明细核算。商业银行拆入资金时,应按实际收到的金额,贷记"拆入资金"科目;归还拆入资金时,借记"拆入资金"科目。该科目期末余额在贷方,反映商业银行尚未归还的拆入资金余额。

(三)同业拆借的账务处理

1.拆出行的处理

拆借双方签订拆借合同后,拆出行根据拆借合同签发转账支票并填制进账单提交开户中央银行,将拆借资金划转汇入中央银行存款户。编制会计分录为

借:拆出资金——××行户

　　贷:存放中央银行款项——准备金存款

中央银行分行收到进账单及转账支票后,以此两种凭证代转账借贷传票,将款项从拆放行准备金科目转入拆入行准备金科目,转账后将进账单回单联转交拆入行。

2.拆入行的处理

拆入行收到中央银行的收账通知,另填制特种转账借、贷方传票办理转账。编制会计分录为

借:存放中央银行款项——准备金存款

　　贷:拆入资金——××行户

3.资产负债表日的处理

资产负债表日,拆入行应按计算确定的拆入资金的利息费用,编制会计分录为

借:利息支出——同业拆借利息支出户

　　贷:应付利息——同业拆借应付利息——××行户

4.归还借款的核算

商业银行之间的资金拆借,应恪守信用,履约还款。拆入行归还借款时,应按事先规定的利率,计算应付利息,将本息一并通过中央银行划转拆出行。拆借资金到期,拆入行需主动填制转账支票,送交中央银行办理还本付息手续,办理转账。编制会计分录为

借:拆入资金——××行户　　　　　　　　　　　　　　　　　拆入资金的本金

应付利息——同业拆借应付利息——××行户　　　　　　　已计提的应付利息
　　利息支出——同业拆借利息支出户　　　　　　　　　　　借贷方的差额
　　贷:存放中央银行款项——准备金存款　　　　　　　　　实际归还的金额
　中央银行收到拆入行归还借款的进账单和转账支票,作为记账传票办理转账,将款项从拆出行准备金科目转入拆出行准备金科目,转账后将进账单收账通知转交拆出行。拆出行收到中央银行的收账通知后,办理转账。编制会计分录为
　　借:存放中央银行款项——准备金存款
　　　贷:拆出资金——××行户
　　　　利息收入——同业拆借利息收入户

【例6.6】　2013年2月1日,甲分行向总行借入资金1 000万元,期限6个月,年利率为6%。甲分行的会计处理如下:

(1) 2月1日,分行会计部门根据资金部门提供的借入资金通知单,编制会计分录为
　借:存放中央银行款项——准备金存款　　　　　　　　10 000 000
　　贷:拆入资金——总行户　　　　　　　　　　　　　　　10 000 000
(2)资产负债表日,甲分行应按计算确定的拆入资金的利息费用,编制会计分录为
　　　　　甲分行应付的利息 = 10 000 000 × 6% × 1 ÷ 12 = 50 000(元)
　借:利息支出——同业拆借利息支出户　　　　　　　　50 000
　　贷:应付利息——同业拆借应付利息——总行户　　　　　50 000
(3) 8月1日,甲分行会计部门根据还本付息单据,编制会计分录为
　借:拆入资金——总行户　　　　　　　　　　　　　　10 000 000
　　　应付利息——同业拆借应付利息——总行户　　　　　300 000
　　贷:存放中央银行款项——准备金存款　　　　　　　　10 300 000
总行的会计处理如下:
(1) 2月1日,总行会计部门根据资金部门提供的借入资金通知单,编制会计分录为
　借:拆出资金——甲分行户　　　　　　　　　　　　　10 000 000
　　贷:存放中央银行款项——准备金存款　　　　　　　　10 000 000
(2)资产负债表日,总行应按计算确定的拆出资金的利息收入,编制会计分录为
　　　　　总行应收的利息 = 10 000 000 × 6% × 1 ÷ 12 = 50 000(元)
　借:应收利息——同业拆借应收利息——甲分行户　　　　50 000
　　贷:利息收入——同业拆借利息收入户　　　　　　　　50 000
(3) 8月1日,总行会计部门根据还本付息单据,编制会计分录为
　借:存放中央银行款项——准备金存款　　　　　　　　10 300 000
　　贷:拆出资金——甲分行户　　　　　　　　　　　　　10 000 000
　　　应收利息——同业拆借应收利息——甲分行户　　　　300 000

三、转贴现的核算

转贴现是指商业银行持已贴现、未到期的商业汇票向其他商业银行融通资金的行为。商业银行持未到期的商业汇票向其他商业银行申请转贴现时,应根据汇票填制一式五联转贴现凭证(用贴现凭证代),在第一联上签章后,连同汇票一并送交转贴现银行信贷部门。

转贴现是商业银行之间相互融通资金的一种方式,分为买断式转贴现和回购式转贴现。买断式转贴现是指申请转贴现银行(贴出人)将票据权利转让给转贴现银行(贴入人),票据到期由转贴现银行作为票据债权人向付款人收取票款。

回购式转贴现是指申请转贴现银行将票据质押给转贴现银行,并约定回购日及回购方式,由申请转贴现银行于回购日将票据购回,并作为债权人向付款人收取票款。回购式转贴现不转移票据权利。

在转贴现核算中,申请转贴现银行的账务处理可比照本章中商业银行向中央银行再贴现的核算进行处理;转贴现银行(买断式)的账务处理可比照第4章中"票据贴现的核算"进行处理,转贴现银行(回购式)在申请转贴现银行回购票据时,收回票款的会计分录为

借:存放中央银行款项——准备金存款(实际收到的金额)
   贷:贴现资产——××承兑汇票转贴现——××支行(面值)(票面金额)
借:贴现资产——××承兑汇票转贴现——××行(利息调整)(账面余额)
   贷:利息收入——转贴现利息收入

账务处理完成后,转贴现银行(回购式)将转贴现票据交还申请转贴现银行。申转贴现银行购回票据后,作为收款人向付款人办理托收的处理,在第4章介绍"票据贴现的核算"时已阐述。

思考题

1. 金融企业往来包含哪些内容?
2. 简述商业银行大额款项异地汇划业务的几种方式。
3. 简述商业银行跨行异地汇划业务的几种方式。

练习题

1. 目的:练习商业银行缴存存款的核算。

资料:招商银行某县支行5月30日财政性存款各科目余额为600万元,上次调整缴存存款时,财政性存款各科目余额为560万元,6月4日调整缴存存款时,该行准备金存款账户余额足以支付。做出6月4日缴存财政性存款的分录。

2. 目的:练习跨系统的商业银行结算。

甲地农行开户单位某公司电汇20万元,收款单位是乙地中国银行开户单位某企业,设甲地为单设机构,乙地为双设机构,做出有关方面的会计分录。

3. 目的:练习商业银行向中央银行借入款项的核算。

2012年5月9日,中国工商银行古田支行向中央银行申请季节性贷款1 000万元,利率为6.3%,期限3个月,经审查予以办理。2012年8月9日,借款到期,中国工商银行古田支行办理借款归还手续,假设利息随本金一并归还。

要求:
(1)编制中国工商银行古田支行借入款项的会计分录。
(2)编制中国工商银行古田支行每月月底计提利息的会计分录。
(3)编制中国工商银行古田支行到期归还借款的会计分录。

4. 目的:练习再贴现的核算。

2012年7月16日,中国农业银行北京朝阳支行持已贴现尚未到期的商业承兑汇票向中央银行申请办理买断式再贴现,汇票面额为360 000元,9月7日到期,再贴现率为4.3%,付款人开户行在同城,中央银行到期收回票款。

要求:

(1)计算再贴现利息及实付再贴现金额。

(2)编制中国农业银行朝阳支行办理再贴现的会计分录。

(3)编制中国农业银行朝阳支行每月月底摊销再贴现利息调整的会计分录。

(4)编制中国农业银行朝阳支行汇票到期处理的会计分录。

第七章　国内支付结算业务的核算

第一节　国内支付结算业务概述

一、支付结算的概念

支付结算是指单位、个人在社会经济活动中使用票据、信用卡和汇兑、托收承付、委托收款等结算方式进行货币给付及其资金清算的行为。支付结算源于银行结算,是中国人民银行根据新形势下结算制度的特点采用的新概念。银行运用信用功能和遍布城乡的机构网络及其业务技术设施,成为结算活动和资金清算的中介。我国《支付结算办法》规定:"银行是支付结算和资金清算的中介机构,未经中国人民银行批准的非银行金融机构和其他单位不得作为中介机构经营支付结算业务。"

二、支付结算的原则

银行、单位和个人办理支付结算时都必须遵守以下原则。

(一)恪守信用,履约付款

结算当事人应严格遵守信用,付款人必须按照约定的付款金额和付款日期进行付款,收款按照规定进行收款,银行作为资金清算的中介帮助收付双方划转款项。这是维护经济合同秩序,保障当事人经济利益的重要原则。

(二)谁的钱进谁的账,由谁支配

存款人对其存入银行的资金拥有所有权和自主支配权。支付结算的发生取决于委托人的意志,银行在支付结算中只是充当中介机构的角色,不能干涉当事人对其存款的自主支配权。银行不得截留和挪用客户资金,应依法为单位、个人的存款保密。除国家法律、法规规定的有关监督项目外,银行不代任何单位查询、扣款,不得停止单位、个人存款的正常支付。

(三)银行不垫款

银行在支付结算业务中,只充当资金清算的信用中介,不为任何一方垫付资金。要划清银行资金和存款人资金的界限,从而保证银行资金的安全,促使单位和个人以自己所有或经营管理的财产直接对自己的债务承担责任。在实际操作中,要贯彻"先付后收,收妥抵用"的原则,不得套取银行信用。

上述三个原则既可单独发挥作用,又是一个有机的整体,分别从不同角度强调了付款人、收款人和银行在支付结算中的权利义务,从而切实保障了结算活动的正常进行。

三、支付结算纪律

单位、个人和银行办理结算,必须依法进行。目前,有关支付结算的法律、法规主要有:

1997年10月1日开始实施的《票据法》《票据管理实施办法》,1997年12月1日开始实施的《支付结算办法》等。在这些法律法规中,对结算纪律和违反结算纪律的相应处罚做出了详细的规定。下面简单介绍这些法律法规中有关结算纪律的内容。

（一）单位和个人的结算纪律

根据《支付结算办法》及有关规定,单位和个人必须遵守的结算纪律可以归纳为四条：

（1）不准套取银行信用、签发空头支票或印章与预留银行印鉴不符的支票、远期支票以及没有资金保证的票据。

（2）不准无理拒付、任意占用他人资金。

（3）不准违反规定开立和使用账户。

（4）不准签发、取得和转让没有真实交易和债权债务的票据,套取他人和银行资金。

（二）银行的结算纪律

根据《支付结算办法》及有关规定,银行必须遵守的结算纪律可以归纳为以下十条：

（1）不准以任何理由压票、任意退票、截留挪用客户和他行资金、受理无理拒付、不扣或少扣滞纳金。

（2）不准在结算制度之外规定附加条件,影响汇路畅通。

（3）不准违反规定为单位和个人开立账户。

（4）不准拒绝受理、代理他行正常结算业务。

（5）不准放弃对企事业单位和个人违反结算纪律的制裁。

（6）不准违章签发、承兑、贴现票据,套取银行资金。

（7）不准超额占用联行汇差资金,转嫁资金矛盾。

（8）不准逃避向中国人民银行转汇大额汇划款项和清算大额银行汇票资金。

（9）不准签发空头银行汇票、银行本票和办理空头汇款。

（10）不准无理拒绝支付应由银行支付的票据款项。

严格的支付结算纪律是保证支付结算制度得以贯彻实施的重要条件,直接影响社会、经济各部门债权债务的及时、足额、安全清偿,从而影响社会资金周转。对于违反结算纪律的行为,要分清责任,按规定给予相应的经济和行政处罚,造成重大损失,构成犯罪的,还要依法追究刑事责任。

四、支付结算方式

按支付结算业务实现的方式不同,支付结算分为现金结算和转账结算。发生经济活动的双方,以现金方式完成货币给付及其资金清算的,称为现金结算。发生经济活动的双方,以信用方式代替现金支付,通过在银行账户间划转款项,完成货币给付及其资金清算的,称为转账结算。目前,我国确定了以汇票、本票、支票为主体的转账结算制度,共有支票、银行本票、银行汇票、商业汇票、汇兑、托收承付、委托收款、信用卡等八种结算方式可供选择。此外,中国人民银行借鉴国际信用证结算中一些好的做法,制定了国内信用证结算办法。各种结算方式合理配置,互为补充,可以适应多种形式的商品交易和经济活动的需要。

第二节 现金出纳业务的核算

一、现金出纳业务概述

(一)现金出纳业务的意义

现金出纳业务是指银行直接用现款进行的货币收付业务。根据我国《现金管理条例》的规定,银行一方面为机关、团体、部队、学校、企业等单位支出工资、奖金、个人劳动报酬和其他零星开支等所需的现金,另一方面又要为企业组织商品零售与劳务供应、财政税收以及通过吸收储蓄等收入现金,由此形成了银行的现金出纳业务。银行的现金出纳工作,是体现银行基本职能的重要环节,是银行的一项基础性工作,与国民经济各部门的经济活动有着密切的联系。因此,根据国家有关金融政策和现金管理的规定,认真做好现金出纳业务的核算,对满足市场正常的现金需要,方便开户单位,加速现金周转,促进商品流通和社会经济发展,监督现金的合理使用,保护国家财产的安全等方面,都具有十分重要的意义。

(二)现金出纳工作的任务

现金出纳工作是银行的一项重要的基础工作,处于银行业务活动第一线,担负着现金收付、保管、现金供应等繁重任务,体现了国家的货币政策。现金出纳工作的任务概括起来包括以下几个方面:

(1)按照国家金融法令和有关制度,办理现金的收付、清点、调运以及损伤票币的兑换和销毁工作。

(2)依据市场货币流通的需要,调剂市场各种票币的比例,做好现金回笼和供应工作。

(3)按规定保管现金、外币、金银和有价证券及其他贵重物品,做好库房管理、票样管理、现金运送安全保卫工作。

(4)按国家规定,加强现金管理,代办金银收购、配售业务,开展金银回收和节约代用工作。

(5)宣传爱护人民币,组织反假钞、反破坏人民币工作。

(6)加强柜面监督,维护财经法纪,同一切经济违法犯罪活动做斗争。

(三)现金出纳工作的基本原则

为了确保银行现金出纳工作任务的顺利完成,银行出纳工作必须建立、健全内部控制制度,做到手续严密、责任分明、及时准确。概括来讲,现金出纳工作要坚持以下原则:

(1)钱账分管原则。钱账分管原则就是管钱的不管账,管账的不管钱,做到钱账分管,责任分明(会计管账,出纳管钱)。这样有利于会计和出纳各自发挥不同的专业职能,并便于相互核对和制约,确保账款相符。

(2)收付分开原则。收付分开原则是指收款业务与付款业务分开经办,实行收付两条线,不能由一个人既管收款又管付款。

(3)双人经办原则。双人经办原则是指在现金出纳工作中,坚持双人管库、双人守库、双人押送。这样便于相互监督,防止差错和意外事故的发生。

(4)先收款后记账,先记账后付款原则。收入现金时,必须先经出纳人员收妥后才能给缴款单位记账;支付现金时,必须先替支款单位记账后方能付款。

(5)复核制度原则。收款要换人复点,付款要换人复核。在一人临柜时,经办人要自行复点和复核。

(6)交接手续和查库原则。款项交接或出纳人员调换时,须办理交接手续,分清责任。库房管理须坚持双人管库、双人守库,与此同时,还应定期或不定期进行查库,确保账实相符。

(四)现金出纳柜员制

出纳柜员制是由柜员一人对外办理现金收付业务的一种劳动组织形式。实行现金出纳柜员制,可以提高工作效率,减少客户等待时间,优化柜台服务,增强同业竞争力。但实行出纳柜员制必须具备一定条件,即营业机构会计出纳基础工作必须达到国家或本系统会计达标升级标准;现金收付业务必须全部使用微机处理;配有对柜员办理业务全过程的录像监控。

二、现金收付业务核算

现金收付业务是银行的一项传统业务。银行在受理此类业务时,必须坚持现金收入"先收款后记账",现金付出"先记账后付款"的原则。在业务量较多的行处,现金收付业务应分设收款和付款专柜分别办理;在业务量较少的行处,也可实行专人办理,但要与会计进行交叉复核。

(一)现金收入的核算

客户向银行交存现金时,应填写一式三联的"现金交款单"连同交存现金一并交出纳柜台。

借:库存现金
　　贷:吸收存款——单位活期存款——××户

(二)现金付款的核算

客户支取现金时,应填制本行"现金支票"(或规定的其他现金支付凭证)先到会计部门的有关专柜办理手续。编制会计分录为

借:吸收存款——单位活期存款——××户
　　贷:库存现金

在现金支票(或其他支款凭证)上加盖记账员名章,并经复核员复核无误后,及时将现金支票(或其他支款凭证)递交出纳部门。出纳员接到会计部门递交的现金支票,审查凭证要素内容及会计记账,复核签章无误,登记"现金付出日记簿",并按支款凭证配款。款项配妥后在支款凭证上加盖"现金付讫"及出纳员名章,连同凭证交复核员复点。复核无误后,叫对号单或铜牌号,问清款项数额,收回对号单或铜牌号,再将款项当面给取款人点清,之后,支款凭证退回(随时或集中)会计部门。

三、营业终了现金收付的汇总核对

每日营业终了,收款员应将当天所收的现金按币种分别予以汇总,并将汇总数与现金收入日记账的总数和会计部门现金借方发生额进行核对,账款相符后,填写入库票,登记"款项交接登记簿",将现金交库管人员核对入库。

四、出纳差错款的核算

出纳错款是指出纳在收、付款过程中发生的现金多余或短缺导致账实不符的现象。错款的处理原则是：长款不得溢库，短款不得空库，长短款也不能互补。长款应及时查明原因退还原主，如确实无法查明原因，应按规定入账，不能侵占，否则以贪污论处；短款不能自补，应及时查找收回，若确实无法收回，应区别情况处理。

（一）出纳长款的核算

发生出纳长款，应及时查明，退还原主。若当天未能查明原因，可先由出纳部门出具证明，经会计主管人员同意后，由会计部门填制现金收入传票，暂列"其他应付款"科目。编制会计分录为

借：库存现金
　　贷：其他应付款——出纳长款

查明原因后，若系客户多交或银行少付的，应及时退还原主，编制会计分录为

借：其他应付款——出纳长款
　　贷：库存现金

若经查找，该长款确定无法归还时，经批准后，可将此款做银行收益处理。编制会计分录为

借：其他应付款——出纳长款
　　贷：营业外收入

（二）出纳短款的核算

若发生出纳短款时，银行应及时查找收回。如果当天未能查清和收回，可先由出纳部门出具证明，经批准，会计部门凭以填制现金付出传票，暂列"其他应收款"科目。编制会计分录为

借：其他应收款——出纳短款
　　贷：库存现金

经查明原因，追回短款时，编制会计分录为

借：库存现金
　　贷：其他应收款——出纳短款

若短款确认无法收回，而其原因又属技术性短款时，按规定的手续报损，做银行损失处理。编制会计分录为

借：营业外支出
　　贷：其他应收款——出纳短款

如果该短款属监守自盗，侵吞公款，按贪污论处，并追回全部赃款。编制会计分录为

借：库存现金
　　贷：其他应收款——出纳短款

五、库房管理

出纳库房是保管现金、金银及有价证券等贵重物品的重要场所。为保证库款的安全，

各级银行必须做好金库管理工作。

(1)各级行处应设置出纳专用库房,并配备责任心强的人员负责库房管理工作。库房要力求坚固,具有通风、防火、防潮等安全设施。

(2)实行双人管库同负责制。管库员要明确责任,出入库时必须同时进出;出入库的款项要互相复核,防止差错。

(3)严格出入库制度。所有现金都必须入库保管,入库的现金必须有账记载,出入库须按规定的手续和凭证办理,做到账款、账实相符。

(4)业务库款和发行库款必须分别列账,分别保管,严格划分,不能混淆。

(5)现金库房须设双锁,钥匙和密码必须分人掌管。

(6)建立定期和不定期的查库制度。查库既包括查对库存实物,也包括检查库房管理制度的贯彻执行情况。

六、系统内调拨资金的核算

(一)调出款的核算

调出行管库员收到现金调拨函时,应确定调出现金的数额和类别,由库管员根据现金调拨函按币种填制"现金出库单"和"现金调拨单",经库房负责人审核盖章或签字后,办理出库手续。待运钞车押运员和送款人到齐后,办理交接手续。编制会计分录为

借:存放同业
　　贷:库存现金

经押运员签章后,出纳员登记"现金付出日记簿",将送款单的第一、第二联随同联行的报单交送款员办理出库,送交收款银行。

(二)调入款的核算

调入行管库员接到调出行送来的联行报单、现金调拨单和现金,经查点无误后,据以登记"现金收入日记簿",填制"入库券别明细表",并在调拨单回单联上加盖"现金收讫"公章及负责人名章,交送款员带回,留下的单据会计部门据以编制现金收入传票入账。编制会计分录为:

借:库存现金
　　贷:同业存放

第三节　票据结算业务的核算

根据我国《票据法》的规定,在我国,票据一般包括汇票、本票和支票。

一、支票的核算

(一)支票的概念

支票是指出票人签发的,委托办理支票存款业务的银行或者其他金融机构在见票时无条件支付确定的金额给收款人或者持票人的票据。2007年,全国支票影像交换系统建成运行后,支票成为全国通用的支付结算工具。

我国《票据法》规定,按照支票付款方式不同,可将支票分为现金支票、转账支票和普通支票。票面上印有"现金"字样的为现金支票,现金支票只能用于支取现金;票面上印有"转账"字样的为转账支票,转账支票只能用于转账;票面上未印有"现金"或"转账"字样的为普通支票,普通支票可以用于支取现金,也可以用于转账;在普通支票左上角划两条平行线的,为划线支票,划线支票只能用于转账,不得支取现金。但值得注意的是,目前在我国实践中一般只有现金支票和转账支票,没有普通支票。

(二)支票结算的有关规定

(1)支票的出票人,是在经中国人民银行当地分支行批准办理支票业务的银行机构开立使用支票的存款账户的单位和个人。

(2)签发支票必须载明下列事项:表明"支票"的字样;无条件支付的委托;确定的金额;付款人名称;出票日期;出票人签章。支票上未记载上述事项之一的,支票无效。

(3)支票一律记名;现金支票不得背书转让;转账支票可背书转让,但出票人在票据正面记载"不得转让"字样的,票据不得转让。

(4)支票的金额、收款人名称,可以由出票人授权补记。未补记前不得背书转让和提示付款。

(5)支票金额无起点限制,提示付款期为 10 天,自出票之日算起,到期日遇休假日顺延。超过提示付款期限的支票,持票人开户行不予受理,付款人不予付款。

(6)出票人不得签发空头或印章与预留银行印鉴不符的支票。否则,银行应予退票,并处以按票面金额5%但不低于1 000 元的罚款;持票人有权要求出票人赔偿支票金额2%的赔偿金。对屡次签发空头或印章与预留银行印鉴不符的支票的,银行应停止其签发支票。

(7)签发支票应使用碳素墨水或墨汁填写,大小写金额、日期和收款人不能更改,否则支票无效,对于票据上记载的其他事项,原记载人可以更改,但必须签章证明。

(8)持票人可以委托开户银行收款或直接向付款人提示付款。用于支取现金的支票仅限于收款人向付款人提示付款。持票人委托开户银行收款时,应作委托收款背书,银行应通过票据交换系统收妥后入账。

(9)支票可以挂失止付,但失票人到付款行请求挂失时,应当提交挂失止付通知书。

(三)转账支票的会计核算

1. 出票人、持票人在同一行开户的核算

转账支票签发后,一般由持票人(或收款人,下同)在提示付款期内连同两联进账单一并提交银行,但有时也可以由出票人将自己签发的支票和三联进账单直接送交银行。银行收到单位提交的支票和进账单要认真审查以下内容:支票是否真实,出票人是否在本行开户;支票上收付款人名称与进账单上的收付款人名称是否一致;支票和进账单金额是否相符,大小写金额是否一致;支票是否在提示付款期内;印鉴与预留印鉴是否相符;签发人账户是否有足够资金支付;背书转让的支票是否属规定的范围,背书是否连续;持票人是否在支票背面作委托收款背书。审核无误后,银行以支票作借方传票,第二联进账单作贷方传票。编制会计分录为

借:吸收存款——××存款——××户(出票人户)
　　贷:吸收存款——××存款——××户(持票人户)

转账支票和进账单第二联的格式分别见表7.1和7.2。

表7.1 转账支票

××银行转账支票存根	××银行 转账支票
支票号码 科　　目＿＿＿＿ 对方科目 出票日期　年　月 　　　　　　　　日 收款人 金额 用途 单位主管　　　会计	地　　支票号码： 名 出票日期(大写)　年　月　日　付款行名称： 　　　　　　　　　　　　　出票人账号： 人民币 (大写) ｜千｜百｜十｜万｜千｜百｜十｜元｜角｜分｜ 用途＿＿＿＿＿＿　　科目(借)＿＿＿＿ 上列款项请从　　　　对方科目(贷)＿＿＿＿ 我账户内支付　　　　转账日期　年　月　日 出票人签章　　　　　复核　　　记账 - (使用清分机构,此区域打印磁性字码)

8 cm×22.5 cm,正联17 cm(底纹按行别分色,大写金额栏加红水纹)

表7.2 进账单(贷方凭证)

年　月　日　　　　　　　　　　　　　　第　号

出票人	全称		持票人	全称		此联由持票人开户银行作贷方凭证
	账号			账号		
	开户银行			开户银行		
金额	人民币 (大写)			千｜百｜十｜万｜千｜百｜十｜元｜角｜分		
票据种类			科目(贷)			
票据张数			对方科目(借)			
备注：			转账日期　年　月　日			
			复核　　　记账			

转账后,持票人送交支票的,第一联进账单加盖转讫章作收账通知交给持票人;出票人送交支票的,第一联进账单加盖转讫章作回单交给出票人,第三联进账单加盖转讫章作收账通知交给收款人。

2.出票人、持票人不在同一个行开户的核算

(1)持票人开户行受理持票人送交支票的核算。持票人开户行收到持票人送交的支票和第二联进账单时,应按规定认真审核,无误后,在第二联进账单上按票据交换场次加盖"收妥后入账"的戳记,将第一联加盖转讫章交给持票人。支票按照票据交换的规定及时提出交换。以第二联进账单作贷方传票,编制会计分录为

借：存放中央银行款项——准备金存款（或存放同业）
　　贷：其他应付款

待退票时间过后，以第二联进账单作贷方凭证，办理转账手续。编制会计分录为

借：其他应付款
　　贷：吸收存款——××存款——××户（持票人户）

实务中，部分票据交换及退票手续往往当天全部完成，可简化核算，两步合在一起。编制会计分录为

借：存放中央银行款项——准备金存款（或存放同业）
　　贷：吸收存款——××存款——××户（持票人户）

后文采用这种简化处理方式。

出票人开户行收到票据交换提入的支票，经审核无误后不予退票的，以支票作借方传票。编制会计分录为

借：吸收存款——××存款——××户（出票人户）
　　贷：存放中央银行款项——准备金存款（或存放同业）

(2)出票人开户行受理出票人送交支票的核算。出票人开户行收到出票人交来的支票和三联进账单时，应按规定认真审核，无误后，以支票作借方传票。编制会计分录为

借：吸收存款——××存款——××户（出票人户）
　　贷：存放中央银行款项——准备金存款（或存放同业）

转账后，将第一联进账单加盖转讫章作回单交给出票人，第二、第三联进账单及时提出交换。收款人开户行收到交换提入的两联进账单，经审核无误，第二联进账单加盖转讫章作贷方传票。编制会计分录为

借：存放中央银行款项——准备金存款（或存放同业）
　　贷：吸收存款——××存款——××户（收款人户）

转账后，第三联进账单加盖转讫章作收账通知交给收款人。

3.支票退票的处理

(1)出票人开户行退票的处理。若出票人开户行收到交换提入的支票，经审查发现问题需退票的，应填制"退票理由书"，并在约定时间通知持票人开户行，通过"其他应收款"科目先办理转账。编制会计分录为

借：其他应收款
　　贷：存放中央银行款项——准备金存款（或存放同业）

待下场票据交换时，将支票及退票理由书交换退还持票人开户行，并销记"其他应收款"科目。编制会计分录为

借：存放中央银行款项——准备金存款（或存放同业）
　　贷：其他应收款

如系空头支票、签章与预留签章不符的支票、支付密码不符的支票，除填制"退票理由书"外，银行还应按规定收取罚金。编制会计分录为

借：吸收存款——单位或个人活期存款——××户（出票人户）
　　贷：营业外收入——罚款收入

(2)持票人开户行退票的处理。若持票人或出票人提交的支票有欠缺记载事项或其他

不符合规定的事项,应填制"退票理由书"办理退票。持票人开户行若收到付款人退票通知但当天没有交换退票的,应直过"其他应付款"科目先办理转账。编制会计分录为

借:存放中央银行款项——准备金存款(或存放同业)
　　贷:其他应付款

等下场交换收到出票人开户行退回支票等凭证时,再冲销"其他应付款"科目。编制会计分录为

借:其他应付款
　　贷:存放中央银行款项——准备金存款(或存放同业)

(四)现金支票的核算

出票人开户行受理收款人持现金支票支取现金时,除按转账支票要求审查外,还应审查以下内容:收款人是否在支票背面"收款人签章"处签章,其签章是否与收款人名称一致;是否符合国家现金管理的规定;收款人为个人的,还应审查其有效身份证件,是否在支票背面"收款人签章"处注明有效身份证件名称、号码及发证机关;出票人的签章是否符合规定,是否与预留银行签章相符。

审查无误后,发给对号牌或对号单,交收款人凭以取款。经办行登记"现金收付清单",并以支票作借方记账凭证。编制会计分录为

借:吸收存款——单位或个人活期存款——××户(出票人户)
　　贷:库存现金

二、银行本票的核算

(一)银行本票的概念

银行本票是指由银行签发的,承诺自己在见票时无条件支付确定的金额给收款人或持票人的票据。银行本票分为定额本票和不定额本票。定额本票面额为 1 000 元、5000 元、10 000 元和 50 000 元,由中央银行发行,委托各商业银行代办签发和兑付;不定额本票用总行规定统一制作的压数机压印出票面金额,由经办银行签发和兑付。

(二)银行本票结算的有关规定

(1)单位和个人在同一票据交换区域需要支付各种款项,均可使用银行本票。

(2)银行本票可用于转账,注明"现金"字样的银行本票可用于支取现金。

(3)银行本票的出票人,为经中国人民银行当地分支行批准办理银行本票业务的银行机构。

(4)银行本票必须记载下列事项:表明"本票"的字样;无条件支付的承诺;确定的金额;收款人的名称;出票日期;出票人签章。本票上未记载上述事项之一的,银行本票无效。

(5)银行本票的提示付款期自出票日起最长不超过 2 个月。持票人超过提示付款期限提示付款的,代理付款人不予受理。

(6)申请人使用银行本票,应向银行填写"银行本票申请书",填明收款人名称、申请人名称、支付金额、申请日期等事项并签章。申请人和收款人均为个人需要支取现金的,应在"支付金额"栏先填写"现金"字样,后填写支付金额;申请人或收款人为单位的,不得申请签发现金银行本票。

(7)出票银行受理银行本票申请书,收妥款项签发银行本票。用于转账的,在银行本票上划去"现金"字样;申请人和收款人均为个人需要支取现金的,在银行本票上划去"转账"字样,不定额银行本票用压数机压印出票金额。出票银行在银行本票上签章后交给申请人。

(8)银行本票见票即付,但注明"现金"字样的银行本票持票人只能到出票银行支取现金,注明"转账"字样银行本票可以背书转让。

(9)银行本票丧失,失票人可以凭人民法院出具的证明其享有票据权利证明,向出票人请求付款或退款。

(三)银行本票的会计核算手续

1.银行本票的签发

申请人办理银行本票,应向银行填写一式三联"银行本票申请书",第一联申请人留作存根,第二、第三联送交银行。申请人和收款人均为个人并需要支取现金的,应注明"现金"字样。申请人和收款人为单位的,不能申请签发现金银行本票。交现金办理本票的,第二联本票申请书注销。银行审核无误后,以第二联作借方传票,第三联作贷方传票。编制会计分录为

借:吸收存款——××存款——××户(申请人户)
　　贷:存入保证金——定额本票(或不定额本票)户——××户

申请人交现金办理的,第二联注销,第三联作贷方传票。编制会计分录为

借:库存现金
　　贷:存入保证金——定额本票(或不定额本票)户——××户

银行办妥转账或收妥现金后,签发银行本票。本票的签发日期要大写,用于转账兑付的本票须在本票上划去"现金"两字,按照规定可以支取现金的则划去"转账"两字,未划去的一律按转账处理。不定额本票一式两联,第一联为卡片,第二联为本票,定额本票分为存根联和正联。填写的银行本票经复核无误后,在不定额本票第二联或定额本票正联上加盖本票专用章交给申请人。第一联卡片或存根联盖章后留存,用专夹保管。不定额本票第二联格式见表7.3,定额本票格式见表7.4。

表7.3　不定额本票

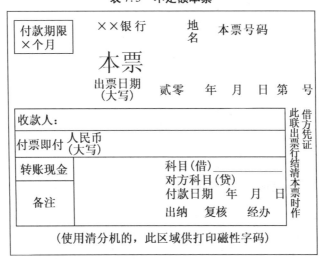

表7.4　定额本票

| ××银行本票存根　　　　　　　　　　　　　付款期限　××银行　地名　本票号码
本票号码：LX V00000000　　　　　　　　　　×个月
地名：　　　　　　　　　　　　　　　　　　　　　　　　本　　票
收款人：　　　　　　　　　　　　　　　　收款人：　出票日期　　年　月　日
金额：壹万圆整　　　　　　　　　　　　　　　　　　　　（大写）
用途：　　　　　　　　　　　　　　　　　付票即付人民币　壹万圆整
科目（借）　　　　　　　　　　　　　　　
对方科目（贷）　　　　　　　　　　　　　转账　　　现金　　￥10 000
发票日期：　年　月　日
出纳　　复核　　经办　　　　　　　　　　　　　　　　　　　出票行签章 |

2. 银行本票的兑付

（1）兑付他行签发的本票。代理付款行收到在本行开立账户持票人直接交来的本票的两联进账单时，应认真审核以下内容：本票是否为统一规定印制的凭证，本票是否真实；是否超过提示付款期限；本票填明的持票人是否在本行开户，持票人名称是否是该持票人，与进账单的名称是否相符；出票行的签章是否符合规定，加盖的本票专用章是否与印模相符；不定额本票是否有统一制作的压数机压印金额，与大写的出票金额是否一致；本票必须记载的事项是否齐全，出票日期、金额、收款人名称是否更改，其他记载事项的更改是否由原记载人签章证明；持票人是否在本票背面"持票人向银行提示付款签章"处签章；背书转让的本票是否按规定的范围转让，其背书是否连续，签章是否符合规定，背书使用的粘单是否按规定在粘接处签章。审核无误后，以第二联进账单作贷方传票。

编制会计分录为

借：存放中央银行款项——准备金存款（或存放同业）

　　贷：吸收存款——××存款——××户（持票人户）

转账后，第一联进账单加盖转讫章作收账通知交给持票人，本票加盖转讫章后，通过票据交换向出票行提出交换。

（2）兑付本行签发的本票。银行收到收款人送交的本行签发的本票和进账单，抽出专夹保管的本票卡片或存根联，核对无误后，以本票作借方传票，本票卡片或存根联作附件。

编制会计分录为

借：存入保证金——定额本票（或不定额本票）户——××户

　　贷：吸收存款——××存款——××户（收款人户）

如果收到的是注明"现金"字样的本票，审核无误后，办理付款手续，编制会计分录为

借：存入保证金——定额本票（或不定额本票）户——××户

　　贷：库存现金

3. 银行本票的结清

出票行收到同城票据交换提入的本票时，抽出专夹保管的本票卡片或存根联，审核无

误后,以本票作借方传票,本票卡片或存根联作附件,编制会计分录为

借:存入保证金——定额本票(或不定额本票)户——××户
　　贷:存放中央银行款项——准备金存款(或存放同业)

由出票行直接受理本行签发的本票,在兑付本票时已结清,不必通过票据交换,具体会计处理方法同兑付本行签发的支票。

三、银行汇票的核算

(一)银行汇票的概念

银行汇票是指出票银行签发的,由其在见票时按照实际结算金额无条件支付给收款人或持票人的票据。它是目前使用最为普遍的结算工具。一般适用于单位和个人需要在异地支付或同一地区的各种款项的结算。

(二)银行汇票结算的有关规定

(1)单位和个人各种款项结算,均可使用银行汇票。银行汇票可以用于转账,填明"现金"字样的银行汇票也可以支取现金。

(2)银行汇票的出票和付款,只限于中国人民银行和各商业银行参加"全国联行往来"的银行机构办理。

(3)申请人使用银行汇票,应向出票银行填写"银行汇票申请书",填明收款人名称、汇票金额、申请人名称、申请日期等事项并签章,签章为其预留银行的签章。

(4)签发银行汇票必须记载下列事项:表明"银行汇票"的字样;无条件支付的承诺;出票的金额;付款人名称;收款人名称;出票日期;出票人签章。欠缺其中一项的,银行汇票无效。

(5)银行汇票一律记名,允许背书转让。

(6)银行汇票的提示付款期限自出票日起1个月。持票人超过付款期限提示付款的,代理付款人不予受理。

(7)持票人向银行提示付款时,必须同时提交银行汇票和解讫通知,缺少任何一联,银行不予受理。

(8)银行汇票丧失,失票人可以凭人民法院出具的、证明其享有票据权利的证明,向出票银行请求付款或退款。

(9)银行汇票的背书转让以不超过出票金额的实际结算金额为准,未填写实际结算金额或实际结算金额超过出票金额的银行汇票不得背书转让。

(三)银行汇票的会计处理

银行汇票的处理过程包括签发、兑付和结清三个阶段。

1.银行汇票的签发

申请人办理银行汇票,应向银行填写"银行汇票申请书",详细填明申请书内所列各项内容。申请人和收款人都是个人,而且收款人需要在代理付款行支取现金,可以签发现金汇票,并注明所要支付的代理付款行具体的行名、地址。申请人或收款人为单位的,不得申请签发现金汇票。银行汇票申请书一式三联,第一联申请人留作存根,第二、第三联提交银行,其格式见表7.5。

表7.5　××银行汇票申请书(借方凭证)　2　第　号

申请人		收款人										
账号或住址		账号或住址										
用途		代理付款行										
汇票金额	人民币（大写）			千	百	十	万	千	百	十	元	角	分
上列款项请从或账户内支付		科目(借)										
		对方科目(贷)										
		转账日期　年　月　日										
申请人盖章		复核　　　　　记账										

申请日期　年　月　日

此联出票行作借方凭证

银行审核无误后,以第二联作借方传票,第三联作贷方传票,编制会计分录为

　　借:吸收存款——单位或个人活期存款——××户(申请人户)

　　　贷:存入保证金——银行汇票款——××户(申请人户)

　　申请人交现金办理的,第二联申请书注销,编制会计分录为

　　借:库存现金

　　　贷:存入保证金——银行汇票款——××户(申请人户)

银行办妥转账或收妥现金,签发银行汇票一式四联。第一联卡片,第二联汇票联,第三联解讫通知,第四联多余款收账通知。填写的汇票经复核无误后,在第二联上加盖汇票专用章并由授权的经办人签名或盖章;在实际结算金额栏的小写金额上端用总行统一制作的压数机压印出票金额,然后连同第三联一并交给申请人。第一联上加盖经办复核名章,在逐笔登记汇出汇款账并注明汇票号码后,连同第四联一并专夹保管。银行汇票的格式见表7.6。

表7.6　××银行汇票

付款期限　壹个月　　　　　　　　　　　　　　　　汇票号码　第　号

出票日期　年　月　日（大写）　　代理付款行:　　　行号:

收款人:		账号:										
出票金额　人民币（大写）												
实际结算金额人　人民币（大写）			千	百	十	万	千	百	十	元	角	分

申请人:_____　　账号或住址:_____
出票人:_____
行　号:_____
备　注:_____
凭票付款
出票行签章

多余金额	千	百	十	万	千	百	十	元	角	分
科目(借)										
对方科目(贷)										
兑付日期　年　月　日										
复核　　　记账										

此联代理付款行付款后作联行往账借方凭证附件

申请人收到已签妥的第二联汇票和第三联解讫通知,在付款期内应带往兑付地,也可直接交收款人办理结算,也可以背书转让给被背书人。收款人或被背书人对汇票内容审查无误后,在提示付款期内收款,并在汇款金额内根据实际交易额办理结算,汇票和解讫通知上填写实际结算金额和多余金额(没有多余金额的填写"-0-"),然后按实际结算金额填制两联进账单,并在汇票背面"持票人向银行提示付款签章"处签章,一并提交开户行办理开户手续。个人收款的现金汇票,亦应在汇票背面"持票人向银行提交付款签章"处盖章或签字,并批注身份证件或证明,填制两联进账单,一并提交代理付款行。

2. 银行汇票的兑付

(1)持票人在代理付款行开户的处理。代理付款行收到在本行开户的持票人送交的汇票、解讫通知和进账单要认真审核,查看汇票的持票人与进账单的名称是否一致;汇票上加盖的印章是否真实;大小写金额是否一致,压数机压印的金额是否符合有关规定要求;是否在提示付款期内提款;内容是否完整;持票人是否在汇票背面加盖预留印鉴,背书转让的汇票其背书是否连续等。审核无误后,以汇票作借方传票,第二联进账单作贷方传票。编制会计分录为

借:清算资金往来
　　贷:吸收存款——单位或个人活期存款——××户(持票人户)

转账后,在解讫通知上加盖转讫章随联行借方报单寄出票行。

(2)持票人未在代理付款行开户的处理。代理付款行收到未在本行开户的持票人提交的汇票、解讫通知和进账单,应先查验持票人及其身份证件,是否在持票人向银行提示付款签章处签章且真实,并要求提交持票人身份证件复印件留存备查。审核无误后,以持票人姓名开立应解汇票临时存款账户,办理转账,编制会计分录为

借:清算资金往来
　　贷:其他应付款——××户(持票人户)

原持票人需支取现金的,代理付款行经审查汇票上填写的申请人和收款人确为个人并按规定填明"现金"字样,以及填写的代理付款行名称确为本行的,可办理现金支付手续;未填明"现金"字样,需要支取现金的,由代理付款行按照现金管理规定审查支付,另填制一联现金借方凭证。编制会计分录为

借:其他应付款——××户(持票人户)
　　贷:库存现金

原持票人需要一次或分次转账支付的,应由其填制支款凭证,并交验本人身份证件。编制会计分录为

借:其他应付款——××户(持票人户)
　　贷:吸收存款——单位或个人活期存款——××户(或存放中央银行款项,或清算资金往来)

其他应付款账户只付不收,付完清户,不计付利息。不直接从联行账户支付,而通过过渡账户"其他应付款"支付,主要是便于日后通过明细分类账快捷查找。转入其他应付款后,如需转账支取款项的,由原持票人填制支款凭证交验身份证。该账户款项只能转入单位或个体工商户的存款户,不能转入储蓄和信用卡账户。编制会计分录为

借:其他应付款——原持票人户
　　贷:××科目——××户

3. 银行汇票的结清

出票行收到代理付款行寄来的联行借方报单以及解讫通知时,抽出原专夹保管的汇票

卡片,经核对无误后,可分别情况处理:

(1)汇票全额付款的,应在汇票卡片的实际结算金额栏填入全部金额,在多余款收账通知的多余金额栏填写"-0-",以汇票卡片作借方传票,解讫通知和多余款收账通知作借方传票附件,办理销账。编制会计分录为

借:存入保证金——银行汇票款——×××户(申请人户)
　　贷:清算资金往来

(2)汇票有多余款的,应在汇票卡片和多余款收账通知上填写实际结算金额,结出多余金额,以汇票卡片作借方传票,同时销记汇出汇款账,在多余款收账通知上,加盖转讫章,通知申请人。编制会计分录为

借:存入保证金——银行汇票款——×××户(申请人户)
　　贷:清算资金往来
　　　　吸收存款——单位或个人活期存款——×××户(申请人户)

(3)如果申请人未在出票行开立账户的,多余金额先转入"其他应付款"科目。编制会计分录为

借:存入保证金——银行汇票款——×××户(申请人户)
　　贷:清算资金往来
　　　　其他应付款——×××户(申请人户)

同时销记汇出汇款账,并通知原申请人持申请书存根联及本人身份证件来行办理取款手续。领取时,以多余款收账通知作其他应付款借方传票。编制会计分录为

借:其他应付款——×××户(申请人户)
　　贷:库存现金

四、商业汇票的核算

(一)商业汇票的概念

商业汇票是出票人签发的,委托付款人在指定日期无条件支付确定的金额给收款人或持票人的票据。商业汇票的付款人为承兑人。按承兑人的不同,商业汇票分为商业承兑汇票和银行承兑汇票。前者由银行以外的付款人承兑,后者由银行承兑。

(二)商业汇票的有关规定

(1)在银行开立存款账户的法人以及其他组织之间,必须具有真实的交易关系或债权债务关系,才能使用商业汇票。

(2)商业承兑汇票的出票人,为在银行开立存款账户的法人以及其他组织,与付款人具有真实的委托付款关系,具有支付汇票金额的可靠资金来源。

(3)签发商业汇票必须记载下列事项:表明"商业承兑汇票"或"银行承兑汇票"的字样;无条件支付的委托;确定的金额;付款人名称;收款人名称;出票日期;出票人签章。欠缺记载上述事项之一的,商业汇票无效。

(4)商业承兑汇票可以由付款人签发并承兑,也可以由收款人签发交由付款人承兑;银行承兑汇票应由在承兑银行开立存款账户的存款人签发。

(5)商业汇票的提示付款期限,自汇票到期日起10日。持票人超过提示付款期限提示付款的,持票人开户银行不予受理。

(6)商业承兑汇票的付款人开户银行收到通过委托收款寄来的商业承兑汇票,将商业

承兑汇票留存,并及时通知付款人,付款人收到开户银行的付款通知,应在当日通知银行付款。付款人在接到通知日的次日起 3 日内(遇法定休假日顺延)未通知银行付款的,视同付款人承诺付款,银行应于付款人接到通知日的次日起第 4 日(法定休假日顺延)上午开始营业时,将票款划给持票人。付款人若提前收到由其承兑的商业汇票,并同意付款的,银行应于汇票到期日将票款划给持票人。

(7)商业汇票的付款期限,最长不超过 6 个月。

(8)银行承兑汇票承兑行承兑时,应按票面金额向出票人收取5‰的手续费。

(9)银行承兑汇票的出票人于汇票到期日未能足额交存票款时,承兑银行除凭票向持票人无条件付款外,对出票人尚未支付的汇票金额每天按照逾期贷款规定利率计收利息。

(10)商业汇票允许背书转让,持票人也可以在汇票到期前向银行申请贴现。

(三)商业承兑汇票的会计核算手续

1.持票人开户行受理汇票的处理

商业承兑汇票一式三联,第一联卡片,由承兑人留存;第二联汇票,由持票人保管;第三联存根,由出票人存查。其格式见表7.7。

表7.7 商业承兑汇票

出票日期(大写)			年 月 日		2	汇票号码 第 号	
付款人	全称			收款人	全称		此联持票人开户行随委托款凭证寄付款人
	账号				账号		
	开户银行		行号		开户银行	行号	
出票金额	人民币(大写)			千百十万千百十元角分			
汇票到期日				交易合同号码			
本汇票已经承兑,到期无条件支付票款 承兑人签章 承兑日期 年 月 日				本汇票请予以承兑于到期日付款 出票人签章			

商业承兑汇票按交易双方约定签发,并由付款人承兑后交给收款人,收款人(持票人)对到期的汇票,应在提示付款期内通过开户行委托收款或直接向付款人提示付款。对异地委托收款的,持票人可匡算邮程。提前通过开户行办理委托收款。委托时,应填制委托收款凭证,并在"委托收款凭据名称"栏注明"商业承兑汇票"及汇票号码,连同汇票一并送交开户行。审核无误后,在委托收款凭证各联加盖"商业承兑汇票"戳记。第一联委托收款凭证加盖业务公章作回单给持票人;第二联银行留存保管;将其他有关联连同商业承兑汇票邮寄付款人开户行。

2.付款人开户行收到汇票的处理

付款人开户行收到收款人开户行寄来的委托收款凭证及汇票时,经审查有关内容确认付款人在本行开户的,承兑人在汇票上签章与预留银行印鉴相符的,按委托收款的有关规定通知付款人付款。

(1)全额付款时,若付款人在接到开户银行的付款通知次日起3日内没有任何异议,并且其银行账户内有足够票款支付的,开户银行应于第4日上午营业开始时划款,以第三联委托收款凭证作借方凭证,汇票加盖转讫章作附件,第四联委托收款凭证寄给收款人开户行。

编制会计分录为

借:吸收存款——单位活期存款——××户(付款人户)

　　贷:清算资金往来(或同业存放)

(2)付款人账户余额不足支付时,填制付款人未付票款通知书,在委托收款凭证备注栏注明"付款人无款支付"字样,连同商业承兑汇票邮寄持票人开户银行转交持票人。

(3)付款人拒绝付款时,在付款人接到通知的次日起3日内,收到付款人的拒绝付款理由书,银行将拒绝付款证明和商业承兑汇票邮寄持票人开户银行转交持票人。

3.持票人开户行收到划回票款或退回凭证的处理

(1)款项全额划回时,持票人开户行按照委托收款款项划回手续处理。编制会计分录为

借:清算资金往来(或存放同业)

　　贷:吸收存款——单位活期存款——××户(收款人户)

(2)无款支付或拒绝付款时的处理。持票人开户行接到付款人开户行发来的付款人未付票款通知书或拒绝付款理由书和汇票及委托收款凭证,按照委托收款付款人不足支付或拒绝付款退回凭证的手续处理,将委托收款凭证、未付票款通知书或拒绝付款理由书及汇票退持票人,并由持票人签收。

(四)银行承兑汇票的会计核算手续

1.承兑银行办理汇票承兑的处理

银行承兑汇票一式三联,第一联卡片,由承兑行留存备查;第二联汇票联,由收款人持有,待到期时交开户行办理托收;第三联存根,由出票人存查。银行承兑汇票格式见表7.8。

表7.8　银行承兑汇票

出票日期(大写)				年　月　日		2	汇票号码第　号	
全出票人称				收款人	全称			此联持票人开户行随委托款凭证寄付款行
出票人账号					账号			
付款行全称			行号		开户银行		行号	
出票金额	人民币(大写)				千百十万千百十元角分			
汇票到期日		本汇票已经承兑,到期日由本行付款			承兑协议编号			
本汇票请你行承兑,到期无条件付款					科目(借)			
		承兑行签章			对方科目(贷)			
出票人签章年　月　日		承兑日期　年　月　日			转账　年　月　日			
		备注			复核　　　记账			

银行承兑汇票应由在承兑银行开立存款账户的存款人签发,交由银行承兑。承兑银行的信贷部门收到出票人或持票人向其申请或提示承兑的商业汇票时,应按照有关规定和审批程序,对出票人的资格、资信、购销合同和汇票记载的内容进行认真审查,必要时可由出票人提供担保。无误后,与出票人签订银行承兑协议。协议一联留存,另一联及其副本连同第一、第二联汇票一并交本行会计部门。会计部门收到汇票和承兑协议后,经审查无误,在第一、第二联汇票上注明承兑协议编号,并在第二联汇票上加盖汇票专用章和授权经办人名章。由出票人申请承兑的,将第二联汇票连同一联承兑协议交给出票人;由持票人提示承兑的,将第二联汇票交给持票人,一联承兑协议交给出票人。同时,按规定向出票人收取票面金额5‰的手续费。根据第一联汇票卡片填制银行承兑汇票表外科目收入凭证,登记表外科目登记簿,并将第一联汇票卡片和承兑协议副本专夹保管。编制会计分录为

借:吸收存款——单位活期存款——××户(申请人户)
　　贷:手续费及佣金收入——结算手续费收入
同时登记表外科目:
收入:银行承兑汇票
承兑汇票对银行承兑汇票登记簿的余额要经常与保存的第一联汇票卡片核对,以保证余额相符。

2.持票人开户行受理汇票的处理

持票人凭汇票委托开户行向承兑银行收取票款时,应填制邮划或电划委托收款凭证,在"委托收款凭据名称"栏注明"银行承兑汇票"及其汇票号码,连同汇票一并送交开户行。银行审查无误后,在各联凭证上加盖"银行承兑汇票"戳记。第一联委托收款凭证上加盖业务公章作回单给持票人;第二联登记"发出委托收款结算凭证登记簿"后,专夹保管;第三联加盖结算专用章,连同第四、第五联委托收款凭证和汇票邮寄承兑银行。

3.承兑银行对汇票到期收取票款的处理

承兑银行应每天查看汇票的到期情况,对到期的汇票,应于到期日向出票人收取票款。填制两联特种转账借方凭证,一联特种转账贷方凭证。编制会计分录为

借:吸收存款——单位活期存款——××户(出票人户)
　　贷:存入保证金——××户(出票人户)
一联特种转账贷方凭证加盖转讫章作支款通知交出票人。如果出票人账户无款支付或不足支付时,应将不足部分转入该出票人的逾期贷款户,每天按5‰计收利息。出票人账户无款支付的,编制会计分录为

借:贷款——××贷款——出票人户
　　贷:存入保证金——××户(出票人户)
出票人账户不足支付的,编制会计分录为

借:吸收存款——单位活期存款——××户(出票人户)
　　贷款——××贷款——出票人户
　　贷:存入保证金——××户(出票人户)

4.承兑银行支付票款的处理

承兑银行收到持票人开户行寄来的委托收款凭证及汇票,抽出专夹保管的汇票卡片和承兑协议副本,核对无误后,应于汇票到期日或到期日之后的见票当日,按照委托收款付款

的手续处理。编制会计分录为

借:存入保证金——××户(出票人户)
　　贷:清算资金往来(或存放中央银行款项,或同业存放,或吸收存款)

另填制银行承兑汇票表外科目付出凭证,销记表外科目登记簿:

付出:银行承兑汇票

5. 持票人开户行收到汇票款项的处理

持票人开户行收到承兑银行寄来的联行报单和委托收款凭证或拍来的电报,按照委托收款的款项划回手续处理。应编制会计分录为

借:清算资金往来(或存放中央银行款项,或存放同业)
　　贷:吸收存款——单位活期存款——××户(持票人户)

第四节　非票据结算业务的核算

一、汇兑结算的核算

(一)汇兑的概念

汇兑是指汇款人委托银行将其款项支付给收款人的结算方式。单位和个人各种款项的结算,均可使用汇兑结算方式。汇兑分为信汇和电汇两种,由汇款人选择使用。

(二)汇兑结算的有关规定

(1)签发汇兑凭证必须记载下列事项:表明"信汇"或"电汇"的字样;无条件支付的委托;确定的金额;收款人名称;汇款人名称;汇入地点、汇入行名称;汇出地点、汇出行名称;委托日期;汇款人签章。汇兑凭证上欠缺上述记载事项之一的,银行不予受理。

(2)汇款人和收款人均为个人,需要在汇入银行支取现金的,应在信汇、电汇凭证的"汇款金额"大写栏,先填写"现金"字样,后填写汇款金额。

(3)汇兑凭证上记载收款人为个人的,收款人需要到汇入银行领取汇款,汇款人应在汇兑凭证上注明"留行待取"字样;留行待取的汇款,需要指定单位的收款人领取汇款的,应注明收款人的单位名称;信汇凭收款人签章支取的,应在信汇凭证上预留其签章。另外,汇款人确定不得转汇的,应在汇兑凭证备注栏注明"不得转汇"字样。

(4)未在银行开立存款账户的收款人,凭信汇、电汇的取款通知或"留行待取"的,向汇入银行支取款项,必须交验本人的身份证件,在信汇、电汇凭证上注明证件名称、号码及发证机关,并在"收款人签盖章"处签章;信汇凭签章支取的,收款人的签章必须与预留信汇凭证上的签章相符。银行审查无误后,以收款人的姓名开立应解汇款及临时存款账户,该账户只付不收,付完清户,不计付利息。

(5)汇款人对汇出行尚未汇出的款可以申请撤销,对已经汇出的款项可以申请退汇。但转汇银行不得受理汇款人或汇出银行对汇款的撤销或退汇。

(6)汇入银行对于收款人接受的汇款,应立即办理退汇。汇入银行对于向收款人发出取款通知,2个月无法支付的汇款,应主动办理退汇。

(三)信汇的会计核算手续

信汇是指汇款人委托银行以邮寄凭证的方式将款项汇给外地收款人的一种汇款方式。

1. 汇出行的处理

汇款人办理信汇时,应向银行填制一式四联"信汇凭证"。信汇凭证第一联为回单,第二联为借方凭证,第三联为贷方凭证,第四联为收账通知或代取款收据。信汇凭证格式见表 7.9。

表 7.9　××银行信汇凭证(借方凭证)

委托日期　　年　　月　　日　　　　　　　　　　　　　　第　　号

出票人	全称				持票人	全称				此联汇出行作借方凭证
	账号或住址					账号或住址				
	汇出地点	省	市县	汇出行名称		汇出地点	省	市县	汇出行名称	
人民币 (大写)					千 百 十 万 千 百 十 元 角 分					
汇款用途: 此汇款支付给收款人。					科目(贷) 对方科目(借) 汇出行汇出日期　年　月　日					
汇款人签章					复核　　　　记账					

汇款人派人到汇入行领取汇款,应在信汇凭证上注明"留行待取"字样;留行待取的汇款,需要指定单位的收款人领取汇款的,应注明收款人的单位名称;信汇凭签章支取的,应在第四联凭证上加盖预留的收款人签章。

汇出行受理信汇凭证时,应认真审查以下内容:信汇凭证必须记载的各项内容是否齐全、正确;汇款人账户内是否有足够支付的余额;汇款人的签章是否与预留银行签章相符。对填明"现金"字样的信汇凭证,还应审查汇款人和收款人是否均为个人。审核无误后,第一联信汇凭证加盖转讫章退给汇款人。以第二联信汇凭证作借方传票,编制会计分录为

借:吸收存款——单位或个人活期存款——××户(汇款人户)

贷:清算资金往来(或存放中央银行款项——准备金存款,或同业存放)

如果是交付现金汇款时,另填制一联特种转账贷方凭证。编制会计分录为

借:库存现金

贷:其他应付款——××户(汇款人户)

同时:

借:其他应付款——××户(汇款人户)

贷:清算资金往来(或存放中央银行存款——准备金存款,或同业存放)

转账或收妥现金后,第三联信汇凭证加盖联行专用章,与第四联随同联行邮划贷方报单寄汇入行。对跨系统银行汇款的,应按照"跨行汇划款项,相互转汇"的办法办理。通过中国人民银行转汇的,比照双设机构地区的手续办理。

2. 汇入行的处理

汇入行收到汇出行或转汇行寄来的有关凭证后,经审核无误,应区别情况进行处理。

(1)收款人在汇入行开立存款账户的,可将汇入款项直接转入收款人账户,以第三联信汇凭证作贷方传票。编制会计分录为

借:清算资金往来(或存放中央银行款项——准备金存款,或存放同业)
　　贷:吸收存款——单位或个人活期存款——××户(收款人户)

第四联信汇凭证加盖转讫章作收账通知交给收款人。

(2)收款人未在汇入行开立存款账户的,以第三联信汇凭证作贷方传票。编制会计分录为

借:清算资金往来(或存放中央银行款项——准备金存款,或存放同业)
　　贷:其他应付款——××户(收款人户)

同时,登记"应解汇款登记簿",在信汇凭证上编列应解汇款顺序号,第四联留存保管,另以便条通知收款人来行办理取款手续。收款人持便条来行办理取款手续时,汇入行抽出留存的第四联信汇凭证,核对无误后办理付款。具体按下列手续办理:

第一,需要支取现金的,另填制一联现金付出传票,第四联信汇凭证作附件。编制会计分录为

借:其他应付款——××户(收款人户)
　　贷:库存现金

第二,需要一次或多次转账支付的,应注解"应解汇款登记簿"中的该笔汇款,并如数转入应解汇款临时存款分户账内(不通过分录,以丁种账页代替),该账户只付不收,付完清户,不计付利息。收款人一次或分次取款时,应填制支款凭证,银行审核无误后,办理付款手续。编制会计分录为

借:其他应付款——××户(收款人户)
　　贷:××科目——××户

该账户的款项只能转入单位或个人的存款账户,严禁转入储蓄和信用卡账户。待最后结清时,将第四联信汇凭证作借方传票附件。

第三,需要转汇时,应重新办理汇款手续,其收款人与汇款用途必须是原汇款的收款人和用途,并在第三联信汇凭证上加盖"转汇"戳记,编制会计分录为

借:其他应付款——××户(收款人户)
　　贷:清算资金往来(或存放中央银行款项——准备金存款)

第三联信汇凭证备注栏注明"不得转汇"字样的,汇入行不予办理转汇。

(四)电汇的会计核算手续

1. 汇出行的处理

汇款人办理电汇时,应向银行填制一式三联"电汇凭证"。第一联回单,第二联借方凭证,第三联发电依据。电汇凭证样式见表7.10。

表 7.10　××银行电汇凭证(借方凭证)

委托日期　年　月　日　　　　　　　　　第　　号

汇款人	全称					收款人	全称					此联汇出行作借方凭证
	账号或住址						账号或住址					
	汇出地点	省市县		汇出行名称			汇入地点	省市县		汇出行名称		
金额	人民币 (大写)				千百十万千百十元角分							
	汇款用途: 此汇款支付给收款人。					科目(贷)						
						对方科目(借)						
						汇出行汇出日期　年　月　日						
	电汇			汇款人签章		复核　　　　　　记账						

银行受理电汇凭证时,比照信汇审查,无误后,第一联电汇凭证加盖转讫章退给汇款人,第二联作借方传票,根据第三联编制联行电划贷方报单,凭此报单向汇入行拍发电报,电子凭证填照"现金"字样的,在电报金额前需加拍"现金"字样,其会计分录和其他处理手续均与信汇相同。

2.汇入行的处理

汇入行收到汇出行或转汇行发来的电报,经审核无误后,编制三联"电划贷方补充报单",第一联作联行来账卡片,第二联作贷方传票,第三联加盖转讫章作为收账通知交给收款人或作借方传票附件,其余各项处理手续,均与信汇相同。

(五)退汇的会计核算手续

1.汇款人要求退汇的处理

(1)汇出行受理退汇的处理手续。汇款人要求退汇时,对收款人在汇入行开立账户的,由汇款人与收款人自行联系退汇;对收款人未在汇入行开立账户的,应由汇款人备函或本人身份证件连同原信、电汇回单交汇出行办理退汇。汇出行审查同意后,应填制一式四联"退汇通知书",在第一联批注"××月××日申请退汇,该款项退回后办理退款手续"字样,交给汇款人,第二、第三联寄交汇入行,第四联与函件和回单一并保管。如果是电报通知退汇,只需填制两联"退汇通知书",第一联经批注后交汇款人,第二联凭以拍发电报通知汇入行后留存保管。

(2)汇入行的处理手续。汇入行接到退汇通知书或通知退汇的电报,如果该汇款已转入"应解汇款"科目,但尚未解付的,应向收款人发出通知,索回便条,并以第二联退汇通知书作借方传票(原第四联信汇凭证作附件)。编制会计分录为

借:其他应付款——××户(收款人户)

　　贷:清算资金往来(或存放中央银行款项——备付金存款户)

第三联退汇通知书随同联行邮划贷方报单寄原汇出行。如电报通知退汇的,应另填制一联特种转账贷方传票,并填制"电划贷主报单",凭以向汇出行拍发电报。

如果该笔汇款已经解付,应把解付情况和日期批注在第二、第三联退汇通知书或通知退汇的电报上,将第二联退汇通知书或电报留存,第三联寄交汇出行或拍发电报通知汇出行。

(3)汇出行收到汇入行相关报单时的处理手续。汇出行接到汇入行寄来的邮划贷方报单及第三联退汇通知书或退汇电报时,应以第二联退汇通知书或第二联电划贷方补充报单作贷方传票。编制会计分录为

借:清算资金往来(或存放中央银行款项——准备金存款,或存放同业)
　　贷:吸收存款——单位或个人活期存款——××户(原汇款人户)

如汇款人未在银行开立账户,应另填制一联现金付出传票。编制会计分录为

借:清算资金往来(或存放中央银行款项——准备金存款,或存放同业)
　　贷:其他应付款——××户(原汇款人户)

同时:

借:其他应付款——××户(原汇款人户)
　　贷:库存现金

在原第二联汇款凭证上注明"此款已于××月××日退汇"字样,以备查考。留存的第四联,通知注明"退汇款汇回已代进账"字样。如盖转讫章后作为收账通知交给原汇款人。

如果接到汇入行寄回的第三联退汇通知书或发来的电报注明汇款业已解付,应在留存的第四联退汇通知书上标注解付情况,通知原汇款人。

2.汇入行主动退汇的处理

由于收款人拒绝接受汇款或超过期限 2 个月仍未领取的汇款,汇入行应主动办理退汇。退汇时应填制一联特种转账借方凭证和两联特种转账贷方凭证。编制会计分录为

借:其他应付款——××户(收款人户)
　　贷:清算资金往来(或存放中央银行款项——准备金存款)

两联特种转账贷方凭证随联行贷方报单寄汇出行。汇出行收到有关凭证后,以一联特种转账贷方凭证作贷方传票,编制会计分录为

借:清算资金往来(或存放中央银行款项——准备金存款)
　　贷:吸收存款——单位或个人活期存款——××户(原汇款人户)

另一联特种转账贷方凭证加盖转讫章作收账通知交给原汇款人。

二、托收承付的核算

(一)托收承付的概念

托收承付也称异地托收承付,是指根据购销合同由收款人发货后委托银行向异地付款人收取款项,由付款人向银行承认付款的结算方式。

使用托收承付结算方式必须具备三个条件:一是使用托收承付结算方式的收款单位和付款单位,必须是国有企业、供销合作社以及经营管理较好,并经开户银行审查同意的城乡集体所有制工业企业。二是办理托收承付结算的款项,必须是商品交易,以及因商品交易而产生的劳务供应的款项。代销、寄销、赊销商品的款项,不得办理托收承付结算。三是收付双方使用托收承付结算必须签有符合《经济合同法》的购销合同,并在合同上注明使用托

收承付结算方式。

(二)托收承付的有关规定

(1)托收承付结算款项的划回方法,分邮寄和电报两种,由收款人选用。

(2)托收承付每笔的金额起点为10 000元,新华书店系统每笔的金额起点为1 000元。

(3)收款人办理托收,必须具有商品确已发运的证件(包括铁路、航运、公路等运输部门签发运单、运单副本和邮局包裹回执)。没有发运证件,根据《支付结算办法》的有关具体规定,可凭其他有关证件办理托收。

(4)签发托收承付凭证必须记载下列事项:表明"托收承付"的字样;确定的金额;付款人名称及账号;收款人名称及账号;付款人开户银行名称;收款人开户银行名称;托收附寄单证张数或册数;合同名称、号码;委托日期;收款人签章。托收承付凭证上欠缺记载上述事项之一的,银行不予受理。

(5)收付双方必须重合同,守信用。收款人对同一付款人发出托收累计3次收不回贷款的,银行应暂停其向该付款人办理托收;付款人累计3次提出无理拒付的,银行应暂停其向外办理托收并处以罚款。

(三)托收承付的会计核算手续

1.托收

托收是收款人根据购销合同发货后委托银行向付款人收取款项的行为。收款人办理托收时,采取邮寄划款的,应填制"邮划托收承付凭证"。邮划托收承付凭证一式五联,第一联回单,第二联贷方凭证,第三联借方凭证,第四联收账通知,第五联承付通知。邮划托收承付凭证格式见表7.11。

表7.11 邮划托收承付凭证(贷方凭证)

委托日期　年　月　日　　　　　　　　　　　　　第　号

付款人	全称		收款人	全称										此联是收款人开户银行作贷方凭证
	账号或住址			账号										
	开户银行			开户银行					行号					
金额	人民币 (大写)				千	百	十	万	千	百	十	元	角	分
附件		商品发运情况		合同名称号码										
附寄单证张数或册数														
备注:		本托收款项随附有关单位等件,请予办理托收。		科目(借) 对方科目(贷) 汇出行汇出日期　年　月　日										
				收款人签章　复核　　记账										

收款人开户银行收到日期　年　月　日

采取电报划款的,应填制"电划托收承付凭证"(格式类同邮划托收承付凭证)。电划托收承付凭证一式五联,第一联回单,第二联贷方凭证,第三联借方凭证,第四联发电依据,第五联承付通知。收款人在第二联托收凭证上签章后,连同有关发运证件和其他单证一并提交开户行。开户行审查无误后,在第一联托收凭证上加盖业务公章退还收款人,表示受理;第二联据以登记"发出托收结算凭证登记簿"后专夹保管;第三、第四、第五联连同有关单证一并寄付款人开户行。

2. 承付

承付是由付款人向银行承付款的行为。付款人开户行收到收款人开户行寄来的有关凭证时,应认真审查,无误后,要在凭证上填写收到日期和承付期,及时通知付款人。其中,验单付款的承付期为3天,从银行对付款人发出承付通知的次日算起(承付期内遇法定休假日顺延),必须邮寄的,应加邮寄时间;验货付款的承付期为10天,从运输部门向付款人发出提货通知的次日算起。然后第三、第四联托收凭证专夹保管并逐笔登记"定期代收结算凭证登记簿",将第五联加盖业务公章,连同交易单证一并及时交给付款人。

(1)全额付款的处理。付款人在承付期满前通知银行全额付款或在承付期满日开户行营业终了前,账户有足够资金支付全部款项的,付款人开户行应在次日上午(遇法定休假日顺延),及时办理划款手续,以第三联托收凭证作借方传票。编制会计分录为

借:吸收存款——单位活期存款——××户(付款人户)

贷:清算资金往来(或存放中央银行款项,或同业存放)

转账后,在登记簿上填明转账日期,将第四联托收凭证随同联行贷方报单寄收款人开户行。

(2)逾期付款的处理。付款人在承付期满日开户行营业终了前,账户无款交付的,付款人开户行应在托收凭证和登记簿备注栏内分别注明"逾期付款"字样,并填制三联"托收承付结算到期未收通知书",将第一、第二联寄收款人开户行,第三联留存。付款人开户行要随时掌握付款人账户余额,等到付款人账户有款可以一次或分次扣款时,再将逾期付款的款项和赔偿金一并划给收款人。赔偿金的计算方法为

$$赔偿金金额 = 逾期付款金额 \times 逾期天数 \times 5‰$$

付款人开户行对逾期未付的托收凭证,负责扣款的期限为3个月(从承付期满日算起)。在此期限内,银行必须按照扣款顺序陆续扣款。期满时,付款人仍无足够资金支付该笔欠款,银行应于次日通知付款人将有关交易单证(单证已作账务处理或已部分支付的,可以填制应付款项证明单)在2天内退回银行。银行将有关结算凭证连同交易单证或应付款项证明退回收款人开户行转交收款人,并将应付的赔偿金划给收款人。对付款人逾期不退回单证的,开户行应当自发出通知的第3天起,按照该笔尚未付清欠款的金额,每天处以5‰但不低于50元的罚款,并暂停付款人向外办理结算业务,直到退回单证时止。

(3)拒绝付款的处理。付款人在承付期内提出全部拒绝付款时,应填写一式四联"全部拒绝付款理由书",连同有关拒付证明,第五联托收凭证及所附单证送交开户行,银行受理后应认真审查,对无理拒付的,要强制扣款,并从承付期满日起,为收款人计扣逾期付款赔偿金。对符合规定同意拒付的,在托收凭证和登记簿备注栏内注明"全部拒付"字样,然后将第一联拒付理由书加盖业务公章作为回单退还付款人,将第二联理由书和第三联托收凭证一并留存备查,将第三、第四联拒付理由书连同有关拒付证明和第四、第五联托收凭证及附单证一并寄收款人开户行,如果是部分拒付的,对同意承付部分,还要办理划款手续。

3. 托收款划回

(1)全额划回的处理。收款人开户行收到付款人开户行寄来的联行贷方报单以及所附第四联托收凭证时,应将留存的第二联托收凭证抽出,核对无误后,以其作贷方传票办理转账。编制会计分录为

借:清算资金往来(或存放中央银行款项,或存放同业)
 贷:吸收存款——单位活期存款——××户(收款人户)

转账后,将第四联托收凭证加盖转讫章作收账通知交收款人,并销记登记簿。

(2)逾期划回、无款支付退回凭证的处理。收款人开户行收到第一、第二联"托收承付结算到期未收通知书"后,应在留存的第二联托收凭证上注明"逾期付款"字样及日期,与第一联通知书一并留存保管,将第二联通知书交收款人。待以后分次或一次划回逾期付款的款项及赔偿金时再办理转账手续。收款人开户行在逾期付款期满后收到付款人开户行退回的托收凭证、无款支付通知书以及有关单证后,抽出留存的第二联托收凭证,在备注栏内注明"无款支付"字样并销记登记簿,同时,将托收凭证、一联无款支付通知书及有关单证退收款人。

(3)拒绝付款的处理。收款人开户收到付款人开户行寄来的托收凭证、拒绝付款理由书、拒付证明及有关单证后,抽出留存的第二联托收凭证,在备注栏注明"全部拒付"字样并销记登记簿,同时,将托收凭证、拒绝付款理由书、拒付证明及有关单证退收款人。部分拒付的,对划回的款项还要办理收款入账的手续。

三、委托收款

(一)委托收款的概念

委托收款是收款人委托银行向付款人收取款项的结算方式。单位和个人凭已承兑的商业汇票、债券、存单等付款人债务证明办理款项的结算,均可使用委托收款结算方式。委托收款不受金额起点的限制,单位和个人各种款项的结算均可使用。

(二)委托收款结算的有关规定

(1)收款人办理委托收款应向银行提交委托收款凭证和有关债务证明。

(2)收款人可自由选用邮寄和电报两种款项划回方式。

(3)委托收款在同城、异地均可以使用。

(4)签发委托收款凭证必须记载下列事项:表明"委托收款"的字样;确定的金额;付款人名称;收款人名称;委托收款凭据名称及附寄单证张数;委托日期;收款人签章。欠缺记载上述事项之一的,银行不予受理。

(5)银行接到寄来的委托收款凭证及债务证明,审查无误后办理付款。其中,以银行为付款人的,银行应当在当日将款项主动支付给收款人;以单位为付款人的,银行应及时通知付款人,并将有关债务证明交给付款人并签收。

(6)付款人审查有关债务证明后,对收款人委托收取的款项需要拒绝支付的,可以办理拒绝付款。

(7)在同城范围内,收款人收取公用事业费或根据国务院的规定,可以使用同城特约委托收款。

(三)委托收款的会计核算手续

1. 收款人开户行受理委托收款的处理

收款人办理委托收款时,应填制一式五联"邮划(电划)委托收款凭证",在第二联上签章后连同有关债务证明提交开户行。开户行审查无误后,第一联加盖业务公章退给收款人;第二联专夹保管,并据以登记"发出委托收款凭证登记簿";第三联加盖结算专用章连同第四、第五联及有关债务证明一并寄付款人开户行。委托收款凭证格式见表7.12。

表7.12　委托收款凭证(贷方凭证)

委电												第　号	
		委托日期　年　月　日						2				委托号码:	

付款人	全称		收款人	全称									此联是收款人开户行作为贷方凭证
	账号或住址			账号或住址									
	开户银行			开户银行				行号					
金额	人民币(大写)				千	百	十	万	千	百	十	元 角 分	
款项内容		委托收款凭据名称				附寄单证张数							
备注: 电划		本委托收款随附有关债务证明,请给予办理收款。				科目(贷)							
						对方科目(借)							
						转账					年　月　日		
		收款人签章				复核			记账				

收入开户银行收到日期　年　月　日

2. 付款人开户行的处理

付款人开户行收到收款人开户行寄来的第三、第四、第五联委托收款凭证及有关债务证明时,应认真审查,无误后,在凭证上注明收到日期,并根据第三、第四联逐笔登记"收到委托收款凭证登记簿",然后分别情况进行处理。

(1)付款人为银行的,银行应在当日将款项主动支付给收款人,并以第三联委托收款凭证作借方传票,有关债务证明作附件。编制会计分录为

借:吸收存款——单位活期存款——××户(商业银行)

贷:清算资金往来(或存放中央银行款项——准备金存款,或同业存放)

(2)付款人为单位的,银行应将第五联委托收款凭证加盖业务公章连同有关债务证明及时送交付款人,并由付款人签收。付款人应于接到通知的次日起3日内通知银行付款,付款期内未提出异议的,视为同意付款。银行应于付款期满次日上午开始营业时,将款项划给收款人,以第三联委托收款凭证作借方传票。编制会计分录为

借:吸收存款——单位活期存款——××户(付款人户)

贷:清算资金往来(或存放中央银行款项——准备金存款,或同业存放)

转账后,银行在"收到委托收款凭证登记簿"上填明转账日期。属于邮寄划款的,将第四联委托收款凭证随联行邮划贷方报单寄收款人开户行;属电报划款的,应根据第四委

托收款凭证向收款人开户行拍发电报。委托收款结算方式如果付款人账户不足支付或付款人拒绝付款时，银行不负责扣款，直接将付款人未付款项通知书、拒付理由书连同有关凭证寄回收款人开户行，由其通知收款人。其处理手续与托收承付类似，此处不再赘述。

3. 收款人开户行办理委托收款划回的处理

收款人开户行收到付款人开户行寄来的联行报单和第四联委托收款凭证时，应将留存的第二联抽出，核对无误后，在凭证上注明转账日期，以第二联作借方传票。编制会计分录为

借：清算资金往来（或存放中央银行款项——准备金存款，或存放同业）
　　贷：吸收存款——单位或个人活期存款——××户（收款人户）

转账后，将第四联委托收款凭证加盖转讫章作收账通知交给收款人，并销记登记簿。如系电报划回的，应填制联行电划贷方补充报单据以办理转账，会计分录同上。

4. 同城委托收款的款项划转

同城委托收款的款项划转通过同城票据交换，其余手续比照异地邮划委托收款的手续进行处理。

四、信用卡的核算

（一）信用卡的概念

信用卡是指商业银行向单位和个人发行的，凭以向特约单位购物、消费和向银行存取现金，具有消费信用的特制载体的卡片。信用卡按使用对象分为单位卡和个人卡。单位卡的发行对象是企业、机关、团体、部队、学校等单位组织；个人卡的发行对象是个人。按信誉等级分为金卡和普通卡。金卡发给经济实力强、社会地位高、信誉良好的持卡人使用；普通卡则发给一般资信的持卡人使用。按清偿方式，信用卡还可分为贷记卡和借记卡。贷记卡是受领信用卡时，无须先存款，可以"先消费、后还款"，发卡机构可向持卡人提供一个信贷限额使用；借记卡是受领信用卡时，则须先交存一定备用金，按"先存款、后消费"原则使用信用卡。另外，按载体不同，分为磁条卡和芯片（IC）卡；按流通范围不同，可分为国际卡和地区卡；按结算币种不同，可分为本币卡和外币卡等。

信用卡主要用于满足社会各种消费性交付的需要，有利于减少现金使用，方便广大消费者。近年来，我国信用卡工具取得了较快的发展，主要有中国银行的长城卡、中国建设银行的龙卡、中国工商银行的牡丹卡和中国农业银行的金穗卡等。

（二）信用卡结算的有关规定

（1）商业银行（包括外资、合资银行）、非银行金融机构只有经中国人民银行批准的，才可以发行信用卡。非金融机构、境外金融机构的驻华代表机构不得发行信用卡和代理收单结算业务。

（2）凡在中国境内金融机构开立基本账户的单位可申领单位卡。凡具有完全民事行为能力的公民可申领个人卡。

（3）单位卡账户的资金一律从基本存款账户转入，不得交存现金，不得将销货收入的款项存入其信用卡账户。单位卡一律不得支取现金，不得用于100 000元以上的商品交易、劳务供应款项的结算。

(4)个人卡账户的资金可以现金存入或以其工资性款项及属于个人的劳务报酬收入转账存入。个人卡可以提取现金,严禁将单位的款项存入个人卡账户。

(5)信用卡只限于合法持卡人本人使用,持卡人不得出租或转借信用卡。

(6)信用卡透支额,金卡最高不得超过10 000元,普遍卡最高不得超过5 000元。信用卡透支期限最长为60天。透支是指持卡人用卡支取的金额已超过信用账户现有实际存款额。

(7)持卡人使用信用卡不得发生恶性透支。恶意透支是指持卡人超过规定限额或规定期限,并且经发卡银行催收无效的透支行为。

(三)信用卡的会计核算手续

1. 信用卡开户的核算

申请人办理信用卡,应按规定填写申请表。发卡银行审查同意后,按规定向其收取备用金和手续费。收取备用金和手续费的方式有以下几种:

(1)申请人在发卡银行开户,通过转账办理的,由申请人向银行填制转账支票及进账单,经发卡行审查无误后按照支票结算的有关手续处理,另填制一联特种转账贷方凭证,作收取手续费贷方凭证。编制会计分录为

借:吸收存款——单位活期存款——××户(申请单位户)
    贷:吸收存款——信用卡存款——××户(申请单位户)
        手续费及佣金收入——结算手续费收入

(2)申请人不在发卡银行开户的,须向银行填制支票及进账单,经发卡行审查无误,按照支票结算的有关手续处理,并另填制一联收取手续费的特种转账贷方凭证。编制会计分录为

借:清算资金往来(或存放中央银行款项——备付金存款户)
    贷:吸收存款——信用卡存款——××户(申请单位户)
        手续费及佣金收入——结算手续费收入

采用其他方式转账存入的,按照有关手续处理。

(3)申请人交存现金的,银行收受现金后发给信用卡。编制会计分录为

借:库存现金
    贷:吸收存款——信用卡存款——××户(申请个人户)
        手续费及佣金收入——结算手续费收入

发卡银行在办理信用卡发卡手续时,应登记"信用卡账户开销户登记簿"和"发卡清单",并在发卡清单上记载领卡人身份证号码,并由领卡人签收。

2. 信用卡付款的核算

(1)特约单位开户行的核算。信用卡在特约单位购物、消费时,持卡人应将信用卡和身份证件一并交特约单位。特约单位审查无误后填制四联签购单并由持卡人签名确认,然后将签购单回单联连同信用卡和身份证件交还持卡人。每日营业终了,特约单位根据签购单汇总表填制汇计单,计算手续费和净计金额,连同签购单和进账单一并送交开户行办理转账。

特约单位开户行收到特约单位送交的三联进账单、三联汇计单和两联签购单后,经审

查无误后,区别情况进行处理:

第一,特约单位与持卡人在同一行开户的,直接办理转账,并收取手续费。编制会计分录为

借:吸收存款——信用卡存款——××户
　　贷:吸收存款——单位活期存款——××户(特约单位户)
　　　　手续费及佣金收入——结算手续费收入

第二,特约单位与持卡人在同一城市不同银行机构开户的,特约单位开户行应向持卡人开户行提出票据交换,等款项收妥无退票时办理转账。编制会计分录为

借:清算资金往来(或存放中央银行款项——准备金存款)
　　贷:吸收存款——单位活期存款——××户(特约单位户)
　　　　手续费及佣金收入——结算手续费收入

第三,特约单位与持卡人不在同一城市的,要办理联行划款手续寄持卡人开户行。编制会计分录为

借:清算资金往来
　　贷:吸收存款——单位活期存款——××户(特约单位户)
　　　　手续费及佣金收入——结算手续费收入

如果信用卡是异地跨系统银行发行的,应向特约单位所在地的跨系统发卡行通汇行提出票据交换,由通汇行转汇入持卡人开户行。

(2)持卡人开户行的核算。持卡人开户行收到特约单位开户行同城交换来的或寄来的有关单证时,应认真审查,无误后据以办理转账。编制会计分录为

借:吸收存款——信用卡存款——××户
　　贷:清算资金往来(或存放中央银行款项——准备金存款)

如持卡人信用卡账户不足支付的,其不足部分纳入"贷款——××贷款"科目核算,并按规定计算透支利息向持卡人收取。

3. 信用卡支取现金的处理

个人持卡人在银行支取现金时,应填制四联"取现单",连同信用卡。银行经审查无误后,由持卡和身份证件一并交发卡银行或代理银行。银行经审查无误后,由持卡人在取现单上签名确认,然后将取现单回单联加盖现金付讫章连同信用卡、身份证件交还持卡人,并办理支款手续。

对本行发行的信用卡支取现金的,编制会计分录为

借:吸收存款——信用卡存款——××户
　　贷:库存现金
　　　　手续费及佣金收入——结算手续费收入

对同一城市其他银行机构发行的信用卡支取现金的开户行提出票据交换,退票时间后无退票的即支付现金,编制会计分录为

借:清算资金往来
　　贷:其他应付款——××户

同时,

借:其他应付款——××持卡人户

  贷:库存现金

对异地联行发行的信用卡支取现金的,应向持卡人开户行办理联行划款手续,并收取手续费。编制会计分录为

  借:存放同业
    贷:其他应付款——××持卡人户

  同时,
  借:其他应付款——××持卡人户
    贷:库存现金
      手续费及佣金收入——结算手续费收入

思考题

1. 支付结算的原则、纪律是什么?
2. 同城交付结算有哪几种方式?简述其各业务程序。
3. 票据结算业务有哪几种方式?简述其各业务程序。
4. 非票据结算方式有哪几种方式?简述其各业务程序。

练习题

1. 目的:练习支票结算的核算。

资料:工行市中支行12月9日发生下列几笔业务:

(1)开户单位贵和商厦持12月7日签发的转账支票一张,向开户单位海尔集团销售部购买电器,共计344 500元。当天下午海尔集团销售部填写进账单,连同转账支票一并交银行。经查贵和商厦有足够存款。

(2)开户单位持贵和商厦由万隆公司(在建行开户)12月4日签发的转账支票一张,金额80 000元,连同进账单一并交银行,委托银行办理托收。经审核无误后,提出支票。

(3)交换提回转账支票一张,金额33 800元,系开户单位银座百货签发,经审核发现该公司存款不足,准备下场退票。

(4)交换提回进账单一张,收款人是开户单位市供电局,金额30 000元,系大龙公司(建行开户)支付的电力款。经审核无误,当即予以转账。

要求:根据以上资料,做出有关的会计分录。

2. 目的:练习银行汇票结算的核算。

资料:

(1)12月1日,工行市中支行收到开户单位大华公司提交汇票委托书,金额56 000元,收款人为上海中兴公司(上海银行南京路支行开户)。银行审查后,同意签发银行汇票。

(2)12月4日,上海银行南京路支行收到开户单位上海中兴公司提交的银行汇票,实际结算金额为48 000元。经审核无误,当即予以办理,当天编制邮划借方报单同银行汇票一并划转工行市中支行。

(3)12月6日,工行市中支行收到上海银行南京路支行寄来的报单及银行汇票。经审查系大华公司12月1日申请签发的银行汇票,当即办理结清手续。

要求:根据上述资料,做出有关会计分录。

3.目的:综合练习支付结算业务的核算。

资料:工商银行市中支行 2000 年发生下列业务:

(1)开户单位银座商厦申请电汇货款 20 万元,给青岛市工商银行开户的海尔公司,会计部门编发贷方报单记账。

(2)收到联行济宁工行联行贷方报单和委托收款凭证,收款单位是本行开户的济南房地产开发公司,金额 120 万元。

(3)开户单位银座商厦提交银行汇票面值 50 万元和进账单,银行会计部门编发借方报单给出票行济宁工行。

(4)收到联行济宁工行联行贷方报单和信汇凭证,收款单位是本行开户的济南金星公司,金额 150 万元。

(5)开户单位甲公司电汇给河南郑州建行开户单位丙公司货款 18 400 元。

(6)其开户单位甲公司支付给天津建行开户单位丁公司的委托收款金额 30 000 元。

(7)其开户单位以进账单缴进陕西咸阳建行开户某企业委托其开户行签发的银行汇票二、三联,结算货款 6 000 元,办理转账。

(8)收到开户单位甲公司开来的银行汇票委托书即 80 000 元,经审无误,签发汇票。

要求:根据以上资料,做出有关会计分录。

第八章 外汇业务的核算

第一节 外汇业务概述

一、外汇的概念与种类

(一)外汇的概念

外汇是外国货币或以外国货币表示的,用于国际清偿的支付手段和资产。
具体内容有:
(1)可以自由兑换的外国货币,包括纸币和铸币。
(2)外币有价证券,包括政府债券、公司债券、股票等。
(3)外币支付凭证,包括票据、银行存款凭证、邮政储蓄凭证等。
(4)特别提款权。
(5)其他外汇资产。

(二)外汇的种类

1. 现汇和现钞

现汇,亦称自由外汇或多边结算外汇。它是指在国际金融市场上可以自由买卖,在国际结算中广泛使用,在国际上得到偿付并可自由兑换为其他国家货币的外汇。例如美元、英镑、欧元、日元、加拿大元等。现钞是指各种外币钞票、铸币等。

2. 即期外汇和远期外汇

即期外汇是指即期收付的外汇,一般成交双方在2个营业日内办理交割。远期外汇是指银行同业间或银行与客户之间预先签订合同,商定外汇买卖数量、汇率和期限,到约定日期进行交割而收付的外汇。

二、外汇业务的主要内容

外汇业务是指银行以记账本位币以外的货币计价或者结算的业务。目前,国内银行办理的外汇业务主要有:货币兑换、外汇存款、外汇贷款、国际结算、外汇同业拆借、外汇借款、外汇担保、发行或代理发行股票以外的外币有价证券、买卖或代理买卖股票以外的外币有价证券、自营及代客户外汇买卖、外汇信用卡的发行和代理国外信用卡的发行及付款,以及国家外汇管理局批准的其他外汇业务。

三、汇率

汇率又称汇价,指一个国家的货币折算成另一个国家货币的比率,即两国货币交换时量的比例关系,或者说两国货币进行买卖的比价。它反映一国货币的对外价值。

(一)汇率的标价方法

折算两种货币的比率,首先要确定以哪一国货币作为标准,这称为汇率的标价方法。

选用不同的标价标准,相应产生了两种不同的汇率标价方法。

1. 直接标价法

直接标价法又称应付标价法,是指以一定单位(通常是100个)的外国货币为标准,折算为若干单位本国货币的表示方法。

2. 间接标价法

间接标价法又称应收标价法,是指以一定单位的本国货币为标准,折算为若干单位外国货币的表示方法。

(二)汇率的种类

根据交易方向及外汇载体的不同,汇率可分为汇买价、汇卖价(钞卖价)、钞买价、中间价等四种。汇买价是指银行买进外汇现汇的价格,钞买价是指银行买入外币现钞的价格。银行的钞买价与汇买价有一个差额,这是因为外币现钞只有在支付一定的运输保险费用运往货币发行国变成现汇后才能用于国际结算支付,在此期间,银行要承担汇率风险,支付运费、保险费以及垫付资金的利息,钞买价低于汇买价正是为了弥补这部分支出。汇卖价是指银行卖出外汇现汇的价格,卖出外币现钞的价格与卖出外汇现汇的价格相同。中间价是汇买价与汇卖价的平均价,作为银行内部结算或套汇时使用。根据交割期限的不同,可分为即期汇率和远期汇率。即期汇率也称现汇汇率,是买卖双方成交后,在2个营业日之内办理外汇交割时所用的汇率。远期汇率,也称期汇汇率,是买卖双方事先约定的,并在未来的一定日期进行外汇交割的汇率。

四、外汇业务的核算方法

外汇业务专门的核算方法有两种:外汇统账制和外汇分账制。

(一)外汇统账制

外汇统账制也叫本币记账法。即在业务发生时,以本国货币为记账单位,外国货币按一定的汇率折成本国货币记账的一种方法。

(二)外汇分账制

目前,各家商业银行经营的外汇业务通常采用外汇分账制。

外汇分账制又叫原币记账法,即当外汇交易发生时,对有关外币金额直接按原币入账。在外汇分账制记账方法下,为保持不同币种借贷金额合计相等,需要设置"货币兑换"科目,核算外币交易所产生的不同币种之间的兑换,该科目属于资产负债共同类科目,在该科目下按币种进行明细核算。采用外汇分账制对银行发生的外汇交易进行日常核算,能全面反映各种外币资金的增减变化及其头寸余缺情况,便于银行更好地调拨和运用外币资金。外汇分账制会计核算基本程序是:

(1)外币交易发生时,若发生的外币交易同时涉及货币性项目和非货币性项目的,按相同外币金额记入货币性项目和"货币兑换(外币)"科目,同时,按交易发生日即期汇率折算为记账本位币的金额,记入非货币性项目和"货币兑换(记账本位币)"科目;若发生的交易仅涉及记账本位币外的一种货币反映的货币性项目的,按照相同币种金额入账,不需要通过"货币兑换"科目核算;若发生的交易涉及两种以上货币的,按相同币种金额记入相应货币性项目和"货币兑换(外币)"科目。

(2)资产负债表日,将所有以外币反映的"货币兑换"科目余额按期末即期汇率折算为记账本位币金额,并以该金额为准对"货币兑换(记账本位币)"科目余额进行调整,将调增或调减的金额(即汇兑差额)记入"汇兑损益"。调整后,"货币兑换"科目期末应无余额。

(3)结算外币货币性项目产生的汇兑差额计入"汇兑损益"。

第二节 外汇买卖的核算

商业银行的外汇买卖业务主要包括自营外汇买卖、代客外汇买卖及结售汇业务等。自营外汇买卖是指商业银行以其自有和自筹的外汇资金在国际金融市场上自行买卖外汇的经营活动,目的是赚取差价,一般集中在商业银行总行办理。代客外汇买卖是指商业银行接受客户的委托,代其在国际金融市场或通过国内外外汇交易中心进行外汇买卖的业务。外汇买卖是外汇业务中的一项基础性业务,是实现结汇、售汇的手段,是不同货币之间兑换的桥梁。

商业银行的货币兑换业务主要包括结汇、售汇、结售汇头寸平补交易及套汇业务等。

一、外汇买卖的账务组织

(一)"货币兑换"科目的设置

"货币兑换"科目是实行外汇分账制的一个特定科目。该科目是资产负债共同性质科目,在银行办理外汇业务中,既是联系外币和人民币账务系统的桥梁,又起着平衡外币和人民币账务系统的作用。

在"货币兑换"科目下需要设置人民币和按币种设置的外币两个明细账户。当买入外汇时,"货币兑换"科目外币户记入贷方,相应的"货币兑换"科目人民币户记入借方;当卖出外汇时,"货币兑换"科目外币户记入借方,相应的"货币兑换"科目人民币户记入贷方。外币户和人民币户的余额均轧差反映。

(二)货币兑换科目凭证

银行发生外汇买卖业务时,均应填制货币兑换凭证。货币兑换凭证分为三种:货币兑换借方传票(表8.1)、货币兑换贷方传票(表8.2)和货币兑换套汇传票。

表8.1 货币兑换借方传票(外币)

①			年 月 日		传票编号	
结汇单位	全称				(借)货币兑换	(附件 张)
	账号				对方科目:	
外汇金额		牌价	人民币金额			
			¥			
摘要				会计 复核 记账 制票		

第八章 外汇业务的核算

表 8.2 货币兑换贷方传票(外币)

② 年 月 日 传票编号

结汇单位	全称			(贷)货币兑换
	账号			对方科目：

外汇金额	牌价	人民币金额	
		¥	(附件 张)
摘要		会计 复核 记账 制票	

(三)货币兑换科目账簿

1. 货币兑换科目分账户

货币兑换科目分户账(表 8.3)是以每一种外币分别立账(人民币不设分户账)的特定格式的账簿,把外币金额和人民币金额记在一张账页上。货币兑换科目分户账由买入、卖出、结余三栏组成。买入、卖出栏各设外币、牌价、人民币三项,结余栏内设外币、人民币两栏。其登记方法是:

表 8.3 ××银行货币兑换科目账

货币： 账户：

年		摘要	买入			卖出			结余		
月	日		外币(贷)(十亿位)	牌价	人民币(借)(十亿位)	外币(借)(十亿位)	牌价	人民币(贷)(十亿位)	外币(贷)(十亿位)	牌价	人民币(借)(十亿位)

(1)买入外汇:在买入栏逐笔登记外币金额、牌价、人民币金额。

(2)卖出外汇:在卖出栏逐笔登记外币金额、牌价、人民币金额。

(3)套汇业务:例如,买入美元套出英镑,买入美元记入美元户买入栏,套出的英镑记入英镑户卖出栏;买入美钞套出美汇,则把买入的美钞记入美元户买入栏,套出的美汇记入美元户卖出栏。

(4)余额的登记方法:外币余额与人民币余额应分别结计。

每天外汇买卖交易结束后,分货币将货币兑换科目的余额按当天中间价折成人民币,与该货币人民币余额的差额即为该货币当日外汇买卖的损益。凡按规定平仓的货币兑换账户,在平仓前,需计算提取外汇买卖损益,不平仓的账户不计提损益。损益的具体计算为:货币兑换科目外币余额在贷方的,若外币贷方余额×该种外币中间价 > 该种外币的人民币借方余额,即为贷方差额,该差额为汇兑收益;反之,若是借方差额,该差额为汇兑损失。货币兑换科目外币余额在借方的,若外币借方余额×该种外币中间价 < 该种外币的人民币贷方余额,即为贷方差额,该差额为汇兑收益;反之,若是借方差额,该差额为汇兑损失。

2. 货币兑换科目总账

货币兑换科目总账采取一般三栏式总账格式,按各种外币和人民币分别设置。每日营业终了,根据外汇买卖科目传票,编制各种货币的科目日结单,再根据科目日结单登记总账。

二、外汇买卖的核算

(一)结汇业务的核算

结汇即买入外汇,是指银行支付人民币买进外汇(含外钞)。银行买入外汇时,应根据买入外币金额,按汇价折算人民币金额,并填制外汇买卖科目传票。会计分录为

借:吸收存款或库存现金　　　　　　　　　(外币)
　　贷:货币兑换(汇买价或钞买价)　　　　(外币)
借:货币兑换(汇买价或钞买价)　　　　　　(人民币)
　　贷:吸收存款或库存现金　　　　　　　　(人民币)

【例8.1】 某客户持美元现钞 1 000 元来银行兑换人民币现金,当日美元钞买价为 USD 100 = RMB 627.4。银行编制会计分录如下:

借:库存现金　　　　　　　　　　　　　　USD 1 000
　　贷:货币兑换　　　　　　　　　　　　　USD 1 000
借:货币兑换　　　　　　　　　　　　　　RMB 6 274.80
　　贷:库存现金　　　　　　　　　　　　　RMB 6 274.80

(二)售汇业务的核算

售汇即卖出外汇,是指银行收取人民币卖出外汇(含外钞)。银行卖出外汇时,应根据卖出外币金额,按汇价折算人民币金额,并填制外汇买卖科目传票。会计分录为

借:吸收存款或库存现金　　　　　　　　　(人民币)
　　贷:货币兑换(汇卖价)　　　　　　　　(人民币)
借:货币兑换(汇卖价)　　　　　　　　　　(外币)
　　贷:吸收存款或库存现金　　　　　　　　(外币)

【例8.2】 某进出口公司要求从其账户中汇出购买进口货物货款 1 000 美元,当日美元卖出价为 USD 100 = RMB 635.09。银行编制会计分录如下:

借:吸收存款——活期存款(××进出口公司户)　　RMB 12 701.80
　　贷:货币兑换　　　　　　　　　　　　　　　　RMB 12 701.80
借:货币兑换　　　　　　　　　　　　　　　　　　USD 1000

贷:其他应付款——汇出汇款　　　　　　　　　　　　USD 1000

(三)套汇的核算

套汇是以一种外汇兑换成另一种外汇的外汇买卖行为。根据我国外汇管理法规的规定,对于一般套汇业务,应通过人民币进行核算,即对收入的一种外币按买入价折成人民币,然后将折合的人民币按另一种外币的卖出价折算出另一种外汇金额,并填制外汇买卖套汇传票。会计分录为

(1)买入A种外汇:
借:××科目　　　　　　　　　　　　　　　　　　(买入外币)
　贷:货币兑换(汇买价)　　　　　　　　　　　　　(买入外币)

(2)通过人民币套换:
借:货币兑换(汇买价)　　　　　　　　　　　　　　(人民币)
　贷:货币兑换(汇卖价)　　　　　　　　　　　　　(人民币)

(3)卖出B种外汇:
借:货币兑换(汇卖价)　　　　　　　　　　　　　　(卖出外币)
　贷:××科目　　　　　　　　　　　　　　　　　　(卖出外币)

第一类,两种货币之间的套汇。即商业银行为客户办理的将一种外汇兑换为另一种外汇的业务。先将买入外币的金额按买入价(钞买价或汇买价)折算成人民币;再将该人民币金额按卖出外币的卖出价折算为卖出外币。

【例8.3】 某公司为支付澳大利亚某出口商货款,要求甲银行将其美元现汇账户存款USD 10 000兑换成澳大利亚元,当日美元汇买价为USD 100 = RMB 633.60,澳大利亚元汇卖价为AUD 100 = RMB 656.95。

第一步:将美元折算成人民币
$$USD\ 10\ 000 \times 6.336\ 0 = RMB\ 63\ 360$$

第二步:将人民币折算成澳大利亚元
$$RMB\ 63\ 360 \div 6.569\ 5 = AUD\ 9\ 644.57$$

甲银行编制会计分录为
借:吸收存款——单位活期存款——××公司　　　　USD 10 000
　贷:货币兑换　　　　　　　　　　　　　　　　　USD 10 000
借:货币兑换　　　　　　　　　　　　　　　　　　RMB 63 360
　贷:货币兑换　　　　　　　　　　　　　　　　　RMB 63 360
借:货币兑换　　　　　　　　　　　　　　　　　　AUD9 644.57
　贷:吸收存款——单位活期存款——××公司　　　AUD9 644.57

第二类,同种货币钞汇之间的套汇。同种货币钞汇之间的套汇包括钞兑汇和汇兑钞。由于同一种外币体现在汇率上,其现钞和现汇价值有所差异,因此,也必须按套汇方法处理。

钞兑汇(钞买汇卖)时的步骤:先将买入的外币现钞金额按钞买价折算成人民币;再将该人民币金额按该外币的汇卖价折算为卖出的该外币的现汇金额。

汇兑钞(汇买钞卖)时的步骤:先将买入的外币现汇金额按汇买价折算成人民币;再将

该人民币金额按该外币的钞卖价折算为卖出的该外币的现钞金额。

【例 8.4】 外籍教师 Linda 因回国休假,到甲银行要求从其在该行的港元现汇账户中支款 HKD 2 000,兑取港元现钞携带出境。当日港元钞卖价为 HKD 100 = RMB 81.76,汇买价为 HKD 100 = RMB 81.45。银行的计算过程和编制的会计分录如下。

第一步:将港元现汇折算成人民币
$$HKD\ 2\ 000 \times 0.814\ 5 = RMB\ 1\ 629$$

第二步:将人民币折算成港元现钞:
$$RMB\ 1\ 629 \div 0.817\ 6 = HKD\ 1\ 992.42$$

甲银行编制会计分录如下:

借:吸收存款——活期储蓄存款——现汇　　　　　HKD 2 000
　贷:货币兑换　　　　　　　　　　　　　　　　HKD 2 000
借:货币兑换　　　　　　　　　　　　　　　　　RMB 1 629
　贷:货币兑换　　　　　　　　　　　　　　　　RMB 1 629
借:货币兑换　　　　　　　　　　　　　　　　　HKD 1 992.42
　贷:库存现金　　　　　　　　　　　　　　　　HKD 1 992.42

(四)头寸平补交易的核算

结售汇综合头寸,是指商业银行持有的因人民币与外币间交易形成的外汇头寸,包括由银行办理符合外汇管理规定的对客户结售汇业务、自身结售汇业务和参与银行间外汇市场交易而形成的外汇头寸。

结售汇综合头寸限额由国家外汇管理局按商业银行法人统一核定,按日考核和监管。商业银行法人每个交易日结束时的头寸应保持在核定限额内。超过头寸上限或低于头寸下限的,应在下一个交易日结束前,由总行通过银行间外汇市场进行结售汇头寸平补。商业银行分支行通过系统内往来与总行进行结售汇头寸平补。

平补,即平盘补仓交易,指商业银行根据国家外汇管理局对结售汇综合头寸限额管理的规定和自身对结售汇头寸风险管理的需要,在银行间外汇市场进行的外汇／人民币买卖交易。

1. 商业银行购入外汇,平补结售汇头寸时

借:存放中央银行款项——准备金存款(或其他科目)　　(外币)
　贷:货币兑换　　　　　　　　　　　　　　　　　　　(外币)
借:货币兑换　　　　　　　　　　　　　　　　　　　　(人民币)
　贷:存放中央银行款项——准备金存款(或其他科目)　　(人民币)

2. 商业银行卖出外汇,平补结售汇头寸时

借:存放中央银行款项——准备金存款(或其他科目)　　(人民币)
　贷:货币兑换　　　　　　　　　　　　　　　　　　　(人民币)
借:货币兑换　　　　　　　　　　　　　　　　　　　　(外币)
　贷:存放中央银行款项——准备金存款(或其他科目)　　(外币)

第三节　外汇存款业务的核算

一、外汇存款的种类

外汇存款是指单位和个人将其所持有的外汇资金,以外国货币为计量单位存放在商业银行,并在以后随时或按约定期限支取的存款。商业银行吸收的外汇存款,按存款对象分为单位外汇存款和个人外汇存款;按存入资金形态分为现汇存款和现钞存款;按存取方式分为活期外汇存款、定期外汇存款和通知外汇存款等。其中,现钞存款是指存款人将从境外携入或持有的可自由兑换外币现钞存放在银行形成的存款;现汇存款是指存款人将从境外汇入的外汇或携入的外币票据存入银行形成的存款。

二、单位外汇存款的核算

单位外汇存款又称甲种外汇存款,指我国境内的机关、团体、企事业单位、外国驻华机构及境外的中外企业、团体等存放在商业银行的各项外汇资金。

单位外汇存款均为现汇账户,包括活期存款、定期存款和通知存款。银行不得为单位开立外币现钞账户。单位可将现钞存入现汇账户和经银行同意按规定支取少量外币现钞,但应按同种货币钞汇之间的套汇进行处理。

(一)单位外汇活期存款的核算

单位外汇活期存款分为支票户和存折户,起存金额为人民币1 000元的等值外汇。

1. 存入款项的核算

(1)单位以外币现钞存入现汇户。因单位外汇存款只有现汇户,所以应通过货币兑换科目进行钞买汇卖处理。银行应以当日的现钞买入牌价和现汇卖出牌价折算成外汇入账。其会计分录为

　　借:库存现金　　　　　　　　　　　　　　　(外币)
　　　　贷:货币兑换(钞买价)　　　　　　　　　(外币)
　　借:货币兑换(钞买价)　　　　　　　　　　　(人民币)
　　　　贷:货币兑换(汇卖价)　　　　　　　　　(人民币)
　　借:货币兑换(汇卖价)　　　　　　　　　　　(外币)
　　　　贷:吸收存款——单位外汇活期存款(××户)　(外币)

(2)直接以国外汇入汇款或国内汇款存入,应根据结算专用凭证办理存入核算。

①以汇入原币种存入时,会计分录为

　　借:××科目　　　　　　　　　　　　　　　(外币)
　　　　贷:吸收存款——单位外汇活期存款(××户)　(外币)

②汇入币种与存入币种不同时,通过套汇处理,会计分录为

　　借:××科目　　　　　　　　　　　　　　　(甲外币)
　　　　贷:货币兑换(汇买价)　　　　　　　　　(甲外币)
　　借:货币兑换(汇买价)　　　　　　　　　　　(人民币)

   贷：货币兑换（汇卖价）　　　　　　　　　　　（人民币）
  借：货币兑换（汇卖价）　　　　　　　　　　　（乙外币）
   贷：吸收存款——单位外汇活期存款（××户）　（乙外币）
 2. 支取款项的核算
 （1）支取外币现钞，通过套汇处理，会计分录为
  借：吸收存款——单位外汇活期存款（××户）　（外币）
   贷：货币兑换（汇买价）　　　　　　　　　　　（外币）
  借：货币兑换（汇买价）　　　　　　　　　　　（人民币）
   贷：货币兑换（钞卖价）　　　　　　　　　　　（人民币）
  借：货币兑换（钞卖价）　　　　　　　　　　　（外币）
   贷：库存现金　　　　　　　　　　　　　　　　（外币）
 支取外币现钞与存入外汇币种不同时，同样通过套汇处理，会计分录略。
 （2）支取原币汇往境外或国内异地，收到单位提交的汇款申请书，经审核无误后办理转账。其会计分录为
  借：吸收存款——单位外汇活期存款（××户）　（外币）
   贷：××科目　　　　　　　　　　　　　　　　（外币）
 另收汇费，原则上收取人民币，也可以是等值外币。支取外汇与存入外汇不同时，通过套汇处理，会计分录略。
 （3）支取存款兑取人民币现金，会计分录为
  借：吸收存款——单位外汇活期存款（××户）　（外币）
   贷：货币兑换（汇买价）　　　　　　　　　　　（外币）
  借：货币兑换（汇买价）　　　　　　　　　　　（人民币）
   贷：库存现金　　　　　　　　　　　　　　　　（人民币）
 3. 利息的计算与核算
  资产负债表日，商业银行对吸收的单位外汇活期存款应按规定计提利息。计提时，按计算确定的利息费用和应付未付利息，借记"利息支出"科目，贷记"应付利息"科目。单位活期外汇存款结息日为每季末月20日；利息计算采用积数法计算利息，并于结息次日主动将利息记入原活期存款账户转作存款本金。会计分录如下。
  结息日补提利息时：
  借：利息支出——外汇活期存款利息支出　　　　（外币）
   贷：应付利息——外汇活期存款应付利息　　　　（外币）
  结息日次日以原币结入存款账户时：
  借：应付利息——外汇活期存款应付利息　　　　（外币）
   贷：吸收存款——单位外汇活期存款（××户）　（外币）
 （三）单位外汇定期存款的核算
  单位外汇定期存款为记名式存单，整存整取，起存金额为人民币10 000元的等值外汇，存期分为1个月、3个月、半年、1年、2年5个档次。

1. 开户存入的核算

(1)活期存款转定期存款的核算。

①商业银行办理同币种外币活期存款转存定期时,其会计分录为

借:吸收存款——单位活期存款(××户)　　　　　(外币)
　　贷:吸收存款——单位定期存款(××户)　　　　(外币)

②商业银行办理不同币种外币活期存款转存定期时,按前述两种货币之间的套汇业务处理。

(2)以汇入现汇直接存定期的核算。

①以汇入同币种现汇存定期时:

借:×× 科目　　　　　　　　　　　　　　　　　(外币)
　　贷:吸收存款——单位定期存款(××户)　　　　(外币)

②以汇入不同币种现汇存定期时,按前述两种货币之间的套汇业务处理。

2. 到期转出或续存的核算

(1)到期转出的核算。定期存款到期后,不能直接从定户中支付现金,应以转账方式转入存款单位的外汇活期存款账户。其会计分录为

借:吸收存款——单位定期存款(××户)　　　　　(外币)
　　应付利息——××户　　　　　　　　　　　　　(外币)
　　贷:吸收存款——单位活期存款(××户)　　　　(外币)

(2)到期续存的核算。存款单位交来到期的定期存单申请办理续存,银行审核无误后,填制利息计算清单,按本息合计重新填制定期存单,其会计分录为

借:吸收存款——单位定期存款(××户)　　　　　(外币)
　　应付利息——××户　　　　　　　　　　　　　(外币)
　　贷:吸收存款——单位定期存款(××户)　　　　(外币)

若客户只要求办理本金续存,利息转出时:

借:吸收存款——单位定期存款(××户)　　　　　(外币)
　　贷:吸收存款——单位定期存款(××户)　　　(外币)
借:应付利息——××户　　　　　　　　　　　　　(外币)
　　贷:吸收存款——单位活期存款(××户)　　　　(外币)

3. 利息的计算与核算

资产负债表日,商业银行对吸收的单位定期外汇存款应按规定计提利息。计提时,按计算确定的利息费用和应付未付利息,借记"利息支出"科目,贷记"应付利息"科目。

单位定期外汇存款利息,按对年对月计息,不足一年或一月者应折算成日息计算。对年或对月的计算方法,按存款的存入日至第二年该日为一足年,存入日至下月之该日为一足月。不论月份大小,均按此计算。存款到期,利随本清,一次计付利息。

4. 提前支取或逾期支取的核算

单位定期外汇存款未到期需要部分提前支取时,其提前支取部分按活期计息,未支取部分仍按原利率执行,其定期存单作支付凭证,未支取部分填制新存单。全部提前支取时按活期存款利率计息。逾期支取时,对存期内部分按存入日利率计息,逾期部分改按支取日活期利率计息,会计分录与到期支取相同。

三、个人外汇存款的核算

个人外汇存款也称外币储蓄存款,指商业银行吸收自然人的外汇资金而形成的存款。个人外汇存款根据管理和核算的不同要求,可以采取不同的标准进行分类。

(1)按存款对象分为乙种外汇存款和丙种外汇存款。乙种外汇存款的存款对象是居住在国外或港澳台的外国人、外籍华人、华侨、港澳台同胞和短期来华人员,以及居住在中国境内的外国人。其外汇可汇往中国境内外,可兑换人民币,存款人出境时,可支取外钞或直接汇出。丙种外汇存款的存款对象是中国境内的居民,包括归侨、侨眷和港澳台同胞的亲属。汇往境外金额较大时,须经外汇管理部门批准。

(2)按存入资金形态分为现汇存款和现钞存款。个人既可以在银行开立现汇账户也可以开立现钞账户。

(3)按存取方式分为活期储蓄存款、定期储蓄存款、定活两便储蓄存款和个人通知存款。外汇活期储蓄存款的起存金额,乙种外汇存款为不低于人民币 100 元的等值外币,丙种外汇存款为不低于人民币 20 元的等值外币;外币定期储蓄存款的起存金额,乙种外币存款为不低于人民币 500 元的等值外币,丙种外币存款为不低于人民币 50 元的等值外币,定活两便储蓄存款的起存金额为不低于人民币 50 元的等值外币;个人七天通知存款的起存金额为不低于人民币 50 000 元的等值外币。

(一)外币活期储蓄存款的核算

1.存入款项的核算

(1)以外币现钞存入时,其会计分录为

借:库存现金　　　　　　　　　　　　　　　　(外币)
　　贷:吸收存款——活期储蓄存款(××户)　　(外币)

(2)存款人以汇入现汇存入时,其会计分录为

借:××科目　　　　　　　　　　　　　　　　(外币)
　　贷:吸收存款——活期储蓄外汇存款(××户)　(外币)

2.支取款项的核算

(1)支取外币现钞。存款人从外币现钞户支取同币种现钞,直接根据取款凭条办理取款。其会计分录为

借:吸收存款——活期储蓄外汇存款(××户)　　(外币)
　　贷:库存现金　　　　　　　　　　　　　　(外币)

(2)以汇出现汇方式支取。其会计分录为

借:吸收存款——活期储蓄外汇存款(××户)　　(外币)
　　贷:××科目　　　　　　　　　　　　　　(外币)

同时按规定费率计收汇费。

(3)兑取人民币现金的核算。存款人要求从现汇户或现钞户取款并兑换成人民币现金,应按当日牌价折算。其会计分录为

借:吸收存款——活期储蓄外汇存款(××户)　　(外币)
　　贷:货币兑换　　　　　　　　　　　　　　(外币)

借:货币兑换　　　　　　　　　　　　　　　　　　　　（人民币）
　　贷:库存现金　　　　　　　　　　　　　　　　　　（人民币）

3. 利息的计算与核算

资产负债表日,商业银行对吸收的外币活期储蓄存款应按规定计提利息。计提时,按计算确定的利息费用和应付未付利息,借记"利息支出"科目,贷记"应付利息"科目。外币活期储蓄存款按季结息,结息日为每季末月20日,全年按实际天数计算,以结息日挂牌的活期储蓄存款利率计算利息。结息日的会计分录为

借:应付利息——××户　　　　　　　　　　　　　　（外币）
　　贷:吸收存款——活期储蓄存款(××户)　　　　　（外币）

存款人要求销户时,应随时结清利息,会计分录为

借:吸收存款——活期储蓄外汇存款(××户)　　　　　（外币）
　　应付利息——××户　　　　　　　　　　　　　　（外币）
　　贷:库存现金　　　　　　　　　　　　　　　　　　（外币）

(二) 外汇定期储蓄存款的核算

外汇定期储蓄存款可比照人民币整存整取定期储蓄存款及前述外汇存款业务进行核算,这里不再展开阐述。

第四节　外汇贷款业务的核算

外汇贷款是商业银行办理的以外币为计量单位的贷款。外汇贷款按照不同的标准可以划分为不同的种类。

一、外汇贷款的种类

(1) 按贷款期限分为短期外汇贷款和中长期外汇贷款。短期外汇贷款是指期限在一年以内(含一年)的外汇贷款;中长期外汇贷款是指期限在一年(不含一年)以上的外汇贷款。
(2) 按贷款发放条件分为信用贷款和担保贷款。
(3) 按贷款利率形式分为浮动利率贷款、固定利率贷款、优惠利率贷款、贴息贷款。
(4) 按贷款资金来源分为现汇贷款、"三贷"贷款和银团贷款。

二、现汇贷款的核算

这里以商业银行发放的短期现汇贷款为例,阐述贷款发放、贷款计息和贷款收回三个方面的核算。

(一) 贷款发放

借款单位向银行申请现汇贷款时,应填具借款申请书。银行审查同意后,与借款单位订立借款合同,并开立外汇贷款专户。会计分录为

借:贷款——短期外汇贷款——××户　　　　　　　（外币）
　　贷:吸收存款——单位活期存款——××户　　　　（外币）

如以贷款货币对外付汇,则需要经过套汇处理,会计分录为

借：贷款——短期外汇贷款——××户　　　　　　（外币）
　　贷：存放同业或其他科目　　　　　　　　　　（外币）

若借款单位以非贷款外币对外付汇，则需按前述两种货币之间的套汇业务进行处理。会计分录略。

（二）贷款计息

现汇贷款可以采用浮动利率、固定利率或优惠利率。短期现汇贷款一般采用浮动利率，浮动档次有 1 个月浮动、3 个月浮动和 6 个月浮动三种。在浮动期内，无论市场利率有无变动，一律按贷款发放日确定的该档次利率计算利息，在浮动期后，按浮动利率计息。短期现汇贷款采用积数计息法计算利息，计息天数为实际天数，算头不算尾。

1. 资产负债表日计提利息的核算

借：应收利息——短期现汇贷款应收利息　　　　（外币）
　　贷：利息收入——短期现汇贷款利息收入　　　（外币）

2. 结息日结计利息的核算

每季末月 20 日结息。结息日，先将上一计提日至结息日的利息补提，然后将本计息期所有应收利息于次日以原币计收。

（1）结息日补提利息：

借：应收利息——短期现汇贷款应收利息　　　　（外币）
　　贷：利息收入——短期现汇贷款利息收入　　　（外币）

（2）结息日次日以原币计收利息时。

①以外汇存款偿还利息时：

借：吸收存款——单位活期存款——××单位　　（外币）
　　贷：应收利息——短期现汇贷款应收利息　　　（外币）

②按合同约定将利息转为贷款本金时：

借：贷款——短期外汇贷款——××单位　　　　（外币）
　　贷：应收利息——短期现汇贷款应收利息　　　（外币）

（三）贷款收回

现汇贷款到期，银行先将上一计提日至到期日的利息补提，然后办理本息收回手续。补提利息的分录略。收回贷款本息的分录为

1. 以外汇存款偿还贷款本息时

借：吸收存款——单位活期存款——××单位　　（外币）
　　贷：贷款——短期外汇贷款——××单位　　　（外币）
　　　　应收利息——短期现汇贷款应收利息　　　（外币）

2. 以人民币购汇偿还贷款本息时

借：吸收存款——单位活期存款——××单位　　（人民币）
　　贷：货币兑换　　　　　　　　　　　　　　（人民币）
借：货币兑换　　　　　　　　　　　　　　　　（外币）
　　贷：贷款——短期外汇贷款——××单位　　　（外币）
　　　　应收利息——短期现汇贷款应收利息　　　（外币）

以非贷款外币偿还贷款本息时,按套汇处理。

三、买方信贷外汇贷款的核算

买方信贷是由出口国银行直接向进口商或进口国银行提供的贷款,用以向出口国购买技术、设备、货物以及支付有关费用。贷款期限一般较长(最长可达 10 年),利率较低。买方信贷分为出口买方信贷和进口买方信贷。我国商业银行主要办理进口买方信贷,即我国银行作为进口国银行从出口国银行取得资金,并按需要转贷给进口单位使用。

(一)科目的设置

(1)"借入买方信贷款"科目。买方信贷项下向国外银行的借入款,由总行集中开户、记账核算和负责偿还本息。该科目属于负债类科目,总行核算获得买方信贷后借入款项的数额及到期偿还情况。借入款项时记入贷方,归还款项时记入借方,期末贷方余额反映尚未归还的款项。

(2)"买方信贷外汇贷款"科目。各分行对国内进口单位发放买方信贷外汇贷款,由各分行开户,在"贷款"科目下设置"买方信贷外汇贷款"明细科目,核算买方信贷外汇贷款的发放和收回情况。该科目属于资产类科目,发放贷款时记入借方,收回贷款时记入贷方,期末借方余额反映尚未收回的贷款余额。

(二)买方信贷外汇贷款的核算

1. 对外签订信贷协议

买方信贷协议签订后,总行进行表外核算:

收入:买方信贷用款限额　　　　　　　　　　　　　(外币)

使用贷款时,按使用金额逐笔转销表外科目。

付出:买方信贷用款限额　　　　　　　　　　　　　(外币)

2. 支付定金

买方信贷的贷款金额一般不得超过贸易合同金额的 85%,其余要以现汇支付定金。在签订合同时,需要支付不少于 15% 的定金。贷款应分期按等分金额每半年还本付息一次。

(1)进口单位直接用现汇支付定金时:

借:吸收存款——单位活期存款——××进口单位　　(外币)

　　贷:存放同业或其他科目　　　　　　　　　　　　(外币)

若进口单位支付定金的现汇为非贷款外币,则按套汇处理。

(2)进口单位以人民币购汇支付定金时:

借:吸收存款——单位活期存款——××进口单位　　(人民币)

　　贷:货币兑换　　　　　　　　　　　　　　　　　(人民币)

借:货币兑换　　　　　　　　　　　　　　　　　　　(外币)

　　贷:存放同业或其他科目　　　　　　　　　　　　(外币)

(3)进口单位向银行申请现汇贷款支付定金时:

借:贷款——短期外汇贷款——××进口单位　　　　(外币)

　　贷:存放同业或其他科目　　　　　　　　　　　　(外币)

3. 使用贷款

商业银行对外办理进口支付时,分不同情况处理:

(1)进口单位无现汇,需向银行取得买方信贷外汇贷款,到期时进口单位偿还贷款本息。

①进口单位在总行营业部开户时,由总行直接发放买方信贷外汇贷款。总行会计分录为

借:贷款——买方信贷外汇贷款——××进口单位　　（外币）
　　贷:借入买方信贷款——××国外银行　　　　　　（外币）
　　付出:买方信贷用款限额　　　　　　　　　　　　（外币）

②进口单位在异地分行开户时,由分行发放买方信贷外汇贷款,并通过行内系统发送报文划收总行。分行会计分录为

借:贷款——买方信贷外汇贷款——××进口单位　　（外币）
　　贷:上存系统内款项——上存总行备付金　　　　　（外币）

总行收到异地分行上划报文后,会计分录为

借:系统内款项存放——××分行备付金　　　　　　（外币）
　　贷:借入买方信贷款——××国外银行　　　　　　（外币）
　　付出:买方信贷用款限额　　　　　　　　　　　　（外币）

(2)进口单位有现汇,也可以办理买方信贷,进口单位用现汇办理付汇手续;买方信贷资金归银行使用,由银行承担相应的利息。

①进口单位在总行营业部开户时,总行会计分录为

借:吸收存款——单位活期存款——××进口单位　　（外币）
　　贷:借入买方信贷款——××国外银行　　　　　　（外币）
　　付出:买方信贷用款限额　　　　　　　　　　　　（外币）

②进口单位在异地分行开户时,分行会计分录为

借:吸收存款——单位活期存款——××进口单位　　（外币）
　　贷:上存系统内款项——上存总行备付金　　　　　（外币）

总行收到异地分行上划报文后,会计分录为

借:系统内款项存放——××分行备付金　　　　　　（外币）
　　贷:借入买方信贷款——××国外银行　　　　　　（外币）
　　付出:买方信贷用款限额　　　　　　　　　　　　（外币）

4. 计提利息

资产负债表日,商业银行总行计提利息支出时:

借:利息支出——买方信贷利息支出　　　　　　　　（外币）
　　贷:应付利息——买方信贷应付利息　　　　　　　（外币）

资产负债表日,发放买方信贷外汇贷款的银行(商业银行总行或分行)计提利息收入时:

借:应收利息——买方信贷应收利息　　　　　　　　（外币）
　　贷:利息收入——买方信贷利息收入　　　　　　　（外币）

5. 偿还贷款本息

买方信贷外汇贷款由商业银行总行统一偿还本息;商业银行总行对国内进口单位发放的贷款,应按期收回本息。

(1)对外偿还贷款本息。商业银行总行先补提上一计提日至偿还日的利息,再办理偿

付本息手续。补提利息的分录略。

商业银行总行对外偿还贷款本息时：

借：借入买方信贷——××国外银行　　　　　　（外币）
　　应付利息——买方信贷应付利息　　　　　　（外币）
　贷：存放同业或其他科目　　　　　　　　　　（外币）

(2) 对内收回贷款本息。商业银行先补提上一计提日至收回本息日的利息，再办理收回本息手续。补提利息的分录略。商业银行对内收回贷款本息时，分不同情况处理。

①进口单位直接以现汇偿还时：

借：吸收存款——单位活期存款——××进口单位　（外币）
　贷：贷款——买方信贷外汇贷款——××进口单位　（外币）
　　　应收利息——买方信贷应收利息　　　　　　（外币）

②进口单位以人民币购汇偿还时：

借：吸收存款——单位活期存款——××进口单位　（人民币）
　贷：货币兑换　　　　　　　　　　　　　　　（人民币）
借：货币兑换　　　　　　　　　　　　　　　　（外币）
　贷：贷款——买方信贷外汇贷款——××进口单位　（外币）
　　　应收利息——买方信贷应收利息　　　　　　（外币）

如借款单位不能按期归还本息，应于到期日将本息转入"短期外汇贷款"明细科目核算，并按短期外汇贷款利率计息。

四、国际贸易融资的核算

(一) 进口押汇的核算

押汇是异地交易途中以在途商品为抵押的借款。押汇业务分为出口押汇和进口押汇两种。

进口押汇是指商业银行在进口信用证或进口代收项下，接受包括货运单据在内的全套进口单据作为抵押，为进口商对外垫付进口款项的短期融资业务。

其处理流程为：①商业银行收到有关单据后，先为进口商垫款对外支付；②进口商在规定时间内付款赎单，商业银行收回垫款本息，释放单据；或进口商出具信托收据借出货运单提货，以出售进口货物后所得货款归还商业银行垫款本息。

1. 承做进口押汇

商业银行收到进口商提交的进口押汇申请书、信托收据、贸易合同等资料，审核同意后，办理进口押汇对外付款手续：

借：贷款——进口押汇——××进口商　　　　　（外币）
　贷：存放同业或其他科目　　　　　　　　　　（外币）

2. 计提进口押汇利息

资产负债表日，计提进口押汇利息收入时：

借：应收利息——押汇应收利息　　　　　　　　（外币）
　贷：利息收入——押汇利息收入　　　　　　　（外币）

3. 收回押汇本息

进口商付款赎单时,商业银行先补提上一计提日至收回押汇本息日的利息,再办理收回押汇本息手续。

$$进口押汇利息 = 押汇金额 \times 押汇天数 \times 年利率 \div 360$$

补提利息的分录略。

商业银行收回押汇本息时:

借:吸收存款——单位活期存款——××进口商　　　　（外币）
　　贷:贷款——进口押汇——××进口商　　　　　　　（外币）
　　　　应收利息——押汇应收利息　　　　　　　　　　（外币）

(二)出口押汇的核算

出口押汇是指出口商发运货物后,将全套出口单据提交商业银行,由银行买入单据并按票面金额扣除从出口押汇日起至预计收汇日止的利息及有关手续费,将净额预先付给出口商,然后凭全套出口单据向进口商收回垫款本息的短期融资业务。

1. 承做出口押汇

商业银行收到出口商提交的出口押汇申请书,并与其签订出口押汇总质权书后,计算从出口押汇日起至预计收汇日止的利息,办理出口押汇手续。

$$出口押汇利息 = 押汇金额 \times 预计押汇天数 \times 年利率 \div 360$$

(1)支付原币时:

借:贷款——出口押汇——××出口商(本金)　　　　（外币）
　　贷:贷款——出口押汇——××出口商(利息调整)　　（外币）
　　　　手续费及佣金收入——出口押汇手续费收入　　　（外币）
　　　　吸收存款——单位活期存款——××出口商　　　（外币）

(2)结汇后支付人民币时:

借:贷款——出口押汇——××出口商(本金)　　　　（外币）
　　贷:贷款——出口押汇——××出口商(利息调整)　　（外币）
　　　　手续费及佣金收入——出口押汇手续费收入　　　（外币）
　　　　货币兑换　　　　　　　　　　　　　　　　　　（外币）
借:货币兑换　　　　　　　　　　　　　　　　　　　　（人民币）
　　贷:吸收存款——单位活期存款——××出口商　　　（人民币）

2. 确认出口押汇利息收入

资产负债表日,确认出口押汇利息收入时:

借:贷款——出口押汇——××出口商(利息调整)　　　（外币）
　　贷:利息收入——押汇利息收入　　　　　　　　　　（外币）

3. 收回押汇本息

商业银行收到国外银行已收妥货款的报文,先确认上一资产负债表日至收回押汇本息日的利息收入,然后办理收回押汇本息手续。

(1)收回押汇本息日,确认利息收入的处理。

实际押汇天数少于或等于预计押汇天数时:

借：贷款——出口押汇——××出口商（利息调整）　　（外币）
　　　　贷：利息收入——押汇利息收入　　　　　　　　（外币）
实际押汇天数多于预计押汇天数时：
　　借：贷款——出口押汇——××出口商（利息调整）　　（外币）
　　　　应收利息——押汇应收利息　　　　　　　　　　（外币）
　　　　贷：利息收入——押汇利息收入　　　　　　　　（外币）
（2）收回押汇本息的处理。
实际押汇天数与预计押汇天数一致时：
　　借：存放同业或其他科目　　　　　　　　　　　　　（外币）
　　　　贷：贷款——出口押汇——××出口商（本金）　　（外币）
实际押汇天数少于预计押汇天数时：
　　借：存放同业或其他科目　　　　　　　　　　　　　（外币）
　　　　贷款——出口押汇——××出口商（利息调整）　　（外币）
　　　　贷：贷款——出口押汇——××出口商（本金）　　（外币）
　　　　　　吸收存款——单位活期存款——××出口商　　（外币）
实际押汇天数多于预计押汇天数时：
　　借：存放同业或其他科目　　　　　　　　　　　　　（外币）
　　　　吸收存款——单位活期存款——××出口商　　　（外币）
　　　　贷：贷款——出口押汇——××出口商（本金）　　（外币）
　　　　　　应收利息——押汇应收利息　　　　　　　　（外币）

第五节　外汇结算业务的核算

一、外汇结算的种类

外汇结算又称国际结算，是指通过外汇的收付对国际上的债权债务进行了结和清算。外汇结算分为贸易结算和国际非贸易结算。

国际贸易结算是指通过外汇的收付对国际上商品交易所引起的债权债务进行了结和清算的业务。主要有信用证、托收和汇款三种结算方式。

国际非贸易结算是指通过外汇的收付对国际上商品交易以外的经济、文化和政治交往活动发生的债权债务进行了结和清算的业务。主要有非贸易汇款、非贸易信用证、旅行支票、非贸易票据买入与托收、信用卡等结算方式。

二、信用证业务的核算

（一）信用证（L/C）的概念及处理流程

开证银行根据申请人（进口商）的要求向受益人（出口商）开立的一定金额、在一定期限内凭议付行寄来规定的单据付款或承兑汇票的书面承诺，是银行有条件保证付款的凭证，包括申请、开证、通知、交单、垫付、寄单、偿付、通知付款和付款赎单等环节。

(二)信用证业务的核算

信用证业务包括进口信用证业务和出口信用证业务。

1. 进口信用证业务的核算

进口信用证业务是指商业银行根据国内进口商的开证申请,向国外出口商开立信用证,凭国外银行寄来的信用证中规定的单据,按照信用证条款规定对国外出口商付款,并向国内进口商办理扣款的业务。包括开立信用证、修改信用证和审单付款三个环节。

(1)开立信用证。

进口商填具开证申请书,连同贸易合同等交银行。银行审查同意后,收取开证保证金,开立信用证,以电讯方式向通知行发送信用证信息,并进行表外科目核算和向申请人收取开证手续费(开证金额的0.15%但不低于RMB 300)。

收取保证金的分录为

借:吸收存款——单位活期存款——××申请人　　　　（外币或人民币）

　　贷:存入保证金——信用证保证金——××申请人　　（外币或人民币）

收取手续费的分录为

借:吸收存款——单位活期存款——××申请人　　　　（人民币或等值外币）

　　贷:手续费及佣金收入——信用证开证手续费收入　　（人民币或等值外币）

进行表外科目核算的分录为：

若采用单式(收、付)记账：

收入:开出信用证　　　　　　　　　　　　　　　　　（外币）

若采用复式(借、贷)记账：

借:应收开出信用证款项　　　　　　　　　　　　　　（外币）

　　贷:应付开出信用证款项　　　　　　　　　　　　（外币）

(2)修改信用证。

修改信用证增加或减少的金额,应进行"应收开出信用证款项"和"应付开出信用证款项"表外核算,并相应补收或退回开证保证金。同时,还应按规定收取修改手续费。

(3)审单付款。

①即期信用证付款的核算。即期信用证是指受益人根据信用证的规定,可凭即期跟单汇票或仅凭单据收取货款的信用证。其特点是单证相符,见单即付。

即期信用证的付款方式可采用单到国内审单付款、国外审单主动借记付款、国外审单电汇索偿付款。

a. 单到国内审单付款。

开证行(或其指定付款行)收到单据交进口商审核确认付款(3日内)后,即办理对外付款手续,同时对进口商办理扣款转账。

若进口商以现汇付款,会计分录为

借:吸收存款——单位活期存款——××申请人　　　　（外币）

　　存入保证金——信用证保证金——××申请人　　　（外币）

　　贷:存放同业或其他科目　　　　　　　　　　　　（外币）

借:应付开出信用证款项　　　　　　　　　　　　　　（外币）

贷：应收开出信用证款项　　　　　　　　　　　　　　　　（外币）
若进口商以人民币购汇付款，会计分录为
　　借：吸收存款——单位活期存款——××申请人　　　（人民币）
　　　　存入保证金——信用证保证金——××申请人　　（人民币）
　　　贷：货币兑换　　　　　　　　　　　　　　　　　　（人民币）
　　借：货币兑换　　　　　　　　　　　　　　　　　　　　（外币）
　　　贷：存放同业或其他科目　　　　　　　　　　　　　　（外币）
　　借：应付开出信用证款项　　　　　　　　　　　　　　　（外币）
　　　贷：应收开出信用证款项　　　　　　　　　　　　　　（外币）

b. 国外审单主动借记付款。

议付行审核出口商提交的单据相符后，即主动借记开证行在该行开立的账户，并将单据及借记报单寄开证行。

开证行不需进口商承付，即对进口商办理扣款转账：
　　借：吸收存款——单位活期存款——××申请人　　　　（外币）
　　　　存入保证金——信用证保证金——××申请人　　　（外币）
　　　贷：存放同业或其他科目　　　　　　　　　　　　　　（外币）
　　　　　利息收入——信用证垫款利息收入　　　　　　　　（外币）
　　借：应付开出信用证款项　　　　　　　　　　　　　　　（外币）
　　　贷：应收开出信用证款项　　　　　　　　　　　　　　（外币）

若对进口商办理人民币扣款，则按售汇业务处理。分录略。

c. 国外审单电汇索偿付款。

议付行审单无误后，并不立即借记开证行账户，而是以电子方式通知开证行。

开证行收到电子信息，审核无误后通过电汇或信汇方式将款项汇交议付行。其办理付款的核算与单到国内审单付款相同。

②远期信用证付款的核算。

远期信用证是指开证行或其指定付款行收到受益人交来的远期汇票后，并不立即付款，而是先行承兑，待汇票到期再行付款的信用证。其特点是单证相符，到期付款。包括承兑、到期付款两个环节。

a. 承兑。

开证行收到单据交进口商确认到期付款后，即办理远期汇票承兑手续，并将承兑汇票寄国外议付行，由议付行到期凭以索汇。

开证行（承兑行）对承兑汇票进行表外核算：
　　借：应收承兑汇票款　　　　　　　　　　　　　　（外币，到期值）
　　　贷：应付承兑汇票款　　　　　　　　　　　　　　（外币，到期值）
同时：
　　借：应付开出信用证款项　　　　　　　　　　　（外币，开证金额）
　　　贷：应收开出信用证款项　　　　　　　　　　　（外币，开证金额）

b. 到期付款。

承兑汇票到期，开证行即办理对外付款和对进口商扣款转账：

借:吸收存款——单位活期存款——××申请人　　　　　　　（外币）
　　存入保证金——信用证保证金——××申请人　　　　　　（外币)
　贷:存放同业或其他科目　　　　　　　　　　　　　　　　（外币)
借:应付承兑汇票款　　　　　　　　　　　　　　　　　　（外币,到期值)
　贷:应收承兑汇票款　　　　　　　　　　　　　　　　　　（外币,到期值)

2.出口信用证业务的核算

出口商根据国外进口商通过国外银行开来的信用证,按照其条款规定,将出口单据送交商业银行办理审单议付,商业银行在向国外银行收取外汇后,对出口商办理结汇的业务。包括受证与通知、审单议付和收汇与结汇三个环节。

(1)受证与通知。

商业银行(通知行)收到国外银行开来的信用证,审核无误后,进行表外核算:

收入:国外开来保证凭信　　　　　　　　　　　　　　　　（外币)

然后,将信用证副本保管,将信用证正本通知受益人(国内出口商)以便发货,并收取通知手续费(RMB 200/笔):

借:吸收存款——单位活期存款——××受益人　　　　　　（人民币或等值外币)
　贷:手续费及佣金收入——信用证通知手续费收入　　　　（人民币或等值外币)

若收到信用证修改通知,则修改增加或减少的金额应进行"国外开来保证凭信"表外核算。

若收到开证行汇入信用证项下部分或全部保证金,则

借:存放同业或其他科目　　　　　　　　　　　　　　　　（外币)
　贷:存入保证金——信用证保证金——××户　　　　　　（外币)

(2)审单议付。

商业银行(议付行)收到出口商提交的信用证和全套单据,审核无误后,填制出口寄单议付通知书向国外银行寄单索汇。会计分录为

借:应收信用证出口款项　　　　　　　　　　　　　　　　（外币)
　贷:代收信用证出口款项　　　　　　　　　　　　　　　　（外币)
付出:国外开来保证凭信　　　　　　　　　　　　　　　　（外币)

同时按议付单据金额的0.125%,但每笔不低于RMB 200向受益人收取议付手续费:

借:吸收存款——单位活期存款——××受益人　　　　　　（人民币或等值外币)
　贷:手续费及佣金收入——信用证议付手续费收入　　　　（人民币或等值外币)

商业银行(议付行)收到国外银行已将票款收入商业银行账户的通知("已贷记"或"请借记")时,区分不同情况处理。

①以原币转入出口商现汇账户时:

借:存放同业或其他科目　　　　　　　　　　　　　　　　（外币)
　贷:手续费及佣金收入　　　　　　　　　　　　　　　　　（外币)
　　吸收存款——单位活期存款——××出口商　　　　　　（外币)

同时:

借:代收信用证出口款项　　　　　　　　　　　　　　　　（外币)
　贷:应收信用证出口款项　　　　　　　　　　　　　　　　（外币)

②通过结汇转入出口商人民币账户时：
借：存放同业或其他科目　　　　　　　　　　　　　　　（外币）
　　贷：货币兑换　　　　　　　　　　　　　　　　　　（外币）
借：货币兑换　　　　　　　　　　　　　　　　　　　　（人民币）
　　贷：吸收存款——单位活期存款——××出口商　　　（人民币）
同时：
借：代收信用证出口款项　　　　　　　　　　　　　　　（外币）
　　贷：应收信用证出口款项　　　　　　　　　　　　　（外币）

三、托收业务的核算

(一)托收的概念及种类

托收是指由收款人签发汇票或提供索汇凭据，委托银行通过其国外联行或代理行向付款人代为收款的一种结算方式。包括跟单托收和光票托收。

跟单托收是指委托人(收款人)将签发的汇票连同货运单据(如提单、保险单等)一并交给托收行办理的托收。光票托收是指不附货运单据，仅凭汇票办理的托收。附有不包括货运单据的发票、垫款清单等的托收，也属于光票托收。

(二)托收业务的处理流程

处理流程为：

(1)委托人(出口商)发货后，将托收委托书、汇票及货运单据交托收行，委托代为收款。

(2)托收行将汇票、货运单据交代收行，委托其向付款人(进口商)代为收款。

(3)代收行收到汇票、货运单据，向付款人做付款或承兑提示。

(4)付款人向代收行付款或承兑后，代收行将货运单据交付款人。

(5)代收行将货款汇给托收行。承兑交单的，待汇票到期付款人付款后，代收行将货款汇给托收行。

(6)托收行收到款项后，将款项付给委托人。

(三)托收业务的核算

1.出口托收业务的核算

出口托收是指出口商(委托人)根据进出口双方签订的贸易合同的规定，在备货出运后，将全套出口单据和签发的汇票送交商业银行(托收行)，由银行委托国外银行(代收行)向进口商(付款人)收取款项的业务。包括发出托收单证和收妥入账两个环节。

(1)发出托收单证。银行收到出口商提交的出口托收申请书、汇票及出口单据，审核无误后，缮制出口托收委托书，连同汇票及出口单据寄国外代收行。

银行发出托收时：
借：应收出口托收款项　　　　　　　　　　　　　　　　（外币）
　　贷：代收出口托收款项　　　　　　　　　　　　　　（外币）

出口托收寄单后，如需增加托收金额，分录同上；如需减少托收金额，分录相反。若进口商拒付，则反向注销托收金额。

银行办理出口托收,应向出口商计收托收手续费和邮费:

借:吸收存款——单位活期存款——××出口商　　　　（人民币）
　贷:手续费及佣金收入——出口托收手续费收入　　　（人民币）
　　　业务及管理费——邮费　　　　　　　　　　　　（人民币）

(2)收妥入账。银行收到国外银行划回的托收款项,经核实确认已收妥时,方能办理收汇或结汇。

①以原币转入出口商现汇账户时:

借:存放同业或其他科目　　　　　　　　　　　　　　（外币）
　贷:吸收存款——单位活期存款——××出口商　　　（外币）
借:代收出口托收款项　　　　　　　　　　　　　　　（外币）
　贷:应收出口托收款项　　　　　　　　　　　　　　（外币）

②通过结汇转入出口商人民币账户时:

借:存放同业或其他科目　　　　　　　　　　　　　　（外币）
　贷:货币兑换　　　　　　　　　　　　　　　　　　（外币）
借:货币兑换　　　　　　　　　　　　　　　　　　　（人民币）
　贷:吸收存款——单位活期存款——××出口商　　　（人民币）
借:代收出口托收款项　　　　　　　　　　　　　　　（外币）
　贷:应收出口托收款项　　　　　　　　　　　　　　（外币）

2. 进口代收业务的核算

国外出口商根据贸易合同的规定,在备货出运后,通过国外托收行寄来单据,委托国内商业银行代向国内进口商收取款项的业务。包括收到进口代收单据和对外付款两个环节。

(1)收到进口代收单据。银行收到托收委托书及单据,审核无误后,缮制进口代收赎单通知书,连同主要单据复印件交进口商,提示其来行办理付款或承兑赎单手续。会计分录为

借:应收进口代收款项　　　　　　　　　　　　　　　（外币）
　贷:应付进口代收款项　　　　　　　　　　　　　　（外币）

进口商办理付款或承兑赎单时,在付款交单条件下,进口商付款后,即可拿到正本单据凭以提货;在承兑交单条件下,进口商需先承兑远期汇票并提交银行,然后领取正本单据凭以提货,并在承兑汇票到期日付款。

(2)对外付款。进口商对进口单据同意承付,或者已承兑远期汇票已到到期日,银行办理扣款并对外付款。

①进口商通过现汇账户付汇时:

借:吸收存款——单位活期存款——××进口商　　　（外币）
　贷:存放同业或其他科目　　　　　　　　　　　　　（外币）
借:吸收存款——单位活期存款——××进口商　　　（外币或人民币）
　贷:手续费及佣金收入——进口代收手续费收入　　（外币或人民币）

银行(代收行)应计收进口代收手续费。若托收委托书规定由出口商负担,则直接从代收款项中扣收等值外汇;若由进口商负担,则另行向进口商计收。若委托书未明确由谁负担,则直接从代收款项中扣收等值外汇。

借:应付进口代收款项　　　　　　　　　　　　　　　　　　（外币）
　　贷:应收进口代收款项　　　　　　　　　　　　　　　　　（外币）
②进口商用人民币购汇付汇时:
借:吸收存款——单位活期存款——××进口商　　　　　　（人民币）
　　贷:货币兑换　　　　　　　　　　　　　　　　　　　　　（人民币）
借:货币兑换　　　　　　　　　　　　　　　　　　　　　　　（外币）
　　贷:存放同业或其他科目　　　　　　　　　　　　　　　　（外币）
借:吸收存款——单位活期存款——××进口商　　　　　　（人民币）
　　贷:手续费及佣金收入——进口代收手续费收入　　　　　（人民币）
借:应付进口代收款项　　　　　　　　　　　　　　　　　　（外币）
　　贷:应收进口代收款项　　　　　　　　　　　　　　　　　（外币）

如进口商全部拒付,应填拒付理由书连同单据退银行转交或通知国外托收行;如部分拒付,则按实付金额办理对外付款。同时,将"应收(付)进口代收款项"表外科目对转。

四、汇款业务的核算

(一)汇款的概念及种类

汇款是指汇款人主动将款项交给商业银行,由银行采用约定的汇款方式汇给收款人,以达成国际货币收付目的和国际债权债务的清偿。汇款包括信汇、电汇、票汇。

信汇是指汇出行根据汇款人的要求,以邮寄方式发出汇款指令,并委托汇入行解付一定金额给指定收款人的汇款。电汇是指汇出行根据汇款人的要求,以电讯方式发出汇款指令,并委托汇入行解付一定金额给指定收款人的汇款。票汇是指汇出行根据汇款人的要求,以出具银行即期汇票(国外银行为付款人)方式,要求受票行解付票面金额给指定收款人(持票人)的汇款。

(二)汇款业务的处理流程及特点

处理流程为:
(1)汇款人委托汇出行将款项汇给收款人。
(2)汇出行指示汇入行将款项支付给收款人。
(3)汇入行将款项支付给收款人。

汇款属于商业信用;与信用证和托收结算比,汇款结算手续最为简便,费用也最少;对于预付货款的进口商和货到付款的出口商而言,汇款结算风险大。

(三)汇款业务的核算

1.汇出汇款业务的核算

汇出汇款业务是商业银行接受汇款人(进口商)的委托,以约定汇款方式委托国外联行或代理行将一定金额的款项支付给指定收款人(出口商)的业务。

(1)以电汇、信汇方式汇出汇款的处理。
①汇款人通过现汇账户汇出汇款时:
借:吸收存款——单位活期存款——××汇款人　　　　　　（外币）
　　贷:存放同业或其他科目　　　　　　　　　　　　　　　　（外币）

借:吸收存款——单位活期存款——××汇款人　　　　　　（外币或人民币）
　　贷:手续费及佣金收入——汇出汇款手续费收入　　　　（外币或人民币）
　　　　业务及管理费——邮费　　　　　　　　　　　　（外币或人民币）
②汇款人用人民币购汇汇出汇款时:
借:吸收存款——单位活期存款——××汇款人　　　　　　（人民币）
　　贷:货币兑换　　　　　　　　　　　　　　　　　　　（人民币）
借:货币兑换　　　　　　　　　　　　　　　　　　　　　（外币）
　　贷:存放同业或其他科目　　　　　　　　　　　　　　（外币）
借:吸收存款——单位活期存款——××汇款人　　　　　　（人民币）
　　贷:手续费及佣金收入——汇出汇款手续费收入　　　　（人民币）
　　　　业务及管理费——邮费　　　　　　　　　　　　（人民币）
(2)以票汇方式汇出汇款的处理。汇款人通过现汇账户汇出汇款时:
借:吸收存款——单位活期存款——××汇款人　　　　　　（外币）
　　贷:吸收存款——汇出汇款——××汇款人　　　　　　（外币）
借:吸收存款——单位活期存款——××汇款人　　　　　　（外币和人民币）
　　贷:手续费及佣金收入——汇出汇款手续费收入　　　　（外币或人民币）
银行(汇出行)收到国外汇入行的借记报文时:
借:吸收存款——汇出汇款——××汇款人　　　　　　　　（外币）
　　贷:存放同业或其他科目　　　　　　　　　　　　　　（外币）
汇款人用人民币购汇汇出汇款的会计分录略。

2. 汇入汇款业务的核算

汇入汇款业务国外汇款人将款项通过国外银行汇入商业银行,商业银行根据国外汇出行的指示,将款项解付给指定收款人的业务。

(1)信汇、电汇解付的处理。银行(汇入行)收到国外汇出行的信汇委托书或报文,核对相符后,填制汇款通知书,通知收款人领取汇款。分录为
借:存放同业或其他科目　　　　　　　　　　　　　　　　（外币）
　　贷:吸收存款——汇入汇款——××收款人　　　　　　（外币）
解付汇款时,以原币入账的,分录为
借:吸收存款——汇入汇款——××收款人　　　　　　　　（外币）
　　贷:吸收存款——单位活期存款——××收款人　　　　（外币）
办理结汇入账的,分录为
借:吸收存款——汇入汇款——××收款人　　　　　　　　（外币）
　　贷:货币兑换　　　　　　　　　　　　　　　　　　　（外币）
借:货币兑换　　　　　　　　　　　　　　　　　　　　　（人民币）
　　贷:吸收存款——单位活期存款——××收款人　　　　（人民币）
(2)票汇解付的处理。银行(汇入行)收到国外汇出行的票汇通知书及汇款头寸,核对无误后,转入"汇入汇款"科目,待持票人前来兑取。
借:存放同业或其他科目　　　　　　　　　　　　　　　　（外币）
　　贷:吸收存款——汇入汇款——××收款人　　　　　　（外币）

持票人持票来行取款时,银行办理原币入账或结汇入账的分录与信汇、电汇相同。

思考题

1. 什么是外汇业务?外汇业务有什么特点?
2. 什么是外汇分账制?有什么特点?
3. 什么是外汇买卖?具体如何核算?
4. 外汇贷款业务有哪些种类?如何核算?
5. 什么是信用证结算?进口信用证和出口信用证分别如何核算?

练习题

1. 李丽因出国参加国际会议,需购买美元现钞5 000元,向中国银行某支行交来人民币现金办理兑换手续,当日美元钞买价为 USD 100 = RMB 635.09。编制会计分录。

2. 艾薇尔持加拿大元现钞2 000元,到中国银行某支行要求兑换人民币现金,当日加拿大元钞买价为 CAD 100 = RMB 601.84。编制会计分录。

3. 张鑫要求从其港元现汇存款账户中支取人民币现金10 000元,中国银行某支行办理付款手续。当日港元汇买价为 HKD 100 = RMB 81.45。编制会计分录。

4. 艾迪公司申请从其美元现汇账户支付 AUD 10 000 汇往澳大利亚,用于支付CE鞋业公司货款,当日美元汇买价为 USD 100 = RMB 633.60,澳大利亚元汇卖价为 AUD 100 = RMB 656.95,中国银行某支行办理汇款手续。编制会计分录。

5. 外国留学生吉米到中国银行某支行申请从其英镑现汇账户中支取英镑现钞GBP 1 000元。当日英镑钞卖价为 GBP 100 = RMB 1 020.38,汇买价为 GBP 100 = RMB 1 012.25。编制会计分录。

6. 南风进出口公司将港元现钞300 000元,存入其在中国银行某支行开立的港元现汇账户。当日港元钞买价为 HKD 100 = RMB 80.80,汇卖价为 HKD 100 = RMB 81.76。编制会计分录。

第九章　损益的核算

第一节　收入的核算

收入是指企业在日常活动中形成的、会导致所有者权益增加的、与所有者投入资本无关的经济利益的总流入。收入必须是金融企业日常活动中和所取得的,不包括为第三方或者客户代收的款项。日常活动是指金融企业为完成经营目标而从事的所有活动,如贷款业务、结算业务、资金拆借业务、外汇买卖业务等。与这些业务相对应的,银行的收入主要包括利息收入、手续费及佣金收入、汇兑损益、其他业务收入、投资收益等。

一、利息收入的核算

利息收入是银行发放各类贷款、办理票据贴现和办理存款(指银行存放在境内和境外外国银行、中外合资银行以及代理行的存款)所取得的利息收入。利息收入在整个营业收入中占有极大的比重,是银行财务收入的主要来源,是银行经营成果的重要内容。

(一)科目设置

"利息收入"属损益类科目。专门用于核算银行向客户发放的各类贷款(银团贷款、贸易融资、贴现和转贴现融出资金、协议透支、信用卡透支、转贷款、垫款等)、与其他金融机构(中央银行、同业等)之间发生资金往来业务、买入返售金融资产等实现的利息收入等。

(二)账务处理

1. 当期收到利息的核算

会计处理为

借:吸收存款——单位活期存款

　　贷:利息收入

2. 计提应收利息的核算

会计处理为

借:应收利息

　　贷:利息收入

实际收到利息时,会计处理为

借:吸收存款——单位活期存款

　　贷:应收利息

3. 欠息的核算

会计处理为

收入:未收贷款利息

另外,欠息还应按原贷款利率按季计算复利,列表外科目核算,并发给欠息单位复利通

知单。计提复利的会计分录与计提应收利息相同,表外核算也与欠息核算相同。实际收回未收贷款利息及复利时,会计处理为

借:吸收存款——单位活期存款
　　贷:应收利息（已计提的利息）
　　　　利息收入（未计提的利息）

同时,销记表外科目。会计处理为

付出:未收贷款利息

4. 应收而未收回利息的核算

会计处理为

借:利息收入——××利息收入户
　　贷:应收利息

同时,列入表外科目核算。会计处理为

收入:未收贷款利息——××借款人户

5. 收回已核销呆账贷款中利息收入的核算

会计处理为

借:应收利息
　　贷:坏账准备

同时:

借:吸收存款——单位活期存款
　　贷:应收利息

6. 期末,利息收入结转利润时

会计处理为

借:利息收入
　　贷:本年利润

二、手续费及佣金收入的核算

银行的手续费及佣金收入是指银行办理结算业务、咨询业务、担保业务、代保管等代理业务以及办理受托贷款及投资业务等取得的手续费及佣金,如结算手续费收入、佣金收入、业务代办手续费收入、基金托管收入、咨询服务收入、担保收入、受托贷款手续费收入、代保管收入,代理买卖证券、代理承销证券、代理兑付证券、代理保管证券、代理保险业务等代理业务以及其他相关服务实现的手续费及佣金收入等。银行的手续费等中间业务收入应当在向客户提供相关服务时予以确认。

（一）科目设置

"手续费及佣金收入"属损益类科目,用来核算银行各种手续费及佣金收入。本科目可按手续费及佣金收入类别进行明细核算。

（二）账务处理

银行取得手续费及佣金收入的时间也可逐笔向有关单位和个人收取。收取款项的方式有现金和转账结算两种。

1. 发生手续费及佣金收入时
会计处理为
借:库存现金(或吸收存款)
　　贷:手续费及佣金收入
2. 期末余额结转利润时
会计处理为
借:手续费及佣金收入
　　贷:本年利润

三、汇兑损益的核算

汇兑损益是银行经营外汇业务过程中因外币兑换、汇率变动等原因实现的汇兑收益及损失。汇兑损益应根据买入、卖出价差和汇率变动的净收益确认。

(一)科目设置

"汇兑损益"属损益类科目。用来核算银行发生的外币交易因汇率变动而产生的汇兑损益。

(二)账务处理

1. 当发生汇兑净收入时
会计处理为
借:货币兑换(本币或外币)
　　贷:汇兑损益——××收益账户(本币或外币)
2. 期末结账利润时

期末结账利润时本币账户的汇兑损益直接结转,而外币账户的汇兑损益则应根据年终决算日换算价格进行换算后结转。

(1)对本币账户的汇兑损益结转时,会计处理为
借:汇兑损益——××收益户(本币)
　　贷:本年利润(本币)
(2)对外币账户的汇兑损益进行结转时,会计处理为
借:汇兑损益——××收益户(外币)
　　贷:货币兑换——决算日汇价(外币)
借:货币兑换——决算日汇价(本币)
　　贷:本年利润(本币)

四、其他业务收入的核算

其他业务收入是指银行除存款、贷款、投资、证券买卖和代理业务以及金融机构往来之外的其他业务收入,包括租赁收入,补贴收入,中途转让投资收入,追偿款收入,房地产开发收入,金银买卖收入,无形资产转让净收入,抵押物、质物的拍卖、变卖净收入(在取得抵押物、质物次日起一年内处分)等。银行的其他业务收入在实际收到款项时予以确认。

(一)科目设置

"其他业务收入"属损益类科目。银行收到其他业务收入的有关款项时,借记"吸收存款"等科目,贷记本科目。期末,应将本科目余额转入"本年利润"科目,结转后本科目应无余额。

(二)账务处理

(1)发生其他业务收入时,会计处理为

借:吸收存款——××户

　　贷:其他业务收入——××收入户

(2)期末结转利润时,会计处理为

借:其他业务收入——××收入户

　　贷:本年利润

五、公允价值变动损益的核算

公允价值变动净收益,反映银行按照相关准则规定应当计入当期损益的资产或负债公允价值变动净收益,即核算企业在初始确认时划分为以公允价值计量且其变动计入当期损益的金融资产或金融负债(包括交易性金融资产或金融负债和直接指定为以公允价值计量且其变动计入当期损益的金融资产或金融负债),以及采用公允价值模式计量的投资性房地产、衍生工具、套期业务中公允价值变动形成的应计入当期损益的利得(或损失)。

(一)科目设置

"公允价值变动损益"属损益类科目。其应当按照交易性金融资产、交易性金融负债、投资性房地产等进行明细核算。

(二)账务处理

(1)持有期间资产负债表日,交易性金融资产或采用公允价值模式计量的投资性房地产的公允价值高于其账面价值时,会计处理为

借:交易性金融资产——公允价值变动

　　投资性房地产

　　贷:公允价值变动损益

公允价值低于其账面余额的差额做相反的会计分录。

(2)出售交易性金融资产或采用公允价值模式计量的投资性房地产时,会计处理为

借:存放中央银行款项

　　公允价值变动损益(该科目累计额的相反方向登记)

　　贷:交易性金融资产——成本

　　　　　　　　　　——公允价值变动

　　　　投资收益

(3)资产负债表日,交易性金融负债的公允价值高于其账面余额时,会计处理为

借:公允价值变动损益

　　贷:交易性金融负债

公允价值低于其账面余额的差额做相反的会计分录。

(4)处置(或偿还)交易性金融负债时,会计处理为
借:交易性金融负债
　　贷:存放中央银行款项
(5)采用公允价值模式计量的衍生工具、套期工具、被套期项目等形成的公允价值变动,按照"衍生工具""套期工具""被套期项目"等科目的相关规定进行处理。
(6)期末结转利润时,若为贷方余额,表示收益,会计处理为
借:公允价值变动损益
　　贷:本年利润
若为借方余额,表示损失,应结转于本年利润借方。

六、营业外收入的核算

营业外收入是指银行发生的与其经营业务无直接因果关系但又有一定联系的各项收入,主要包括非流动资产处置利得、非货币性资产交换利得、债务重组利得、政府补助、盘盈利得、捐赠利得等。银行取得营业外收入应在实际收到款项时予以确认。

(一)科目设置

"营业外收入"属于损益类科目,核算银行发生的各项营业外收入。企业确认处置非流动资产利得、非货币性资产交换利得、债务重组利得,比照"固定资产清理""无形资产""原材料""库存商品""应付账款"等科目的相关规定进行处理。本科目应按营业外收入项目进行明细核算。

确认的政府补助利得,借记"银行存款""递延收益"等科目,贷记本科目。期末,应将本科目余额转入"本年利润"科目,结转后本科目无余额。

(二)账务处理

1. 发生各项营业外收入的处理

发生各项营业外收入时,根据有关凭证编制借、贷方记账凭证。会计处理为
借:固定资产清理(或其他应付款等科目)
　　贷:营业外收入

2. 期末结转营业外收入的处理

期末本科目余额结转利润时,会计处理为
借:营业外收入
　　贷:本年利润

第二节　成本费用的核算

商业银行的费用主要包括利息支出、手续费及佣金支出、营业税金及附加、业务及管理费、资产减值损失、其他业务成本等。其中利息支出、手续费及佣金支出、其他业务成本等属于商业银行为提供劳务等发生的可归属于劳务成本等的费用。营业税金及附加主要核算应由营业收入负担的各种税金,包括营业税、城市维护建设税、教育费附加等。根据税法规定,银行作为经营货币信用的特殊企业,也应当向国家税务机关缴纳营业税和其他税款。

业务及管理费是一种期间费用,是指商业银行在业务经营和管理过程中所发生的各项费用。资产减值损失用于核算商业银行计提的各种资产减值准备所形成的损失。

一、利息支出的核算

利息支出是指商业银行吸收的各种存款(单位存款、个人存款、信用卡存款、特种存款、转贷款资金等)、与其他金融机构之间发生资金往来业务、卖出回购金融资产等产生的利息支出。

(一)科目设置

对商业银行发生的利息支出,在会计上应设置"利息支出"科目进行核算,该科目为损益类科目,可按利息支出项目进行明细核算。

(二)账务处理

(1)发生利息支出时,会计处理为

借:利息支出
　　贷:吸收存款

(2)预提定期存款应付利息时,会计处理为

借:利息支出
　　贷:应付利息
贷或借:吸收存款

(3)实际支付已预提的应付利息时,会计处理为

借:应付利息
　　贷:吸收存款——单位或个人活期存款

(4)期末结转利润时,会计处理为

借:本年利润
　　贷:利息支出

二、手续费及佣金支出的核算

手续费支出是银行委托其他单位办理有关业务而支付的工本费,如代办储蓄手续费、其他银行代办业务手续费等。手续费支付有现金支付和转账支付两种方式。

(一)科目设置

"手续费及佣金支出"属损益类科目,用于核算银行委托其他单位代办业务而支付的手续费。贷记本科目。本科目余额应反映在借方,期末结转利润后,本科目应无余额。

(二)账务处理

(1)待发生手续费时,会计处理为

借:手续费及佣金支出
　　贷:存放中央银行款项
　　　　或库存现金

(2)期末按"手续费及佣金支出"科目余额结转利润时,会计处理为

借:本年利润

贷:手续费及佣金支出

三、营业税金及附加的核算

　　营业税金及附加是指银行根据国家税法的规定,按适用税率或费率交纳的各种税收或附加费。它包括城市维护建设税、教育费附加。
　　城市维护建设税是国家为加强城市维护建设,扩大和稳定城市维护建设资金的来源而征收的一种税,其性质属于附加税。银行应以实际已缴纳的增值税、消费税额为课税对象,缴纳城市维护建设税。城市维护建设税的税率按银行所在地确定:银行分支机构在市区的按7%的税率缴纳;在县城或建制镇的税率为5%,其他为1%。其计算公式如下:

$$城市维护建设税=(增值税额、消费税额)\times适用税率$$

　　教育费附加是为了加快发展地方教育事业,扩大地方教育的来源而征收的一个税种。教育费附加是以银行实际缴纳、增值税、消费税额税额的3%收取,其计算公式如下:

$$教育费附加=(增值税额、消费税额)\times3\%$$

(一)科目设置

　　银行设置"营业税金及附加",该科目属于损益类科目,用于核算银行缴纳应由营业收入负担的各种税金,包括营业税、城市维护建设税和教育费附加等。

(二)账务处理

(1)银行期末计提应纳营业税金及附加时,会计处理为
借:营业税金及附加
　贷:应交税费
(2)银行实际交纳营业税金及附加时,会计处理为
借:应交税费
　贷:存放中央银行款项
(3)期末结转利润时,会计处理为
借:本年利润
　贷:营业税金及附加

四、业务及管理费的核算

　　业务及管理费是一种期间费用,是指商业银行在业务经营和管理过程中所发生的各项费用,主要包括折旧费、业务宣传费、业务招待费、电子设备运转费、钞币运送费、安全防范费、邮电费、劳动保护费、外事费、印刷费、低值易耗品摊销、职工工资及福利费、差旅费、水电费、职工教育经费、工会经费、会议费、诉讼费、公证费、咨询费、无形资产摊销、长期待摊费用摊销、取暖降温费、聘请中介机构费、技术转让费、绿化费、董事会费、财产保险费、劳动保险费、待业保险费、住房公积金、物业管理费、研究费用等。
　　商业银行应设置"业务及管理费"科目进行核算,该科目下按费用项目进行明细核算。商业银行发生各项业务及管理费时,会计分录为
借:业务及管理费
　贷:库存现金等

期末,将业务及管理费结转利润,会计分录为
借:本年利润
　　贷:业务及管理费

五、资产减值损失

资产减值损失是指银行按规定提取的各项准备金,包括贷款损失准备、坏账准备、持有至到期投资减值准备、长期股权投资减值准备、固定资产减值准备、无形资产减值准备、在建工程减值准备、抵债资产减值准备等。

(一)科目设置

为估算银行的各项资产减值损失,设置"资产减值损失"科目,该科目属损益类科目。

(二)账务处理

(1)提取准备金时,会计处理为
借:资产减值损失
　　贷:贷款损失准备(或其他减值准备)
(2)期末本科目余额结转本年利润时,会计处理为
借:本年利润
　　贷:资产减值损失

六、其他业务成本的核算

凡不属于利息支出、手续费及佣金支出、汇兑损益、投资损益、公允价值变动损益、资产减值损失、业务及管理费的各项营业性支出,作为其他业务成本。其中包括出租固定资产的折旧费、无形资产转让成本等。

商业银行应设置"其他业务成本"科目来核算反映其他业务成本的增减变动情况。发生其他业务成本时,会计分录为
借:其他业务成本
　　贷:库存现金等有关科目
期末,将其他业务成本结转利润,会计分录为
借:本年利润
　　贷:其他业务成本

七、营业外支出的核算

营业外支出是指银行发生的与业务经营无直接关系的各项支出,包括非流动资产处置损失、非货币性资产交换损失、债务重组损失、公益性捐赠支出、非常损失、盘亏损失等。

(一)科目设置

为了核算反映实际发生的与业务经营没有直接关系的各项支出,银行设置"营业外支出"科目。该科目属于损益类科目。

(二)账务处理

(1)发生各项营业外支出时,根据有关凭证,编制借、贷方记账凭证。会计处理为

借:营业外支出
　　贷:待处理财产损溢
(2)期末本科目余额结转利润时,会计处理为
借:本年利润
　　贷:营业外支出

第三节　利润及利润分配的核算

一、利润的概念与构成

利润是指银行在一定会计期间的经营成果,它是银行在一定会计期间内实现的收入减去费用后的净额。银行的利润核算包括营业利润、利润总额和净利润三个不同核算阶段。

(1)营业利润。营业利润是银行营业收入减去营业成本、营业税金及附加、各项期间费用、资产减值损失,加上公允价值变动净损益和投资净收益后的净额。

(2)利润总额。利润总额是银行营业利润加上营业外收入,减去营业外支出后的金额。

(3)净利润。指银行利润总额减去所得税后的金额。

综合起来,计算银行当期实收的净利润分为三个步骤:

第一步:计算营业利润:

$$营业利润 = 营业收入 - 营业成本和销售费用 - 营业税金及附加 - 资产减值损失 + 公允价值变动收益 + 投资净收益$$

第二步:计算利润总额:

$$利润总额 = 营业利润 + 营业外收入 - 营业外支出$$

第三步:计算净利润:

$$净利润 = 利润总额 - 所得税$$

二、利润及利润分配的核算

(一)利润的结转与核算

为了反映商业银行利润的形成及构成,商业银行应设置"本年利润"科目进行核算。该科目属于所有者权益类科目。期末,将各损益类科目余额转入"本年利润"科目,以此结算出本年是盈利还是亏损。年度终了,将"本年利润"结转至"利润分配"的未分配利润明细科目之后,"本年利润"科目无余额。其会计分录为

借:利息收入
　　手续费及佣金收入
　　投资收益
　　公允价值变动损益
　　汇兑损益
　　其他业务收入
　　营业外收入
　　贷:本年利润

借:本年利润
　　贷:利息支出
　　　　手续费及佣金支出
　　　　投资收益
　　　　公允价值变动损益
　　　　汇兑损益
　　　　营业税金及附加
　　　　业务及管理费
　　　　资产减值损失
　　　　其他业务成本
　　　　营业外支出
　　　　所得税费用

若结算出的"本年利润"余额在贷方,则表示盈利;若在借方,则表示亏损。

期末,将"本年利润"转入"利润分配"的未分配利润明细科目,若为盈利,则会计分录为
借:本年利润
　　贷:利润分配——未分配利润
若为亏损,则以相反的方向记账。

(二)利润分配

商业银行对于各期实现的利润总额,应当按照税法、财务制度的规定,依据一定的程序进行分配。按规定,商业银行可以利用年度实现的税前利润弥补以前年度的亏损,但连续弥补的期限不超过5年。对于已连续5年弥补亏损尚不足的,5年后改用税后利润弥补。商业银行本期实现的利润总额扣除所得税费用后,即为本期实现的净利润。

本期实现的净利润加上年初未分配利润(或减去年初未弥补亏损)和其他转入后的余额,即为可供分配的利润。其分配的优先次序为:

(1)提取法定盈余公积。

(2)提取各项准备金和基金。从事存贷款业务的商业银行,按规定提取的一般风险准备也作为利润分配处理。

(3)股东大会同意以后,也可以提取任意盈余公积。

(4)向投资者分配利润。根据普通股和优先股的差别,先对优先股进行分配,然后对普通股进行分配。这里对普通股的利润分配既可以以现金形式分配,也可以以股票股利形式来转增资本。

利润分配的账务处理如下:

(1)从净利润中提取盈余公积的会计分录为
借:利润分配——提取法定盈余公积
　　　　　　——提取任意盈余公积
　　贷:盈余公积——法定盈余公积
　　　　盈余公积——任意盈余公积
如以盈余公积补亏,其会计分录为
借:盈余公积
　　贷:利润分配——盈余公积补亏

(2)提取一般风险准备的会计分录为
借:利润分配——提取一般风险准备
　　贷:一般风险准备
(3)向股东分配股利或向投资者分配利润的会计分录为
借:利润分配——应付优先股股利
　　　　　　——应付普通股股利
　　贷:应付股利(或应付利润)
(4)按规定对利润进行分配后,将"利润分配"科目中各明细科目余额转入"未分配利润"明细科目。其会计分录为
借:利润分配——未分配利润
　　贷:利润分配——各明细科目

通过上述分录转账后,"利润分配"科目除"未分配利润"明细科目有余额外,其他明细科目均无余额。"未分配利润"余额若在贷方,则为留存收益,其年末余额表示历年积存的未分配利润;"未分配利润"余额若在借方,则表示未弥补亏损。

思考题

1. 银行收入包括哪些内容?
2. 银行利润的构成如何,结计利润是怎样处理的?

练习题

1. 建设银行某支行发生下列经济业务:
(1)结息日,计算活期储蓄利息支出 20 344 元,办理转账手续。
(2)收到财政部门交来代理发行国库券手续费收入 40 600 元转账支票一张,存入人民银行存款账户。
(3)中央银行转来缴存一般性存款利息 120 420 元。
(4)收到咨询服务收入 4 200 元转账支票一张,存入人民银行存款账户。
(5)支付农业银行同业存款利息 95 706 元,办理转账手续。
(6)年末放款余额为 2 183 000 元,按 1.5% 计提贷款损失准备(专项)。
(7)现金出纳长款 35 000 元,经报批作销账处理,办理转账手续。
(8)年终固定资产盘亏共计 5 200 元,经批准做损失处理,办理转账手续。
要求:根据资料编制有关会计分录。

2. 工商银行某支行年末决算时各损益类账户12月底余额如下:利息收入 10 300 000 元,手续费收入 350 000 元,其他营业收入 130 000 元,营业外收入 36 000 元,利息支出 7 200 000 元,手续费支出 340 000 元,其他营业支出 100 000 元,营业外支出 13 000 元,营业税金及附加 329 000 元。

要求:
(1)计算全年利润总额后,按 25% 的税率缴纳所得税并编制相关会计分录。
(2)结转各损益账户,确定本年利润。

第十章　年度决算与财务报表

第一节　年度决算

根据会计制度的规定,每年从1月1日至12月31日止为一个会计年度。凡是独立会计核算单位,以每年12月31日为年度决算日,进行年度决算,无论是否节假日,均不得提前或延后。不作为独立核算单位的附属机构,应通过并账或并表方式,由其管辖机构合并办理年度决算。

一、年度决算概述

(一)年度决算的意义

年度决算是指在每个会计年度终了,对银行全年的会计核算资料进行归纳、整理、核实,办理结账,结转损益,编制年度决算表,集中反映全行年度业务活动和财务状况的一项综合性工作。其意义是:

(1)全面总结核实会计核算工作,提高银行的会计工作质量。
(2)综合考核银行经营效益,促进银行提高经营管理水平。
(3)为宏观经济决策提供及时准确的经济信息。

(二)年度决算的原则

年度决算是银行一项全局性的重要工作,是会计工作的全面总结,涉及面广、政策性强、工作量大、质量要求高。因此,年度决算工作必须遵循以下原则:

(1)坚持统一领导、各部门密切配合的原则。
(2)坚持会计资料的真实性、准确性和可靠性的原则。
(3)坚持年度决算的完整性、统一性和及时性的原则。

(三)年度决算的程序

年度决算日是每年的12月31日,按照工作的步骤,大体可以分为以下三个阶段:

第一阶段是决算前的准备工作阶段,主要包括全面核对内外账务、清理资金、盘点财产实物,核实损益、调整账务、试算平衡等,一般从每年的第四季度开始。

第二阶段是年度决算日的工作,主要包括组织年终日账务的入账,检查各项库存,计算外汇买卖损益,结转本年利润,进行新旧账簿的结转等工作。

第三阶段是年度决算日后,在规定的时间内编报年度决算和说明。

二、年度决算的准备工作

银行年度决算是一项重要工作,为了保证年度决算的顺利进行,决算的准备工作一般应在每年第四季度初就要着手进行。由总行首先根据当年银行工作的新情况,结合以往年度决算工作的经验和教训,颁发当年决算通知,提出当年决算的处理原则、要求和应注意的事项。如遇当年会计或财务制度发生变更,则要提出详细的处理办法。各管辖分行应根据总行的指示,结合辖内的具体情况,制定年度决算的具体要求和补充办法,以便下级行具体执行。各基层行根据上级行的通知要求,具体做好年度决算工作。

(一)清理资金

银行年度决算前,会计部门要与其他业务部门密切配合,对各种资金进行清理。

(1)清理业务资金。银行的业务资金主要包括各种存款、贷款、短期投资、借入资金、拆放资金等。

(2)清理结算资金。对各种结算资金,如委托收款、托收承付、应解汇款等,根据使用票据和结算方式不同,进行全面清理。

(3)清理内部资金。主要包括其他应付款、其他应收款、贷款损失准备金、坏账准备金等。

(二)清点财产物资

银行在决算前还需对各类实物财产物资认真进行盘点核实。如发现与账面记载不一致,要查明原因,按照有关规定处理。此外,要检查库房制度的执行情况、安全措施和落实情况,如有问题,必须纠正。

(1)清查核实现金、金银、有价单证和重要空白凭证。银行应将库存现金、金银、外币、有价单证、重要空白凭证和储蓄业务备用金等,与相关的账簿余额核对相符。如发现溢缺,应查明原因,并按有关规定调整账簿记录,做到账实相符。

(2)清查核实抵押品和质押品。银行应将各种抵押品、质押品与相关的账簿记录的数额核对相符,如有不符,应查明原因,予以处理。

(3)清查核实固定资产和低值易耗品。银行应对房屋、设备、器皿、电脑等固定资产以及各种低值易耗品进行全面的清查盘点,并与相关的账簿记录核对相符。对于尚未入账的财产,应在年度决算前予以入账,以确保账实相符。

(三)核对和调整账务

(1)检查会计科目的使用情况。年度决算前,应根据会计科目使用说明和当年有关科目变化调整的文件规定,对其使用情况进行全面检查。如发现科目归属和使用不当的应及时调整科目,以便真实反映各项业务和财务活动情况。

(2)核对内外账务。年度决算前,要对银行内部所有的账、簿、卡、据进行一次全面检查核对。检查和核对的主要内容包括:①账账核对相符;②账款核对相符;③账据核对相符;④账实核对相符;⑤账表核对相符。

(3)核对往来账项。银行应向企业、单位发送对账单,并按照收回对账单所说明的情况及时联系调整;对于系统内往来账务,由管辖行向辖属分支机构签发对账单,办理对账工作;做好与中央银行各类存款户的对账,年终日双方余额必须核对一致。

(四)核实损益

年度决算前,银行要按照财务制度和会计制度要求,对营业收支和其他财务收支进行核实,对于发现的各项差错,及时进行更正。

(1)核实业务收支。对各项利息收入和支出、手续费及佣金收入和支出、营业外收入和支出等账户要进行复查,重点应复查利息收支的计算,包括复查计息的范围、利率使用、利息计算是否正确,如发现差错,应及时纠正。

(2)检查各项费用开支。对各项业务费用,应按照开支范围和费用标准进行复查。主要检查费用开支是否按规定标准开支,费用列支项目是否正确,有无扩大开支范围,挤占业务支出的情况。对超过范围和标准开支的,应查明情况,如发现差错或问题,应及时进行更正。

(五)试算平衡

银行在上述几项准备工作基本完成的基础上,一般应于每年的12月份组织一次报表试算平衡。根据11月末的各项数字编制试算平衡表,检查和验算各科目余额是否正确。对试算中发现的问题,应及时查明原因,尽快解决,为财务报表的编制打好基础。

三、年度决算日的工作

年度决算日除要处理好当天的业务、轧平账务外,还应根据情况做好调整当日账务、结算全年损益、办理新旧账户的结转、编制决算报表等工作。决算日当天,全行工作都要围绕年度决算进行。

(一)当日业务的处理

(1)处理当日账务,全面核对账务。决算日这天,银行照常营业,这一天发生的全部账务应于当日全部入账。为此,在决算日应当延长工作时间,增加同城票据交换次数,使当日收到的联行往来凭证和同城行处代收、代付款项全部得以转账,不留到下年处理。同时,应收应付利息、应交税金,按权责发生制要求的收入、费用全部列账。

当日全部账务处理完毕,应对全年账务进行一次全面核对,将各科目总账与明细账进行全面核对,做到账账相符,以确保年度决算报表数字的准确性。

(2)检查各项库存。决算日营业终了,为保证账实相符,应对当日库存人民币现金、金银等贵金属、各种外币、有价证券以及空白重要单证等各项库存,应有行长(经理)会同会计、出纳等主管人员进行一次全面检查、核对,保证账款、账实相符。

(3)计算外汇买卖损益。决算日,应将各种外币买卖账户余额,一律按决算日外汇牌价折成人民币,并与原币外汇买卖账户的人民币余额进行比较,其差额则为本年度外汇买卖的损益,应列入有关损益账户。

(4)结转本年利润。

(二)办理新旧账目的结转

银行在决算日结转本年利润后,应及时办理新旧账簿的结转,结束旧账,建立新账,保证新年度业务的正常进行。

(1)总账的结转。总账每年更换一次,年终结转时,新账页的日期应写新年度的1月1日,"摘要"栏加盖"上年结转"戳记,旧账余额过入新账的"上年余额"栏即可。

(2)明细账的结转。银行的明细账可根据下年度是否可以继续使用而采取不同的结转办法。对于下年度继续使用的明细账,如对外营业客户的明细账,应在旧账页的最后一行余额下加盖"结转下年"戳记,将最后余额过入新账页,新账页日期应写明新年度1月1日,摘要栏则加盖"上年结转"戳记。对于余额已结清的账户,则在账页上加盖"结清"戳记。

(3)登记簿的结转。银行的各种表外科目和其他登记簿,年终也可根据其是否可继续使用而采取不同的处理方式,若登记簿可继续使用,则不需要结转,下年度继续使用;若是按年设立的登记簿,则需要结转,其方法可比照明细账的结转。

(4)编制年度决算。年度终了,在对所有账目进行全面清理、核实的基础上,根据总账、明细账、登记簿等有关数据资料编制年度决算会计报表,并对主要项目做出解释说明,披露相关信息,形成完整的年度决算,为监管者和外部信息使用者提供决策所需要的信息。

年度决算的编报不仅要遵循企业会计准则的相关规定,对于上市公司,还应该遵循证监会、证券交易所等机构对年度决算编报的相关规定,做到数字真实、计算正确、内容完整、报送及时,满足投资者、行业监管部门对年度决算的要求。

第二节 会计报表的编制

年度会计报表是综合反映商业银行全年财务状况和经营成果的书面报告,是提供会计信息的重要手段。新会计准则对商业银行报表的格式、内容等都做了详细规范,银行应按照准则统一规定的格式编制财务报表。

一、会计报表的种类

表 10.1 银行会计报表种类

编号	会计报表名称	编报期
会商银 01 表	资产负债表	中期、年度报告
会商银 02 表	利润表	中期、年度报告
会商银 03 表	现金流量表	年度报告
会商银 04 表	所有者权益(或股东权益)增减变动表	年度报告
会商银 02 表附表 1	利润分配表	年度报告
会商银 02 表附表 2	分部报表(业务分部)	年度报告
会商银 02 表附表 3	分部报表(地区分部)	年度报告

二、资产负债表

资产负债表是反映会计主体在某一特定日期的资产、负债和所有者权益的财务报表,是反映会计主体财务状况的会计报表。

1. 资产负债表的编报原理和作用

资产负债表的结构是会计等式"资产 = 负债 + 所有者权益"的体现,反映了企业期末时点的资金来源及资金运用情况。

编制资产负债表的目的是通过如实反映企业的资产、负债和所有者权益金额及其结构情况,从而有助于会计信息使用者评价企业的资产质量、资本结构、资本保值增值情况,以及短期偿债能力、长期偿债能力、利润分配能力等。

2. 资产负债表的内容及格式

资产负债表的格式按照报表项目的排列方式不同,可以分为报告式与账户式两种。报告式资产负债表又称为垂直式资产负债表,即先列示资产,然后负债,最后是所有者权益的排列方式。账户式资产负债表又称水平式资产负债表,按照"资产 = 负债 + 所有者权益"等式分左右排列,左边列示资产,右边列示负债和所有者权益。目前我国采用的是"账户式"报表格式。

在资产负债表上,资产应当按照其流动性分类分项列示,包括流动资产、固定资产、无形资产及其他资产。负债也应按其流动性分类分项列示,包括流动负债、长期负债等。所有者权益应当按照实收资本(或股本)、资本公积、盈余公积、未分配利润等项目分项列示。

表 10.2 资产负债表

会商银 01 表

编制单位:　　　　　　　　　　年　月　日　　　　　　　　　　单位:元

资产	期末余额	年初余额	负债和所有者权益（或股东权益）	期末余额	年初余额
资产:			负债:		
现金及存放中央银行款项			向中央银行借款		
存放同业款项			同业及其他金融机构存放款项		
贵金属			拆入资金		
拆出资金			交易性金融负债		
交易性金融资产			衍生金融负债		
衍生金融资产			卖出回购金融资产款		
买入返售金融资产			吸收存款		
应收利息			应付职工薪酬		
发放贷款和垫款			应交税费		
可供出售金融资产			应付利息		
持有至到期投资			预计负债		
长期股权投资			应付债券		
投资性房地产			递延所得税负债		
固定资产			其他负债		
无形资产			负债合计		
递延所得税资产			所有者权益(或股东权益):		
其他资产			实收资本(或股本)		
			资本公积		
			减:库存股		
			盈余公积		
			一般风险准备		
			未分配利润		
			所有者权益(或股东权益)合计		
资产总计			负债和所有者权益(或股东权益)总计		

3. 资产负债表的编制说明

资产负债表年初余额反映各项目的上年余额,一般与上期末资产负债表"期末余额"栏内所列数字一致。如果本期资产负债表规定的各项目的名称和内容同上年度不相一致,应对上年年末资产负债表各项目的名称和数字按照本年度的规定进行调整。如果本期存在采用追溯调整法的会计政策变更以及采用追溯重述法更正的前期差错,也要对"年初余额"进行相应调整。

资产负债表中各项数字的来源主要通过三种方式取得:根据总账或明细账余额直接填列;根据总账或明细账余额合并填列;根据总账或明细账余额分析后填列,下面具体说明本表各项目的内容和期末数填列方法。

(1)现金及存放中央银行款项,反映商业银行库存现金和存放在人民银行的各种款项。根据"库存现金""银行存款""存放中央银行款项"和"存放中央银行财政性存款"科目的余额合计填列。

(2)存放同业款项,反映银行存放于境内、境外银行和非银行金融机构的款项。如果计提了减值,应以减去减值准备后的净额列示。

(3)贵金属,反映企业期末持有的贵金属价值按成本与可变现净值孰低计量的黄金、白银等。应以贵金属期末余额填列。

(4)拆出资金,反映银行拆借给境内、境外其他金融机构的款项,应根据"拆出资金"等科目的期末余额填列,以减去减值准备后的净额列示。

(5)交易性金融资产,反映银行持有的以公允价值计量且其变动计入当期损益的债券投资、股票投资、基金投资等金融资产的公允价值。应以"交易性金融资产"科目的期末余额填列。

(6)衍生金融资产,反映银行期末持有的衍生工具、套期工具、被套期项目中属于衍生金融资产的金额,根据以上科目的借方余额计算填列,如果衍生金融工具科目的余额在贷方则填入"衍生金融负债"项目。

(7)买入返售金融资产,反映银行按照返售协议约定先买入再按固定价格返售的票据、证券等金融资产的摊余成本,如果计提了减值,应以减去减值准备后的净额列示。

(8)应收利息,反映银行因发放贷款、拆出资金、买入返售金融资产、交易性金融资产、持有至到期投资、可供出售金融资产等资产应收取的未收利息。应以"应收利息"科目的期末余额减去"坏账准备"中有关利息计提的坏账的期末余额列示。

(9)发放贷款和垫款,反映银行发放的贷款、银行卡透支和贴现资产扣减贷款损失准备期末余额后的金额。应以上述科目余额减去贷款损失准备金科目所属明细科目期末余额的金额填列。

(10)可供出售金融资产,反映银行持有的以公允价值计量的可供出售的股票投资、债券投资等金融资产,以减去减值准备后的净额列示。

(11)持有至到期投资,反映银行准备并且有能力持有至到期的投资的摊余成本,以减去减值准备后的净额列示。

(12)长期股权投资,反映银行持有的按照成本法和权益法核算的,对子公司、联营企业和合营企业的长期股权投资,以减去减值准备后的净额列示。

(13)投资性房地产,反映银行持有的投资性房地产。应根据上述科目的期末余额减去累计折旧和减值准备后的净额列示。

(14) 固定资产，反映银行各种固定资产原价减去累计折旧和累计减值准备后的净额。应以其期末净额列示。

(15) 无形资产，反映银行持有的无形资产，包括专利权、非专利技术、商标权、著作权、土地使用权等。应以减去减值准备后的净额列示。

(16) 递延所得税资产，反映银行确认的可抵扣暂时性差异产生的递延所得税资产。应以其科目的期末余额填列。

(17) 其他资产，反映银行除上述各项资产以外的资产。主要包括其他应收款、抵债资产、存出保证金等。本项目应以减去减值准备后的净额填列。

(18) 向中央银行借款，反映银行向人民银行借入的在期末尚未偿还的借款。本项目应以上述期末余额填列。

(19) 同业及其他金融机构存放款项，反映银行从境内外银行、非银行金融企业借入的、期末尚未偿还的款项。根据"同业存放"等科目余额填列。

(20) 拆入资金，反映银行为了弥补头寸的不足而从境内外金融机构拆入的款项。根据"同业拆入"等科目的余额填列。

(21) 交易性金融负债，反映银行承担的以公允价值计量且变动计入当期损益的金融负债，直接根据该科目余额填列。

(22) 衍生金融负债，反映银行持有的衍生工具、套期项目、被套期项目中属于衍生金融负债的余额。根据"衍生金融工具"科目余额填列。

(23) 卖出回购金融资产款，反映银行按照回购协议先卖出再按固定价格买入的票据、证券等金融资产所融入的资金。应以该科目的期末余额填列。

(24) 吸收存款，反映银行吸收的除同业存款以外的其他各类存款，包括单位存款(企业、事业、机关、社会团体等)、个人存款、信用卡存款、特种存款等，本项目应以上述科目期末余额填列。

(25) 应付职工薪酬，反映银行根据有关规定应付给职工的工资、职工福利、社会保险、住房公积金、工会经费、职工教育经费、非货币性福利、辞退福利等各种薪酬。应以该科目的期末余额填列。

(26) 应交税费，反映银行按照税法规定计算应缴纳的各种税费，包括营业税、所得税、城市维护建设税、房产税、城镇土地使用税、车船税、教育费附加。

(27) 应付利息，反映银行按照合同约定应支付的利息，包括吸收存款，分期付息到期还本的长期借款、债券等应支付的利息。应以该科目的期末余额填列。

(28) 预计负债，反映银行确认的对外提供担保、未决诉讼、重组义务、亏损性合同等预计负债。应以该科目的期末余额填列。

(29) 应付债券，反映银行为筹集长期资金而发行债券的本金和利息。应以该科目的期末余额填列。

(30) 递延所得税负债，反映银行确认的应纳税暂时性差异产生的所得税负债。应以该科目的期末余额填列。

(31) 其他负债，反映银行除上述负债以外的负债，主要包括存入保证金、应付股利、其他应付款、长期应付款、递延收益等。应以上述科目的期末余额计算合并填列。

（32）实收资本（或股本），反映银行各投资者实际投入的资本（或股本）总额。应以该科目的期末余额填列。

（33）资本公积，反映银行的资本公积金。应以该科目的期末余额填列。

（34）库存股，反映银行持有的尚未转让或注销的本行的股份金额。应以该科目的期末余额填列。

（35）一般风险准备，反映银行根据金融监管规定从净利润中提取的一般风险准备金额。应以该科目的期末余额填列。

（36）盈余公积，反映银行从净利润中提取的盈余公积的金额。应以该科目的期末余额填列。

（37）未分配利润，反映银行尚未分配的利润。本项目根据"本年利润"和"利润分配"科目的余额计算填列。未弥补的亏损应在本项目内用"－"号表示。

三、利润表

利润表是反映银行在某一会计期间经营成果的会计报表。某一会计期间，符合确认条件的各项收入、费用、利润均应按照规定的计量方法及格式，在利润表中列示。

1. 利润表的格式

利润表有两种基本格式，即多步式和单步式。多步式利润表是将收入与费用项目按不同性质归类后，分步计算营业利润、利润总额和净利润。多步式利润表通过将不同性质的收入和费用类别进行对比，从而得出一些中间性的利润数据，便于会计信息使用者了解银行经营成果的不同来源和预测银行未来的盈利能力。我国商业银行的利润表采用多步式结构，净利润分三步计算出来。

第一步：计算营业利润

$$营业利润 = 营业收入 - 营业支出$$

第二步：计算利润总额

$$利润总额 = 营业利润 + 营业外收入 - 营业外支出$$

第三步：计算净利润

$$净利润 = 利润总额 - 所得税费用$$

我国商业银行多步式利润表的格式见表10.3。普通股或潜在普通股已公开交易的商业银行，以及正处于公开发行普通股或潜在普通股过程中的商业银行，还应当在利润表中列示普通股每股收益的数据，以便会计信息使用者评价银行的获利能力。

表 10.3　利润表

会商银 02 表

编制单位：　　　　　　　　　　　年　　月　　　　　　　　　　　单位：元

项目	本期余额	上期余额
一、营业收入		
利息净收入		
利息收入		

续表 10.3

项目	本期余额	上期余额
利息支出		
手续费及佣金净收入		
手续费及佣金收入		
手续费及佣金支出		
投资收益（损失以"-"号填列）		
其中：对联营企业和合营企业的投资收益		
公允价值变动收益（损失以"-"号填列）		
汇兑收益（损失以"-"号填列）		
其他业务收入		
二、营业支出		
营业税金及附加		
业务及管理费		
资产减值损失		
其他业务成本		
三、营业利润（亏损以"-"号填列）		
加：营业外收入		
减：营业外支出		
四、利润总额（亏损总额以"-"号填列）		
减：所得税费用		
五、净利润（净亏损以"-"号填列）		
六、每股收益：		
（一）基本每股收益		
（二）稀释每股收益		

2. 利润表的编制

利润表中各项目都列有"本期金额"和"上期金额"两个栏目，是一种比较利润表。会计信息使用者通过对不同期间利润的实现情况进行比较。可以判断商业银行经营成果的未来发展趋势。

（1）"上期金额"的填列。利润表中"上期金额"栏内各项目数字，应根据上年该期利润表"本期金额"栏内所列数字填列。如果上年该期利润表规定的各个项目的名称和内容同本期不相一致，在切实可行的情况下，应对上年该期利润表各项目的名称和数字按照本期的规定进行调整，按调整后的数字填入本期利润表"上期金额"栏内。

（2）"本期金额"的填列。利润表中"本期金额"栏内各项目数字，有的根据各损益类科目的发生额分析填列，有的根据表中相关项目的数据计算填列。利润表各项目"本期金额"的填列方法如下：

①"营业收入"项目,根据"利息净收入""手续费及佣金净收入""投资收益""公允价值变动收益""汇兑收益""其他业务收入"项目的合计数填列。

②"利息净收入"项目,根据"利息收入"项目金额减去"利息支出"项目金额后的净额填列。

③"利息收入""利息支出"项目,分别根据"利息收入""利息支出"科目的发生额分析填列。

④"手续费及佣金净收入"项目,根据"手续费及佣金收入"项目金额减去"手续费及佣金支出"项目金额后的净额填列。

⑤"手续费及佣金收入""手续费及佣金支出"项目,分别根据"手续费及佣金收入""手续费及佣金支出"科目的发生额分析填列。

⑥"投资收益""公允价值变动收益""汇兑收益"项目。分别根据"投资收益""公允价值变动收益""汇兑收益"科目的发生额分析填列。如为损失,以"-"号填列。

⑦"其他业务收入"项目,根据"其他业务收入"科目的发生额分析填列。

⑧"营业支出"项目,根据"营业税金及附加""业务及管理费""资产减值损失""其他业务成本"项目的合计数填列。

⑨"营业税金及附加""业务及管理费""资产减值损失""其他业务成本"项目分别根据"营业税金及附加""业务及管理费""资产减值损失""其他业务成本"科目的发生额分析填列。

⑩"营业利润"项目,根据"营业收入"项目金额减去"营业支出"项目金额后的数额填列。

⑪"营业外收入""营业外支出"项目,分别根据"营业外收入""营业外支出"科目的发生额分析填列。

⑫"利润总额"项目,根据"营业利润"项目金额,加上"营业外收入"项目金额,减去"营业外支出"项目金额后的数额填列。

⑬"所得税费用"项目,根据"所得税费用"科目的发生额分析填列。

⑭"净利润"项目,根据"利润总额"项目金额减去"所得税费用"项目金额后的数额填列。

⑮"每股收益"项目,反映每一股普通股所创造的收益水平。

四、现金流量表

1. 现金流量表的含义

现金流量表,是反映银行在某一会计期间现金和现金等价物流入、流出的会计报表。由于利润表是建立在权责发生制基础上的,不能反映银行的现金流量状况,而现金流量表是严格建立在收付实现制基础上来反映现金和现金等价物的变动情况,可以为投资者预测银行未来现金流量提供必要的信息。

这里所称的现金是指库存现金以及可以随时用于支付的存款,银行的现金主要包括库存现金、运送中现金、银行存款。现金等价物,是指持有的期限短、流动性强、易于转换为已知金额现金、价值变动风险很小的投资。商业银行的现金等价物主要包括:缴存央行超额准备金,到期日不超过三个月的存放同业款项,从购买日起不超过三个月的债权投资。现金等价物虽然不是现金,但其支付能力与现金差别不大,可视为现金。因此,现金流量表中的现金包括现金及现金等价物两部分。

2. 现金流量表结构的编制说明

(1)主表部分是由来自经营活动的现金流量、来自投资活动的现金流量和来自筹资活动的现金流量三部分组成。

(2)各部分又按收入项目和支出项目分项列示,以反映各类活动所产生的现金流入量和现金流出量,展示各类现金流入和流出的原因。

(3)单账列示损益表中的利润总额与本表所要提供的来自经营活动的现金流量之间的调整,这可以在主表中予以报告,也可以在附表中专门揭示。

(4)不影响现金变动的重大理财项目逐一列示,或者总括反映。

(5)现金流量表设置依据的公式为

$$现金净流量 = 现金流入 - 现金流出$$

(6)会计政策的揭示安排在会计报表的最后部分。所以,关于编制基础——现金等价物的界定标准通常列示在该表的最后。

表10.4 现金流量表

会商银03表

编制单位:　　　　　　　　　　年　　月　　　　　　　　　　　单位:元

项目	本期余额	上期余额
一、经营活动产生的现金流量		
客户存款和同业存放款项净增加额		
向中央银行借款净增加额		
向其他金融机构拆入资金净增加额		
收取利息、手续费及佣金的现金		
收到其他与经营活动有关的现金		
经营活动现金流入小计		
客户贷款及垫款净增加额		
存放中央银行和同业款项净增加额		
支付手续费及佣金的现金		
支付给职工以及为职工支付的现金		
支付的各项税费		
支付其他与经营活动有关的现金		
经营活动现金流出小计		
经营活动产生的现金流量净额		
二、投资活动产生的现金流量		
收回投资收到的现金		
取得投资收益收到的现金		

续表 10.4

项目	本期余额	上期余额
收到其他与投资活动有关的现金		
投资活动现金流入小计		
投资支付的现金		
购建固定资产、无形资产和其他长期资产支付的现金		
支付其他与投资活动有关的现金		
投资活动现金流出小计		
投资活动产生的现金流量净额		
三、筹资活动产生的现金流量		
吸收投资收到的现金		
发行债券收到的现金		
收到其他与筹资活动有关的现金		
筹资活动现金流入小计		
偿还债务支付的现金		
分配股利、利润或偿付利息支付的现金		
支付其他与筹资活动有关的现金		
筹资活动现金流出小计		
筹资活动产生的现金流量净额		
四、汇率变动对现金及现金等价物的影响		
五、现金及现金等价物净增加额		
加:期初现金及现金等价物余额		
六、期末现金及现金等价物余额		

3. 现金流量表编制说明

现金流量表应当按照经营活动产生的现金流量、投资活动产生的现金流量和筹资活动产生的现金流量分别反映,并以收付实现制为会计核算基础。

现金流量表一般应当按现金流入和流出总额反映。但客户存款的吸收与支付,同业存款和存放同业款项的存取,向其他金融机构拆借资金,向中央银行的存借款,应以净额反映。

银行应当按直接法报告其经营活动的现金流量。采用直接法报告经营活动的现金流量时,有关现金流入与流出的信息可从会计记录中直接获得,也可在利润表营业收入、营业支出等数据的基础上,通过调整经营性应收应付项目的变动,以及固定资产折旧、无形资产摊销等项目后获得。

4. 现金流量表的编制方法

对商业银行经营活动产生的现金流量的列报有两种方法,分别为直接法和间接法。

直接法是商业银行根据当期有关现金流量的会计事项,对经营活动的现金流入与流出,逐项进行确认,以反映经营活动产生的现金流量。在采用直接法编制现金流量表时,应将当期利润表中每一个对现金流量有影响的收入和支出项目进行反映,而不考虑其他非现金性收入和非现金支出。例如,对利息收入中的现金收入部分予以反映,而对应收利息不做考虑;再如对进行股权投资的权益收入、固定资产的折旧费用等也都不予反映。

间接法是以净利润为起算点,调整不涉及现金的收入、费用、营业外收支等有关项目,剔除投资活动、筹资活动对现金流量的影响,据此计算出经营活动产生的现金流量。

与间接法相比,直接法的主要特点是对商业银行经营活动中具体项目的现金流量进行详细列报,这种列报方式直观,经营活动中各种途径取得的现金和各种用途流出的现金,在按照直接法编制的现金流量表上一目了然,便于会计报表使用者了解商业银行在经营活动过程中的现金进出情况,有助于对银行未来的现金流量做出估计。因此,直接法成为现金流量表编制的主要方法。

在我国,编制商业银行现金流量表时,要求对"经营活动产生的现金流量"采用直接法列报,同时,以间接法编制"经营活动产生的现金流量",作为现金流量表补充资料在现金流量表附注中予以披露。在现金流量表补充资料中,应分别揭示将净利润调节为经营活动的现金流量、不涉及现金收支的投资和筹资活动和根据现金及现金等价物的期末余额和期初余额计算的当期净增加额。并且,补充资料中"将净利润调节为经营活动的现金流量",应当与现金流量表内第一部分的最后结果,即"经营活动产生的现金流量净额"相等;补充资料中根据现金及现金等价物的期末余额和期初余额计算的当期"现金及现金等价物净增加额",应当与现金流量表内最后一行"现金及现金等价物净增加额"相等。

在直接法下,编制现金流量表可具体采用工作底稿法和T形账户法两种方法。

(1)工作底稿法。

工作底稿法是以工作底稿为手段,以利润表和资产负债表数据为基础,结合有关科目的记录,对现金流量表的每一项目进行分析并编制调整分录,从而编制出现金流量表的一种方法。其编制步骤是:

第一步,将资产负债表的期初数和期末数过入工作底稿的期初数栏和期末数栏。

第二步,对当期业务进行分析并编制调整分录。调整分录大致有以下几类:第一类,通过调整,将权责发生制下的有关收入和费用转换成现金基础;第二类,涉及资产负债表和现金流量表中的投资、筹资项目,反映投资和筹资活动的现金流量;第三类,将利润表中有关投资和筹资方面的收入和费用列入现金流量表投资、筹资现金流量中去。此外,为了核对资产负债表项目的期末数变动情况,虽不涉及现金收支,也需编制调整分录。

在调整分录中,有关现金及现金等价物的事项,并不直接借记或贷记现金,而是分别计入"经营活动产生的现金流量""投资活动产生的现金流量""筹资活动产生的现金流量"等项目,借记表明现金流入,贷记表明现金流出。

第三步,将调整分录过入工作底稿中的相应部分。

第四步,核对调整分录,借贷合计应当相等,资产负债表项目期初数加减调整分录中的借贷金额以后,应当等于期末数。

第五步,根据工作底稿中的现金流量表项目部分编制正式的现金流量表。

(2)T形账户法。

T形账户法是以T形账户为手段,以利润表和资产负债表数据为基础,对每一项目进行分析并编制调整分录,从而编制出现金流量表的方法。

采用T形账户法编制现金流量表的程序如下:

第一步,开设"非现金"账户。为所有的非现金项目(包括资产负债表项目和利润表项目)分别开设T形账户,并将各自的期末期初变动数过入各该科目,如果某项目的期末数大于期初数,则将差数过入与该项目余额相同的方向;反之,过入相反的方向。

第二步,开设"现金"账户。开设一个大的"现金及现金等价物"T形账户,该账户从上到下分为经营活动、投资活动和筹资活动三个部分,每个部分都是左边记现金流入,右边记现金流出,与非现金账户一样,过入期末期初变动数。

第三步,编制调整分录。以利润表项目为基础,结合资产负债表分析每一个非现金项目的增减变动,并据以编制调整分录。

第四步,登记T形账户。将所有的调整分录过入各现金项目的T形账户和"现金及现金等价物"T形账户。

第五步,核对账户记录。对各T形账户中的记录进行核对,各账户借贷相抵后的余额应该与原先过入的期末期初变动数应当一致。

第六步,编制"现金流量表"。根据大的"现金及现金等价物"T形账户中的有关资料,编制正式现金流量表。

T形账户法和工作底稿法只是形式上有所差别,而其基本原理和方法则是相同的。关键点和难点也是在编制调整分录上,其调整分录的编制原理和方法基本与工作底稿法相同,只是在采用T形账户法时可省去一些不涉及现金收支的调整分录,以简化现金流量表的编制过程。

五、所有者权益变动表

所有者权益变动表是反映构成商业银行所有者权益的各组成部分在某一会计期间增减变动情况的报表。所有者权益变动表全面反映某一会计期间所有者权益变动的情况,不仅包括所有者权益总量的增减变动,而且包括所有者权益增减变动的重要结构性信息,特别是要反映直接计入所有者权益的利得和损失。会计信息使用者可以利用所有者权益变动表提供的信息,了解所有者权益增减变动的根源,评价商业银行保值增值的能力。

所有者权益变动表在一定程度上体现了商业银行的综合收益情况,综合收益是指商业银行在某一期间与所有者以外的其他方面进行交易或其他事项所引起的净资产变动,包括净利润和直接计入所有者权益的利得和损失。其中,净利润为商业银行已实现并已确认的收益;直接计入所有者权益的利得和损失为商业银行未实现但按准则规定已确认的收益,综合收益用公式表示如下:

综合收益 = 净利润 + 直接计入所有者权益的利得和损失

其中   净利润 = 收入 – 费用 + 直接计入当期损益的利得和损失

在所有者权益变动表中,净利润和直接计入所有者权益的利得和损失均单列项目反映,体现了商业银行综合收益的构成。

1. 所有者权益变动表的格式

所有者权益变动表采用矩阵式的结构,一方面列示导致所有者权益变动的交易或事项,如当年获得净利润、可供出售金融资产公允价值变动、增资等;另一方面,按照所有者权益各组成部分(包括实收资本或股本、资本公积、盈余公积、一般风险准备、未分配利润和库存股)及其总额列示各种交易或事项对所有者权益的影响。

表 10.5　所有者权益变动表

会商银 04 表

编制单位：＿＿＿＿＿＿　　　　　　　　　　　　年度　　　　　　　　　　　　　　　　单位：元

项目	本年金额						上年金额					
	实收资本（或股本）	资本公积	减：库存股	盈余公积	一般风险准备	未分配利润	所有者权益合计	实收资本（或股本）	资本公积	减：库存股	盈余公积	一般风险准备	未分配利润	所有者权益合计
一、上年年末余额													
加：会计政策变更													
前期差错更正													
二、本年年初余额													
三、本年增减变动金额（减少以"－"号填列）													
（一）净利润													
（二）直接计入所有者权益的利得和损失													
1.可供出售金融资产公允价值变动净额													
（1）计入所有者权益的金额													
（2）转入当期损益的金额													
2.现金流量套期工具公允价值变动净额													
（1）计入所有者权益的金额													
（2）转入当期损益的金额													
（3）计入被套期项目初始确认金额中的金额													
3.权益法下被投资单位其他所有者权益变动的影响													
4.与计入所有者权益项目相关的所得税影响													
5.其他													
上述（一）和（二）小计													

续表10.5

项目	本年金额						上年金额					
	实收资本（或股本）	资本公积	减：库存股	盈余公积	一般风险准备	未分配利润	所有者权益合计	实收资本（或股本）	资本公积	减：库存股	盈余公积	一般风险准备	未分配利润	所有者权益合计
(三)所有者投入和减少资本												
1.所有者投入资本												
2.股份支付计入所有者权益的金额												
3.其他												
(四)利润分配												
1.提取盈余公积												
2.提取一般风险准备												
3.对所有者(或股东)的分配												
4.其他												
(五)所有者权益内部结转												
1.资本公积转增资本(或股本)												
2.盈余公积转增资本(或股本)												
3.盈余公积弥补亏损												
4.一般风险准备弥补亏损												
5.其他												
四、本年年末余额												

2.所有者权益变动表的编制

所有者权益变动表各项目应当根据商业银行当期净利润、直接计入所有者权益的利得和损失、所有者投入资本和向所有者分配利润、从利润中提取盈余公积、一般风险准备金等情况分析填列。直接计入当期损益的利得和损失应包含在净利润中；直接计入所有者权益的利得和损失，主要包括：可供出售金融资产公允价值变动净额、现金流量套期工具公允价值变动净额等，单列项目反映。

(1)上年年末余额：反映企业上年资产负债表中实收资本（或股本）、资本公积、盈余公积、利润分配等的年末余额。

(2)本年年初余额：反映企业为体现会计政策变更和前期差错更正的影响，而在上年年末所有者权益余额的基础上进行调整得出的本年年初所有者权益余额。应根据"盈余公积""利润分配""以前年度损益调整"等科目的发生额分析填列。

(3)本年增减变动金额：

①净利润：反映企业当年实现的净利润（或净亏损）金额，对应列在"未分配利润"栏。

②直接计入所有者权益的利得和损失：反映企业当年直接计入所有者权益的利得和损失金额。

③所有者投入和减少资本:反映企业当年所有者投入的资本和减少的资本。

④专项储备提取和使用:反映企业当年专项储备的提取和使用情况。

⑤利润分配:反映按照规定提取的盈余公积金额和当年对所有者(或股东)分配的利润(或股利)金额,对应列在"盈余公积"和"未分配利润"栏。

⑥所有者权益内部结转:反映不影响当年所有者权益总额的所有者各组成部分之间当年的增减变动。

六、利润分配表

1. 利润分配表的概念与格式

利润分配表是反映银行利润分配的基本情况和年末未分配利润情况的一种会计报表。它是伴随着利润的产生或亏损的形成而与利润表共存的一张表式,一般利润表的附表。

利润分配表基本格式为多步式结构,包括净利润、可供分配利润、可供投资者分配的利润、期末未分配利润四个层次。

表 10.6 利润分配表

会商银 02 表附表 1

编制单位:　　　　　　　　　　年度　　　　　　　　　　单位:元

项目	本年实际	上年实际
一、净利润		
加:		
年初未分配利润		
其他转入		
二、可供分配的利润		
加:盈余公积补亏		
减:提取法定盈余公积		
提取法定公益金		
提取一般准备		
提取职工奖励及福利基金		
提取储备基金		
提取企业发展基金		
三、可供投资者分配的利润		
减:应付优先股股利		
提取任意盈余公积		
应付普通股股利		
转作资本(或股本)的普通股股利		
四、未分配利润		

2. 利润分配表编制说明

本表反映银行利润分配的情况和年末未分配利润的结余情况。

本表"本年实际"栏,根据本年"本年利润"及"利润分配"科目及其所属明细科目的记录分析填列。

"上年实际"栏根据上年"利润分配表"填列。如果上年度利润分配表与本年度利润分配表的项目名称和内容不相一致,应对上年度报表项目的名称和数字按本年度的规定进行调整,填入本表"上年实际"栏内。

本表各项目的内容及填列方法如下:

(1)"净利润"项目,反映银行实现的净利润。如为净亏损,应以"－"号填列。本项目的数额应与"利润表""本年累计数"栏的"净利润"项目一致。

(2)"年初未分配利润"项目,反映银行年初未分配的利润,如为未弥补的亏损,应以"－"号填列。

(3)"其他转入"项目,反映银行按规定用盈余公积弥补亏损等转入的数额。

(4)"提取法定盈余公积"项目和"提取法定公益金"项目,分别反映银行按照规定提取的法定盈余公积和法定公益金。

(5)"提取职工奖励及福利基金"项目,反映银行按规定提取的职工福利及奖励基金。

(6)"提取储备基金"项目和"提取企业发展基金"项目,分别反映银行按照规定提取储备基金和企业发展基金。

(7)"应付优先股股利"项目,反映银行应分配给优先股股东的股利。

(8)"提取任意盈余公积"项目,反映银行提取的任意盈余公积。

(9)"应付普通股股利"项目,反映银行应分配给普通股股东的股利。

(10)"转作股本的普通股股利"项目,反映银行分配给普通股股东的股票股利。

(11)"未分配利润"项目,反映银行年末尚未分配的利润。如为未弥补的亏损以"－"号填列。

银行如因以收购本行股票方式减少注册资本而相应减少的未分配利润,可在本表"年初未分配利润"项目下增设"减:减少注册资本减少的未分配利润"项目反映。

思考题

1. 银行为什么要办理年度决算?
2. 银行年度决算的内容有哪些?
3. 银行年度决算前要做哪些准备工作?决算日要做哪些工作?

第十一章 保险公司业务的核算

第一节 保险公司业务概述

保险是投保人依据合同约定,向保险人支付保险费,保险人对合同约定的可能发生的事故因其发生所造成的财产损失承担赔偿保险金责任,或者当被保险人死亡、伤残、疾病或者达到合同约定的年龄、期限时承担给付保险金责任的商业行为。保险是一种特殊的经济补偿制度,保险业务是金融业务的重要组成部分。通过保险业务的核算,能够正确反映保险公司经营活动情况,对于合理分配和使用社会保险基金,使其保值、增值,充分发挥保险业的职能,促进社会稳定和国民经济的协调发展具有重要的现实意义。

一、保险公司业务的种类

(一)按保险对象分为财产保险和人身保险

1. 财产保险

财产保险是指投保人根据保险合同的约定,向保险人交付保险费,保险人按照保险合同的约定,对所承保的财产及其有关利益因自然灾害或意外事故造成的损失承担赔偿保险金责任的保险业务。财产保险多属短期保险,保险期限通常为1年或1年之内,包括物质财产保险、责任保险等。

2. 人身保险

人身保险是指保险人通过与投保人签订保险合同,在向投保人收取一定的保险费后,在被保险人因疾病或遭遇意外事故而致伤残或死亡,或保险期满时给付医疗费用或保险金的保险业务。人身保险包括人寿保险、健康保险和人身意外伤害保险。人寿保险可分为生存保险、死亡保险、生死两全保险、年金保险等。其保险期限都较长,可达五年、十年、数十年;健康保险和人身意外伤害保险又可分为短期健康保险和人身意外伤害保险、长期健康保险和人身意外伤害保险。

(二)按业务承保方式分为原保险和再保险

1. 原保险

原保险是由保险人与投保人最初达成的保险协议。根据保险人在原保险合同延长期内是否承担赔付保险金责任,可将原保险分为寿险原保险和非寿险原保险。其中,原保险合同延长期,是指投保人自上一期保费到期日未交纳保费,保险人仍承担赔付保险金责任的期间。

2. 再保险

再保险即"保险的保险",也叫分保,是指一个保险人(再保险分出人)分出一定的保费给另一个保险人(再保险接受人),再保险接受人对再保险分出人由原保险合同所引起的赔付成本及其他相关费用进行补偿的保险业务。

二、保险公司业务会计核算的特点

保险公司业务的会计核算既有别于一般的工商企业,与商业银行等其他金融企业相比,也存在很大的区别。归纳起来,保险公司业务会计核算的特点主要表现在以下几个方面:

(一)各险种类别独立建账,独立核算盈亏

保险公司所经营的各项业务,在会计核算中,按险种类别划分,各险种类别之间在业务经营期限、币种、赔付方式、收费方式上都存在很大的差别,因此,应分账核算。

(二)会计计量需要运用保险精算技术

保险业务表现为根据保险单(保险合同)向投保人收取保险费,并在合同有效期内承担相应的保险责任。为了保证向保险受益人提供赔偿或给付的义务,在向其支付赔偿或给付以前,保险公司应建立责任准备金。保险公司责任准备金的计算十分复杂,需要运用保险精算技术才能确定。

(三)责任准备金核算占有重要地位

由于保险公司的经营风险很大,为了防范风险和保障投保人的权益,必须按照企业会计准则的规定,计提各种准备金。准备金是保险公司为履行未来的赔付、给付责任而从所取的保费中提取的资金准备,是保险公司对投保人的负债。准备金核算的正确与否,直接影响保险公司的偿付能力和损益计算的准确性。

第二节 非寿险原保险业务的核算

一、财产保险业务的核算

财产保险是以财产及其有关利益为保险标的的保险。其中,财产包括动产和不动产,与财产有关的利益是指由财产所产生或引起的无形的权益,以及这些权益受到侵害时所引起的责任。

(一)财产保险业务保费收入的核算

1. 保费收入的核算

保费收入是保险公司销售保险产品取得的收入,是保险公司的主要收入项目之一。保费收入的核算主要有保费的构成、保费收入的确认和保费收入的核算等内容。

(1)保费的构成。

保费是购买保险产品的金额。保险公司通过收取保费以建立保险基金,当被保险人遭受约定的灾害事故时,保险公司从该项基金支付赔款或给付保险金,投保人缴纳的保险费通常分为纯保费和附加费两部分。其中,纯保费是保险公司用来建立保险基金,将来用于赔付的那部分保费;附加费主要用于保险公司各项开支和预期利润。

(2)保费收入的确认。

根据《企业会计准则第25号——原保险合同》规定,保费收入应在下列条件均能满足

第十一章 保险公司业务的核算

第一节 保险公司业务概述

保险是投保人依据合同约定,向保险人支付保险费,保险人对合同约定的可能发生的事故因其发生所造成的财产损失承担赔偿保险金责任,或者当被保险人死亡、伤残、疾病或者达到合同约定的年龄、期限时承担给付保险金责任的商业行为。保险是一种特殊的经济补偿制度,保险业务是金融业务的重要组成部分。通过保险业务的核算,能够正确反映保险公司经营活动情况,对于合理分配和使用社会保险基金,使其保值、增值,充分发挥保险业的职能,促进社会稳定和国民经济的协调发展具有重要的现实意义。

一、保险公司业务的种类

(一)按保险对象分为财产保险和人身保险

1. 财产保险

财产保险是指投保人根据保险合同的约定,向保险人交付保险费,保险人按照保险合同的约定,对所承保的财产及其有关利益因自然灾害或意外事故造成的损失承担赔偿保险金责任的保险业务。财产保险多属短期保险,保险期限通常为 1 年或 1 年之内,包括物质财产保险、责任保险等。

2. 人身保险

人身保险是指保险人通过与投保人签订保险合同,在向投保人收取一定的保险费后,在被保险人因疾病或遭遇意外事故而致伤残或死亡,或保险期满时给付医疗费用或保险金的保险业务。人身保险包括人寿保险、健康保险和人身意外伤害保险。人寿保险可分为生存保险、死亡保险、生死两全保险、年金保险等。其保险期限都较长,可达五年、十年、数十年;健康保险和人身意外伤害保险又可分为短期健康保险和人身意外伤害保险、长期健康保险和人身意外伤害保险。

(二)按业务承保方式分为原保险和再保险

1. 原保险

原保险是由保险人与投保人最初达成的保险协议。根据保险人在原保险合同延长期内是否承担赔付保险金责任,可将原保险分为寿险原保险和非寿险原保险。其中,原保险合同延长期,是指投保人自上一期保费到期日未交纳保费,保险人仍承担赔付保险金责任的期间。

2. 再保险

再保险即"保险的保险",也叫分保,是指一个保险人(再保险分出人)分出一定的保费给另一个保险人(再保险接受人),再保险接受人对再保险分出人由原保险合同所引起的赔付成本及其他相关费用进行补偿的保险业务。

二、保险公司业务会计核算的特点

保险公司业务的会计核算既有别于一般的工商企业,与商业银行等其他金融企业相比,也存在很大的区别。归纳起来,保险公司业务会计核算的特点主要表现在以下几个方面:

(一)各险种类别独立建账,独立核算盈亏

保险公司所经营的各项业务,在会计核算中,按险种类别划分,各险种类别之间在业务经营期限、币种、赔付方式、收费方式上都存在很大的差别,因此,应分账核算。

(二)会计计量需要运用保险精算技术

保险业务表现为根据保险单(保险合同)向投保人收取保险费,并在合同有效期内承担相应的保险责任。为了保证向保险受益人提供赔偿或给付的义务,在向其支付赔偿或给付以前,保险公司应建立责任准备金。保险公司责任准备金的计算十分复杂,需要运用保险精算技术才能确定。

(三)责任准备金核算占有重要地位

由于保险公司的经营风险很大,为了防范风险和保障投保人的权益,必须按照企业会计准则的规定,计提各种准备金。准备金是保险公司为履行未来的赔付、给付责任而从所取的保费中提取的资金准备,是保险公司对投保人的负债。准备金核算的正确与否,直接影响保险公司的偿付能力和损益计算的准确性。

第二节 非寿险原保险业务的核算

一、财产保险业务的核算

财产保险是以财产及其有关利益为保险标的的保险。其中,财产包括动产和不动产,与财产有关的利益是指由财产所产生或引起的无形的权益,以及这些权益受到侵害时所引起的责任。

(一)财产保险业务保费收入的核算

1. 保费收入的核算

保费收入是保险公司销售保险产品取得的收入,是保险公司的主要收入项目之一。保费收入的核算主要有保费的构成、保费收入的确认和保费收入的核算等内容。

(1)保费的构成。

保费是购买保险产品的金额。保险公司通过收取保费以建立保险基金,当被保险人遭受约定的灾害事故时,保险公司从该项基金支付赔款或给付保险金,投保人缴纳的保险费通常分为纯保费和附加费两部分。其中,纯保费是保险公司用来建立保险基金,将来用于赔付的那部分保费;附加费主要用于保险公司各项开支和预期利润。

(2)保费收入的确认。

根据《企业会计准则第25号——原保险合同》规定,保费收入应在下列条件均能满足

时予以确认:
①原保险合同成立并承担相应保险责任。
②与原保险合同相关的经济利益能够流入公司。
③与原保险合同相关的收入能够可靠地计量。
(3)保费收入的核算。
①核算中应设置的会计科目:
a."保费收入"科目属于损益类科目,核算保险公司承保业务确认的保费收入。
b."应收保费"科目属于资产类科目,核算保险公司按照原保险合同约定应向投保人收取的保费。
c."预收保费"科目属于负债类科目,核算保险公司收到的未满足保费收入确认条件的保费。
②账务处理:
a.直接缴纳保费的核算。
借:库存现金(或银行存款)
　　贷:保费收入——××险种
b.预收保费的核算。
借:银行存款
　　贷:预收保费——××企业
保费收入实现时:
借:预收保费——××企业
　　贷:保费收入——××险种
c.应收保费的核算。
首期收款并发生应收保费:
借:银行存款
　　应收保费——××企业
　　贷:保费收入——××险种
以后每期收到应收保费:
借:银行存款
　　贷:应收保费——××企业

(二)财产保险准备金的核算

财产保险准备金是指保险公司为履行其承担的保险责任或者备付未来赔款,从收取的保险费中按规定提存的资金准备,它是保险公司的一种资金积累。包括未到期责任准备金、未决赔款准备金。

1.未到期责任准备金的核算
(1)未到期责任准备金的确认。未到期责任准备金,是指保险人为尚未终止的非寿险保险责任提取的准备金。
(2)未到期责任准备金的科目设置。
①"未到期责任准备金",该科目属于负债类科目,核算保险公司按规定提取的非寿险

原保险合同未到期责任准备金。

②"提取未到期责任准备金",该科目属于损益类科目,核算保险公司提取的非寿险原保险合同未到期责任准备金和再保险合同分保未到期责任准备金。

③未到期责任准备金的转销。

借:未到期责任准备金——××险种
　　贷:提取未到期责任准备金——××险种

④提取未到期责任准备金的期末结转。

期末,应将"提取未到期责任准备金"科目的余额结转"本年利润"科目。

借:本年利润
　　贷:提取未到期责任准备金——××险种

2. 未决赔款准备金的核算

(1) 未决赔款准备金的确认。

未决赔款准备金,是指保险人为非寿险保险事故已发生尚未结案的赔案提取的准备金,包括未决赔款准备金、已决未付赔款准备金、已发生未报告赔款准备金三种。

(2) 未决赔款准备金的科目设置。

①"未决赔款准备金"。该科目属于负债类科目,核算保险公司为已经发生非寿险保险事故并已提出保险赔款和已经理算完结但未赔付,以及已经发生非寿险保险事故但尚未提出保险赔款的赔案,按规定提取的未决赔款准备金。

②"提取未决赔款准备金"。该科目属于损益类科目,核算保险公司为已经发生非寿险保险事故并已提出保险赔款和已经理算完结但未赔付,以及已经发生非寿险保险事故但尚未提出保险赔款的赔案,按规定提取的未决赔款准备金。

(3) 未决赔款准备金的账务处理。

①未决赔款准备金的计提。

借:提取未决赔款准备金——××险种
　　贷:未决赔款准备金——××险种

②未决赔款准备金的冲减。

借:未决赔款准备金——××险种
　　贷:提取未决赔款准备金——××险种

③提取未决赔款准备金的期末结转。

借:本年利润
　　贷:提取未决赔款准备金——××险种

(三) 财产保险业务赔付支出的核算

赔付支出是指保险标的发生保险责任范围内的保险事故后,保险人向被保险人支付的损失补偿金。

1. 核算中应设置的会计科目

(1) "赔付支出"科目属于损益类科目,核算保险公司支付的原保险合同赔付款项和再保险合同赔付款项。

(2) "预付赔付款"科目属于资产类科目,核算保险公司在处理各种理赔案件过程中,按照保险合同约定预先支付的赔付款。

(3)"损余物资"科目属于资产类科目,核算保险公司按照原保险合同约定承担赔偿保险金责任后取得的损余物资。

(4)"应收代位追偿款"科目属于资产类科目,核算保险公司按照原保险合同约定承担赔付保险金责任后确认的代位追偿款。

2.赔付支出的账务处理

(1)当时结案的核算。

借:赔付支出
　　贷:银行存款

(2)预付赔付款的核算。

①出险后,保险公司预付部分赔款时,会计处理为

借:预付赔付款——企业财产险
　　贷:银行存款

②损失核定后,保险公司支付剩余款,会计处理为

借:赔付支出
　　贷:预付赔付款
　　　　银行存款

(3)损余物资的核算。

保险财产遭受保险事故后,在多种情况下,不是完全灭失,而是部分受损,物资还具有一定程度的利用价值,称为损余物资。损余物资一般应合理作价归被保险人所有,并在赔款中予以扣除。如果被保险人不愿意接受,保险公司应按全损赔付,损余物资归保险公司处理。保险公司承担赔偿保险金责任后取得的损余物资,应当按照同类或类似资产的市场价格计算确定的金额确认为资产,并冲减当期赔付支出。其会计处理为

借:损余物资
　　贷:赔付支出——××险种

日后处置损余物资时,会计处理为

借:银行存款
借或贷:赔付支出——××险种
　　贷:损余物资

若损余物资已计提跌价准备的,还应同时予以结转。

(4)应收代位追偿款的核算。

应收代位追偿款是指保险人承担赔付保险金责任后,依法向第三者责任人索赔不属于其免责范围所造成的损失而应当取得的赔款。

确认代位追偿款时:

借:应收代位追偿款
　　贷:赔付支出——车辆险

收回代位追偿款时,其会计处理为

借:银行存款
　　　赔付支出

贷：应收代位追偿款

第三节　寿险原保险业务的核算

　　寿险原保险均为以人的身体为保险标的的人身保险,可以分为人寿保险、人身意外伤害保险和健康保险三大类。

一、人寿保险业务保费收入的核算

　　人寿保险业务保费收入的确认,也应同时满足《企业会计准则》中所规定的三个确认条件。同时,该准则还规定,对于寿险原保险合同,分期收取保费的,应当根据当期应收取的保费确定;一次性收取保费的,应当根据一次性应收取的保费确定。
　　为了反映和监督人寿保险业务保费收入的增减变动情况,主要应设置"保费收入""预收保费"和"应收保费"等科目进行核算。
　　1.保险业务发生时收取保费的核算
　　其会计处理为
　　借：库存现金
　　　　或银行存款
　　　　或应收保费
　　　　贷：保费收入——××险种
　　2.预收保费的核算
　　其会计处理为
　　借：库存现金(银行存款)
　　　　贷：预收保费——××险种
　　将预收的保费转为已实现的保费收入时,其会计处理为
　　借：预收保费——××险种
　　　　贷：保费收入——××险种

二、人寿保险业务保险金给付的核算

　　1.满期给付的核算
　　(1)被保险人生存至期满,按保险条款规定支付保险金时,其会计处理为
　　借：赔付支出——满期给付——××险种
　　　　贷：银行存款
　　(2)在满期给付时,如有保护质押贷款本息未还清者,应将其未还清的贷款本息从应支付的保险金中扣除。其会计处理为
　　借：赔付支出——满期给付——××险种　　　　（应给付金额）
　　　　贷：保户质押贷款——××户　　　　　　　（未收到的保户质押贷款本金）
　　　　　　利息收入——保户质押贷款利息收入户　（欠息金额）
　　　　　　银行存款　　　　　　　　　　　　　　（实际支付金额）
　　(3)在保险合同规定的缴费宽限期内发生满期给付时,其会计处理为

借:赔付支出——满期给付——××险种　　　　（应给付金额）
　　贷:保费收入——××险种　　　　　　　　（投保人未缴保费金额）
　　　　利息收入——保户质押贷款利息收入户　（欠息金额）
　　　　银行存款　　　　　　　　　　　　　　（实际支付金额）
(4)期末,将"满期给付"科目的余额转入"本年利润"科目时,其会计处理为
借:本年利润
　　贷:赔付支出——满期给付——××险种

2.死伤医疗给付的核算
(1)被保险人在保险期内发生保险责任范围内的死亡、意外伤残、医疗事故而按保险责任支付保险金时,其会计处理为
借:赔付支出——死伤医疗给付——××险种
　　贷:银行存款
(2)发生死伤医疗给付时,如有贷款本息未还清者,应将其未还清的贷款本息从应支付的保险金中扣除。其会计处理为
借:赔付支出——死伤医疗给付——××险种　　（应给付金额）
　　贷:保户质押贷款——××户　　　　　　　（未收到的保户质押贷款本金）
　　　　利息收入——保户质押贷款利息收入户　（欠息金额）
　　　　银行存款　　　　　　　　　　　　　　（实际支付金额）
(3)在保险合同规定的缴费宽限期内发生死伤医疗给付时,其会计处理为
借:赔付支出——死伤医疗给付——××险种　　（应给付金额）
　　贷:保费收入——××险种　　　　　　　　（投保人未缴保费金额）
　　　　利息收入——保户质押贷款利息户　　　（欠息金额）
　　　　银行存款　　　　　　　　　　　　　　（实际支付金额）
(4)期末,将"死伤医疗给付"科目的余额转入"本年利润"科目时,其会计处理为
借:本年利润
　　贷:赔付支出——死伤医疗给付——××险种

3."年金给付"的核算
具体业务处理同满期给付和死伤医疗给付。

三、人身保险业务准备金的核算

1.寿险责任准备金的核算
(1)科目设置。为了反映和监督寿险责任准备金的增减变动情况,主要应设置"寿险责任准备金"和"提取寿险责任准备金"科目进行核算。
(2)账务处理。
①寿险责任准备金的计提。保险人在确认寿险保费收入的当期,应按保险精算确定的寿险责任准备金,做会计分录:
借:提取寿险责任准备金——××险种
　　贷:寿险责任准备金
②寿险责任准备金充足性测试。保险人至少应当于每年年度终了,对寿险责任准备金

进行充足性测试。保险人按照保险精算重新计算确定的寿险责任准备金金额超过充足性测试日已提取的寿险责任准备金余额的,应当按照其差额补提寿险责任准备金;保险人按照保险精算重新计算确定的寿险责任准备金金额小于充足性测试日已提取的寿险责任准备金余额的,不调整寿险责任准备金。

③寿险责任准备金的冲减。原保险合同保险人确定支付赔付款项金额或实际发生理赔费用的当期,应按冲减的相应寿险责任准备金余额,做会计分录:

借:寿险责任准备金
　　贷:提取寿险责任准备金——××险种

④寿险责任准备金的转销。寿险原保险合同提前解除的,保险人应将相关寿险责任准备金余额予以转销。会计分录为

借:寿险责任准备金
　　贷:提取寿险责任准备金——××险种

⑤提取寿险责任准备金的期末结转。期末,应将"提取寿险责任准备金"科目的余额结转"本年利润"科目,会计分录为

借:本年利润
　　贷:提取寿险责任准备金——××险种

2. 长期健康险责任准备金的核算

(1)科目设置。主要应设置"长期健康险责任准备金""提取长期健康险责任准备金"科目进行核算。

①"长期健康险责任准备金"科目。该科目属于负债类科目,核算保险公司为尚未终止的长期健康保险责任提取的准备金。其贷方登记按规定提取、补提的长期健康险责任准备金,借方登记按规定冲减的长期健康险责任准备金,期末余额在贷方,反映保险公司的长期健康险责任准备金。该科目可按保险合同进行明细核算。

②"提取长期健康险责任准备金"科目。该科目属于损益类科目,核算保险公司为尚未终止的长期健康保险责任提取的准备金。其借方登记按规定提取、补提的长期健康险责任准备金,贷方登记按规定冲减的长期健康险责任准备金。期末,应将该科目余额转入"本年利润"科目,结转后该科目无余额。该科目可按险种和保险合同进行明细核算。

(2)账务处理。

①长期健康险责任准备金的计提。保险人在确认寿险保费收入的当期,应按保险精算确定的长期健康险责任准备金,做会计分录:

借:提取长期健康险责任准备金——××险种
　　贷:长期健康险责任准备金

②长期健康险责任准备金充足性测试。保险人至少应当于每年年度终了,对长期健康险责任准备金进行充足性测试。保险人按照保险精算重新计算确定的长期健康险责任准备金金额超过充足性测试日已提取的长期健康险责任准备金余额的,应当按照其差额补提长期健康险责任准备金;保险人按照保险精算重新计算确定的长期健康险责任准备金金额小于充足性测试日已提取的长期健康险责任准备金余额的,不调整长期健康险责任准备金。

③长期健康险责任准备金的冲减。原保险合同保险人确定支付赔付款项金额或实际

发生理赔费用的当期,应按冲减的相应长期健康险责任准备金余额,做会计分录:

借:长期健康险责任准备金
　　贷:提取长期健康险责任准备金——××险种

④长期健康险责任准备金的转销。寿险原保险合同提前解除的,保险人应将相关长期健康险责任准备金余额予以转销。会计分录为

借:长期健康险责任准备金
　　贷:提取长期健康险责任准备金——××险种

⑤提取长期健康险责任准备金的期末结转。期末,应将"提取长期健康险责任准备金"科目的余额结转"本年利润"科目,会计分录为

借:本年利润
　　贷:提取长期健康险责任准备金——××险种

第四节　再保险业务的核算

一、再保险业务概述

(一)再保险的概念

再保险,又称分保,是指一个保险人(再保险分出人)分出一定的保费给另一个保险人(再保险接受人),再保险接受人对再保险分出人由原保险合同所引起的赔付成本及其他相关费用进行补偿的保险业务。

(二)再保险业务的种类

可分为比例再保险和非比例再保险两大类。

1. 比例再保险

比例再保险是指原保险人与再保险人以保险金额为基础,计算比例,分担保险责任限额的再保险。比例再保险又可分为成数再保险和溢额再保险。

2. 非比例再保险

非比例再保险又称为超额再保险,是一种以赔款为基础,计算自赔限额和分保责任限额的再保险。非比例再保险又可分为超额赔款再保险和超额赔付率再保险。

(三)再保险业务核算的特点

再保险业务与直接承保业务相比较,在核算上具有以下几个方面的特点:

(1)再保险业务产生的资产、负债及相关收支单独确认。

(2)再保险业务资金结算方式与原保险业务不同。

(3)分保账单是再保险业务核算的专用凭证。

(4)再保险业务是保险公司间的业务,不涉及向保险经纪人支付手续费的问题,没有手续费的核算。

二、分出业务的核算

分出业务核算是再保险业务中以再保险分出人为主体所进行的核算。其内容主要包

括分出保费、摊回分保费用、摊回赔付支出以及各种准备金的核算。

(一)分出保费的计算方法

比例再保险用公式表示如下：

$$分出保费 = 保费 \times 确定的比例$$

(二)科目设置

为了反映和监督再保险分出业务分出保费、摊回分保费用、摊回赔付支出以及各种准备金的增减变动情况,再保险分出人主要应设置"应收分保账款""应付分保账款""存入保证金""分出保费""应收分保保险责任准备金""应收分包未到期责任准备金""摊回保险责任准备金""摊回赔付支出"和"摊回分保费用"等科目。

(三)账务处理

1. 分出保费的核算

其会计处理为

借:分出保费

　　贷:应付分保账款

2. 应收分保未到期责任准备金的核算

(1)应收分保未到期责任准备金,并冲减提取未到期责任准备金。其会计处理为

借:应收分保未到期责任准备金

　　贷:提取未到期责任准备金

(2)资产负债表日,再保险分出人在调整原保险合同未到期责任准备金余额时,应相应调整应收分保未到期责任准备金余额。即按相关再保险合同约定计算确定的应收分保未到期责任准备金的调整金额,做会计分录:

借:提取未到期责任准备金

　　贷:应收分保未到期责任准备金

3. 摊回分保费用的核算

(1)再保险分出人应当在确认原保险合同保费收入的当期,按照相关再保险合同的约定,计算确定的再保险接受人摊回的分保费用,计入当期损益。其会计处理为

借:应收分保账款

　　贷:摊回分保费用

(2)再保险分出人应当根据相关再保险合同的约定,在能够计算确定应向再保险接受人收取的纯益手续费时,将该项纯益手续费作为摊回分保费用,计入当期损益。其会计处理为

借:应收分保账款

　　贷:摊回分保费用

4. 摊回保险责任准备金的核算

(1)再保险分出人应当在提取原保险合同未决赔款准备金、寿险责任准备金、长期健康险责任准备金的当期,按照相关再保险合同的约定,计算确定应向再保险接受人摊回的相应准备金,确认为相应的应收分保准备金资产。

摊回未决赔款准备金时,其会计处理为

借：应收分保未决赔款准备金
　　贷：摊回未决赔款准备金
摊回寿险责任准备金时，其会计处理为
借：应收分保寿险责任准备金
　　贷：摊回寿险责任准备金
摊回长期健康险责任准备金时，其会计处理为
借：应收分保长期健康险责任准备金
　　贷：摊回长期健康险责任准备金

（2）对原保险合同保险责任准备金进行充足性测试补提保险责任准备金时，应按相关再保险合同约定计算确定的应收分保保险责任准备金的相应增加额，做会计分录：
借：应收分保未决赔款准备金
　　或应收分保寿险责任准备金
　　或应收分保长期健康险责任准备金
　　贷：摊回未决赔款准备金
　　　　或摊回寿险责任准备金
　　　　或摊回长期健康险责任准备金

（3）再保险分出人应当在确定支付赔付款项金额或实际发生理赔费用而冲减原保险合同相应保险责任准备金余额的当期，冲减相应的应收分保准备金余额。其会计处理为
借：摊回未决赔款准备金
　　或摊回寿险责任准备金
　　或摊回长期健康险责任准备金
　　贷：应收分保未决赔款准备金
　　　　或应收分保寿险责任准备金
　　　　或应收分保长期健康险责任准备金

5. 摊回赔付支出的核算
（1）计算确定应向再保险接受人摊回的赔付成本，计入当期损益。其会计处理为
借：应收分保账款
　　贷：摊回赔付支出
计算确定摊回赔付成本的调整金额，计入当期损益。摊回赔付成本调整增加时，其会计处理为
借：应收分保账款
　　贷：摊回赔付支出

（2）对于超额赔款再保险等非比例再保险合同，再保险分出人应当在能够计算确定应向再保险接受人摊回的赔付成本时，将该项应摊回的赔付成本计入当期损益。其会计处理为
借：应收分保账款
　　贷：摊回赔付支出

6. 存入分保保证金的核算
存入分保保证金，其会计处理为

借：应付分保账款
　　贷：存入保证金

同时，按照账单标明的返还上期扣存分保保证金转销相关存入分保保证金。其会计处理为

借：存入保证金
　　贷：应付分保账款

再保险分出人根据相关再保险合同的约定，按期计算存入分保保证金利息，计入当期损益。其会计处理为

借：利息支出
　　贷：应付分保账款

7. 原保险合同提前解除的核算

(1) 调整分出保费的核算。按计算确定的分出保费的调整金额，其会计处理为

借：应付分保账款
　　贷：分出保费

(2) 调整摊回分保费用的核算。按计算确定的摊回分保费用的调整金额，其会计处理为

借：摊回分保费用
　　贷：应收分保账款

(3) 转销相关应收分保准备金余额的核算。转销相关应收分保未到期责任准备金余额时，其会计处理为

借：提取未到期责任准备金
　　贷：应收分保未到期责任准备金

转销相关应收分保寿险责任准备金余额时，其会计处理为

借：摊回寿险责任准备金
　　贷：应收分保寿险责任准备金

转销相关应收分保长期健康险责任准备金余额时，其会计处理为

借：摊回长期健康险责任准备金
　　贷：应收分保长期健康险责任准备金

8. 结算分保账款的核算

再保险分出人、再保险接受人结算分保账款时，按应付分保账款金额，借记"应付分保账款"科目，按应收分保账款金额，贷记"应收分保账款"科目，按借贷方差额，借记或贷记"银行存款"科目。

9. 期末，结平损益类科目的核算

期末，再保险分出人将损益类科目的余额转入"本年利润"科目，结转后损益类科目无余额。其会计处理为

借：本年利润
　　贷：分出保费
　　　　利息支出

借：摊回分保费用

摊回赔付支出
摊回未决赔款准备金
摊回寿险责任准备金
摊回长期健康险责任准备金
　　贷：本年利润

三、分入业务的核算

分入业务核算是再保险接受人接受再保险后对取得的分保费、发生的分保赔款和费用、提取的各种准备金等进行的核算。

（一）科目设置

为了反映和监督再保险分入业务中分保费收入、分保赔款和费用以及提取的各种准备金的增减变动情况，再保险接受人除了设置"应收分保账款""应付分保账款""分保费收入""未到期责任准备金""保险责任准备金""分保赔付支出""提取未到期责任准备金"和"提取保险责任准备金"等科目外，还应设置"分保费用""存出保证金"科目进行核算。

（二）账务处理

1. 分保费收入的核算

（1）再保险接受人应当根据相关再保险合同的约定，计算确定分保费收入金额，做会计分录：

借：应收分保账款
　　贷：分保费收入

（2）再保险接受人在收到分保业务账单时，按账单标明的金额对分保费收入进行调整，金额计入当期损益。

调整增加时，做会计分录：

借：应收分保账款
　　贷：分保费收入

2. 分保费用的核算

（1）再保险接受人应当在确认分保费收入的当期，根据相关再保险合同的约定，计算确定分保费用，计入当期损益。其会计处理为

借：分保费用
　　贷：应付分保账款

再保险接受人应当在收到分保业务账单时，按照账单标明的金额对分保费用进行调整，调整金额计入当期损益。调整增加时，做会计分录：

借：分保费用
　　贷：应付分保账款

（2）再保险接受人应当根据相关再保险合同的约定，在能够计算确定应向再保险分出人支付的纯益手续费时，将该项纯益手续费作为分保费用，计入当期损益。其会计处理为

借：分保费用
　　贷：应付分保账款

3. 分保准备金的核算

（1）再保险接受人提取分保未到期责任准备金、分保未决赔款准备金、分保寿险责任准备金、分保长期健康险责任准备金的核算，以及进行相关分保准备金充足性测试的处理，与原保险业务中的核算与处理基本相同，这里不再赘述。

（2）再保险接受人应当在收到分保业务账单确认分保赔付成本的当期，冲减相应的分保准备金余额。其会计处理为

借：未决赔款准备金（或寿险责任准备金或长期健康险责任准备金）
　　贷：提取未决赔款准备金（或提取寿险责任准备金或提取长期健康险责任准备金）

4. 分保赔付支出的核算

再保险接受人应当在收到分保业务账单的当期，按照账单标明的分保赔付款项金额，作为分保赔付成本，计入当期损益。其会计处理为

借：分保赔付支出
　　贷：应付分保账款

5. 期末，结转损益类科目的核算

期末，再保险接受人将损益类科目的余额转入"本年利润"科目，结转后损益类科目无余额。其会计处理为

借：本年利润
　　贷：分保费用
　　　　分保赔付支出
　　　　提取未到期责任准备金
　　　　提取未决赔款准备金
　　　　提取寿险责任准备金
　　　　提取长期健康险责任准备金

借：分保费收入
　　利息收入
　　贷：本年利润

思考题

1. 保险有哪几种分类方法？
2. 财险内容包括哪些？寿险内容包括哪些？它们有哪些异同？
3. 再保险业务核算有什么特点？

练习题

1. 以下为平安公司财产保险业务的有关资料：

（1）收到业务部门送交的财产险日报表、保费收据及银行收账通知，共计 80 000 元，该签单已生效。

（2）收到业务部门交来的财险保费日报表、保费收据及银行收账通知，共计 30 000 元，该项业务自下月 2 日起生效。

（3）华能公司投保财产综合险，总保费为 1 000 000 元，首期收到保费 600 000 元，其余

保费分2期等额收取。

(4)鲁能公司投保的财产综合险出险,由于双方就财产损失额存在争议,尚未及时结案,保险公司预付赔款800 000元,后经双方协商,确认理赔支出总额为1 200 000元,保险公司在结案后补足赔款。

(5)2013年末计提未决赔款准备金,其中,已决未付赔款按当年已提出的保险赔款30 000 000元计提;对已发生未报告的未付赔款,按当年实际赔款支出额10 000 000元的4%计提;同时转回上年提存的未决赔款准备金2 000 000元。

要求:根据上述资料,编制相关的会计分录。

2. 以下为平安人身保险业务的有关资料。

(1)会计部门收到业务部门送交的个人险日结单及有关收据,以及现金30 000元,经审查入账。

(2)会计部门5月10日收到国美济南分公司投保团体险的预交保费500 000元,经过核保,保险公司同意承保。保险公司于5月15日将预收保费转为保费收入。

(3)李华投保金额为200 000元的家财两全险满期,经核查,该保户有尚未偿还保单质押贷款本金20 000元,贷款利息1 000元,同时,该保户尚未交纳当年保费4 000元。

(4)长期健康保险的投保人王丽,因交通事故导致肢体残疾,王丽提出死伤医疗给付申请,经核查,公司同意给付保险费80 000元,由于王丽尚未交纳当年保费费2 000元,会计部门以现金支付余额。

(5)年末,公司提存寿险责任准备金50 000 000元,转回上年提存寿险责任准备金40 000 000元。

(6)年末,提存未到期责任准备金3 000 000元,转回上年提存的未到期责任准备金2 400 000元。

要求:根据上述资料,编制有关会计分录。

第十二章 证券公司业务的核算

第一节 证券业务概述

在我国,证券公司是指依照《公司法》规定,经国务院证券监督管理机构审查批准的从事证券经营业务的有限责任公司或者股份有限公司。

我国对证券公司分为综合类证券公司和经纪类证券公司两种。综合类证券公司是指可以经营证券经纪业务、自营证券业务、证券承销业务和经国务院证券监督管理机构核定的其他证券业务的证券公司。经纪类证券公司是指只能从事单一的经纪业务的证券公司。

一、证券公司的业务

(1)证券经纪业务(又称代理买卖证券业务)。证券经纪业务应当按照代理买卖证券业务、代理兑付证券业务、代保管证券业务分类核算。

(2)自营证券业务。自营证券业务包括自营买入证券业务和自营卖出证券业务。

(3)证券承销业务。证券承销业务应按照全额包销方式的承销业务、余额包销方式的承销业务和代销方式的承销业务分类核算。

(4)其他证券业务。主要包括买入返售证券业务和卖出回购证券业务两种。

二、证券业务核算的特点

证券公司属于金融企业,但其业务内容与商业银行、保险公司等其他金融企业不同,有其自身的特点。

(1)业务针对性强。证券业务所涉及的单位的业务性质、经营范围和对象均不同,因此使用的会计科目及账务处理既有区别又有联系,有的甚至借贷方向相反。例如,"结算备付金"科目,对证券公司来说属于资产类科目,而对证券服务机构来说则属于负债类科目。

(2)价值变动频繁。各类证券是证券公司主要的流动资产,金额都计入表内科目中,但数量都在表外科目中核算。各类证券的实际价值并非账面价值,其真正价值应该是市价。因此,对于证券本身这种流动性很强、价格波动频繁的特殊金融商品,如何准确、真实、及时地反映各类证券的实际价值,并且能实事求是地反映证券经营机构的实际经营状况,至关重要。

(3)清算关系复杂。一笔证券买卖成交后,从卖方角度看,交易所对证券商是应收证券,应付价款;投资人对证券商是应付证券,应收价款。而从买方角度看,则正好相反。可见,清算关系是因人而异,根据买卖地位而变化的,会计核算必须明确对象。

第二节　证券经纪业务的核算

证券经纪业务又称代理买卖证券业务,是指证券公司接受客户委托,代理客户买卖有价证券的行为。证券经纪业务是证券公司最基本的一项业务,主要包括代理买卖证券、代理兑付证券、代理保管证券等业务。

一、经纪业务的内容

(1)代理买卖证券业务。代理买卖证券业务是公司代理客户进行证券买卖的业务。公司代理客户买卖证券收到的代理买卖证券款,必须全额存入指定的商业银行,并在"银行存款"科目中单设明细科目进行核算,不能与本公司存款混淆。公司在收到代理客户买卖证券款项的同时还应当确认为一项负债,与客户进行相关的结算。公司代理客户买卖证券所收取的手续费及佣金收入,应当在代理买卖证券交易时确认。

(2)代理兑付证券业务。代理兑付证券业务是证券公司接受证券发行人的委托对其发行的证券到期进行证券兑付的业务。代理兑付证券的手续费及佣金收入,应当在其代理兑付证券业务提供的相关服务完成时确认。

(3)代理保管证券业务。代理保管证券业务是公司代理其他各方保管有价证券的业务。公司代保管证券业务不需要单独设置科目核算,不论采取何种代保管方式,均在专设的备查账簿中记录代保管证券的情况。代理保管证券业务的手续费及佣金收入,应于代保管服务完成时确认;一次性收取的手续费,作为预收账款处理,待后续代保管服务完成时再确认收入。

二、会计科目的设置

(1)"代理买卖证券款"。该科目为负债类科目,用来核算证券公司接受客户委托,代理客户买卖股票、债券和基金等有价证券,而由客户交存的款项。

(2)"代理兑付证券"。该科目为资产类科目,用来核算证券公司接受委托代理兑付到期的证券。

(3)"代理兑付证券款"。该科目为负债类科目,用来核算证券公司接受委托代理兑付证券而收到的兑付资金。

(4)"结算备付金"。该科目为资产类科目,用来核算证券公司为证券交易的资金清算与交收而存入指定清算代理机构的款项。

三、账务处理

(一)资金专户开立

证券公司先期收到客户交来的代理买卖证券的款项,应根据银行结算凭证。应借记"银行存款——客户",贷记"代理买卖证券款";客户提取存款时,则做相反的会计处理。证券公司为客户在证券交易所开设清算资金专户时,借记"结算备付金——客户"科目,贷记"银行存款"科目。

(二)代理买卖证券业务

1. 证券公司接受客户委托通过证券交易所代理买卖证券

通过证券交易所代理买卖证券应分别以下两种情况进行账务处理。

(1)如果买入证券成交总额大于卖出证券成交总额,按买卖证券成交价的差额,加代扣代交的印花税费和应向客户收取的佣金等费用,借记"代理买卖证券款"科目,贷记"结算备付金——客户"科目;同时,按证券公司应负担的交易费用,借记"手续费及佣金支出——代买卖证券手续费及佣金支出"科目,按证券公司应向客户收取的手续费,贷记"手续费及佣金收入——代买卖证券手续费及佣金收入"科目,按公司应向客户收取的佣金与公司应负担的交易费用的差额,借记"结算备付金——自有"科目。

(2)如果卖出证券成交总额大于买入证券成交总额,按买卖成交价的差额,减代扣代交的相关税费和应向客户收取的手续费等后的余额,借记"结算备付金——客户"科目,贷记"代理买卖证券款"科目;同时,按公司应负担的交易费用,借记"手续费及佣金支出——代买卖证券手续费及佣金支出"科目,按应向客户收取的佣金及手续费,贷记"手续费及佣金收入——代买卖证券手续费及佣金收入"科目,按公司应向客户收取的佣金与公司应负担的交易费用的差额,借记"结算备付金——自有"等科目。

2. 证券公司代理客户认购新股

证券公司代理客户认购新股,收到客户认购款项,借记"银行存款"科目,贷记"代理买卖证券款"科目;将款项划付交易所,借记"结算备付金——客户"科目,贷记"银行存款"科目。客户办理申购手续,按实际支付的价款,借记"代理买卖证券款"科目,贷记"结算备付金——客户"科目;证券交易所完成中签认定工作,将未中签资金退给客户,借记"结算备付金——客户"科目,贷记"代理买卖证券款"科目;证券公司将未中签的款项划回,借记"银行存款"科目,贷记"结算备付金——客户"科目;证券公司将未中签的款项退给客户,借记"代理买卖证券款"科目,贷记"银行存款"科目。

3. 证券公司代理客户办理配股业务

证券公司代理客户办理配股业务,应当分为两种情况处理。

(1)采用当日向交易所解交配股款的,在客户提出配股要求时,借记"代理买卖证券款"科目,贷记"结算备付金——客户"科目。

(2)采用定期向交易所解交配股款的,在客户提出配股要求时,借记"代理买卖证券款"科目,贷记"其他应付款——应付客户配股款"科目。与交易所清算配股款时,按配股金额,借记"其他应付款——应付客户配股款"科目,贷记"结算备付金——客户"科目。

4. 代理客户领取现金股利和利息

证券公司代理客户领取现金股利和利息,借记"结算备付金——客户"科目,贷记"代理买卖证券款"科目。公司按规定向客户统一结息时,借记"利息支出""应付利息"科目,贷记"代理买卖证券款"科目。

(三)代理兑付证券业务

代理兑付证券是证券公司接受发行单位的委托,兑付到期债券,兑付结束后,将已兑付证券集中交给发行单位,同时向发行单位收取手续费的业务。

代理兑付证券业务应通过"代理兑付证券""代理兑付证券款"科目进行核算。

1. 代理兑付无记名证券

证券公司接受委托单位代理兑付到期的无记名(实物券形式)债券时,收到委托单位的兑付资金,借记"银行存款"科目,贷记"代理兑付债券款"科目;收到客户交来的证券,按兑付金额,借记"代理兑付债券"科目,贷记"库存现金""银行存款"等科目;公司向委托单位交回已兑付的证券,借记"代理兑付债券款"科目,贷记"代理兑付证券"科目。

2. 代理兑付记名证券

证券公司收到委托单位的兑付资金时,其会计处理与代理兑付无记名证券相同。证券公司收到客户交来的证券,兑付证券时,按兑付金额借记"代理兑付证券款"科目,贷记"银行存款"等科目。

3. 代理兑付证券手续费及佣金收入

证券公司收取的代理兑付证券手续费及佣金收入,如果向委托单位单独收取时,按应收或已收取的手续费,借记"银行存款"等科目,贷记"手续费及佣金收入——代付证券手续费及佣金收入"科目。如果手续费与兑付款一并汇入时,在收到款项时,按实际收到的金额,借记"银行存款"等科目,按应兑付的金额贷记"代理兑付证券款"科目,按事先取得的手续费,贷记"其他应付款——预收代理兑付证券手续费"科目。待兑付证券业务完成后确认手续费及佣金收入,借记"其他应付款——预收代理兑付证券手续费"科目,贷记"手续费及佣金收入——代理兑付证券手续费及佣金收入"科目。

第三节 证券自营业务的核算

证券自营业务是证券公司作为自营证券经纪人,为获取证券买卖差价收入,而在证券市场上对各种能够随时变现的证券进行的买进卖出业务,包括买入证券业务和卖出证券业务。

一、会计科目的设置

证券公司自营业务应设置"交易性金融资产""可供出售金融资产""持有至到期投资""资产减值损失"等科目。

(1)"交易性金融资产"。该科目属于资产类科目,核算证券公司持有的为交易目的持有的债券投资、股票投资、基金投资、权证投资等交易性金融资产的公允价值。

(2)"可供出售金融资产"。该科目属于资产类科目,核算证券公司持有的可供出售金融资产的公允价值,包括划分为可供出售的股票投资、债券投资等金融资产。

(3)"持有至到期投资"。该科目属于资产类科目,核算证券公司持有至到期投资的摊余成本。该科目可按持有至到期投资的类别和品种,分别以"成本""利息调整""应计利息"等进行明细核算。期末余额在借方,反映证券公司持有至到期投资的摊余成本。

(4)"资产减值损失"。该科目属于损益类科目,核算证券公司根据资产减值等准则计提各项资产减值准备所形成的损失。

二、自营证券业务核算

(一)自营证券买入业务的核算

根据《企业会计准则》的规定,在证券交易所进行自营证券交易的,应在取得时根据持有证券的意图等对其分类。证券公司在买入证券时可以按照意图划分为交易性金融资产、持有至到期投资、可供出售金融资产等金融资产。

1. 买入时划分为交易性金融资产的核算

(1)证券公司将资金存入清算代理机构时,会计处理为

借:结算备付金——自有
　　贷:银行存款

(2)取得交易性金融资产时,按公允价值入账,发生的交易费用直接计入当期损益。支付的价款中包括已到付息期但尚未领取的利息或已宣告但尚未发放的现金股利,作为应收股利或应收利息核算,按实际支付的金额,减少结算备付金。会计处理为

借:交易性金融资产——成本
　　投资收益
　　应收股利
　　或应收利息
　　贷:结算备付金——自有

(3)持有期间收到被投资单位宣告发放的现金股利,或在资产负债表日按分期付息、一次还本债券投资的票面利率计算的利息,计入投资收益。会计处理为

借:应收股利
　　或应收利息
　　贷:投资收益

(4)资产负债表日,交易性金融资产公允价值高于其账面价值形成的利得,计入当期损益。会计处理为

借:交易性金融资产——公允价值变动
　　贷:公允价值变动损益

若公允价值低于其账面价值形成的损失,做相反会计处理。

2. 买入时划分为持有至到期投资的核算

(1)证券公司将资金存入清算代理机构时,会计处理为

借:结算备付金——自有
　　贷:银行存款

(2)企业取得持有至到期投资,会计处理为

借:持有至到期投资——成本(面值)
　　应收利息
　　贷:结算备付金——自有
　　　　持有至到期投资——利息调整(或借记)

(3)资产负债表日,持有至到期投资为分期付息、一次还本债券投资的,按票面利率计算确定的应收未收利息,计入应收项目;按持有至到期投资摊余成本和实际利率计算确定利息收入,计入当期损益;按其差额计入持有至到期投资利息调整,会计处理为

借:应收利息
　　贷:投资收益
　　　　持有至到期投资——利息调整(或借记)

若持有至到期投资为一次还本付息债券投资的,应于资产负债表日按票面利率计算确定的应收未收利息,计入持有至到期投资应收明细项;按持有至到期投资摊余成本和实际利率计算确定利息收入,计入当期损益;按其差额计入持有至到期投资利息调整,会计处理为

  借:持有至到期投资——应计利息
    贷:投资收益
      持有至到期投资——利息调整(或借记)

3. 买入时划分为可供出售金融资产的核算

可供出售金融资产,是指初始确认时即被指定为可供出售的非衍生金融资产,以及除贷款和应收款项、持有至到期投资和以公允价值计量且其变动计入当期损益的金融资产外的金融资产。

(1)证券公司取得可供出售金融资产时,应按可供出售金融资产的公允价值与交易费用之和,作为初始成本入账,支付的价款中包含的已宣告但尚未发放的现金股利,作为应收股利核算,按实际支付的金额,减少结算备付金。会计处理为

  借:可供出售金融资产——成本
    应收股利
    贷:结算备付金——自有

证券公司取得的可供出售金融资产为债券投资的,应按债券的面值作为初始成本入账,支付的价款中包含的已到付息期但尚未领取的利息,作为应收利息核算,按实际支付的金额,减少结算备付金,按其差额作为利息调整,会计处理为

  借:可供出售金融资产——成本
    应收利息
    可供出售金融资产——利息调整
    贷:结算备付金——自有

(2)公司持有可供出售金融资产期间的核算。证券公司持有可供出售金融资产为权益性的,在其持有期间,被投资单位宣告发放现金股利时,会计处理为

  借:应收股利
    贷:投资收益

证券公司持有可供出售金融资产为债券的,在其持有期间,证券公司应当按照摊余成本和实际利率计算确认投资收益。

资产负债表日,可供出售金融资产为分期付息、一次还本债券投资的,按票面利率计算确定的应收未收利息,计入应收项目;按可供出售金融资产摊余成本和实际利率计算确定利息收入,计入当期损益;按其差额计入可供出售金融资产利息调整,会计处理为

  借:应收利息
    贷:投资收益
      可供出售金融资产——利息调整(或借记)

若可供出售金融资产为一次还本付息债券投资的,应于资产负债表日按票面利率计算确定的应收未收利息,计入可供出售金融资产应收明细项目;按可供出售金融资产摊余成本和实际利率计算确定利息收入,计入当期损益;按其差额计入可供出售金融资产利息调

整,会计处理为

  借:可供出售金融资产——应计利息
   贷:投资收益
    可供出售金融资产——利息调整(或借记)

  (3)资产负债表日,可供出售金融资产的公允价值变动的核算。资产负债表日,可供出售金融资产的公允价值变动计入所有者权益。若可供出售金融资产的公允价值高于其账面余额的差额,会计处理为

  借:可供出售金融资产——公允价值变动
   贷:资本公积——其他资本公积

  若可供出售金融资产的公允价值低于其账面余额的差额,做相反会计处理。

  (二)自营证券卖出业务的核算

  1.出售交易性金融资产的核算

  借:结算备付金——自有
   投资收益
   贷:交易性金融资产

  同时:

  借:公允价值变动损益
   贷:投资收益

  2.出售持有至到期投资的核算

  借:结算备付金——自有
   贷:持有至到期投资——成本
      ——利息调整(或借记)
      ——应计利息
   投资收益(或借记)

  同时:

  借:持有至到期投资减值准备
   贷:资产减值损失

  3.出售可供出售金融资产

  借:结算备付金——自有
   投资收益(或贷记)
   贷:可供出售金融资产

  同时:

  借:资本公积——其他资本公积
   贷:投资收益

  (三)自营证券减值准备的核算

  1.持有至到期投资的减值及其恢复的核算

  资产负债表日,企业应对拥有的持有至到期投资进行检查,有客观证据表明所拥有的持有至到期投资发生减值的,应当根据其账面价值与预计未来现金流量现值之间差额计算

确认减值损失,计提减值准备。会计处理为

借:资产减值损失

贷:持有至到期投资减值准备

已计提减值准备的持有至到期投资价值以后又得以恢复,应在原已计提的减值准备金额内,按恢复增加的金额计提。

借:持有至到期投资减值准备

贷:资产减值损失

2.可供出售金融资产减值及其恢复的核算

借:资产减值损失

贷:资本公积——其他资本公积

可供出售金融资产——公允价值变动

第四节 证券承销业务的核算

证券承销业务是指公司接受证券发行者的委托,代理发行人发行证券的活动。目前代发行证券业务有全额承购包销方式、余额承购包销方式、代销方式三种。公司应当根据与发行人协商确定的发行方式,并按规定分别进行会计核算。

一、会计科目的设置

金融企业接受委托采用全额承购包销、余额承购包销方式承销的证券,应在收到证券时将其分类。可划分为以公允价值计量且其变动计入当期损益的交易性金融资产和可供出售金融资产。因此,证券承销业务要设置"交易性金融资产"和"可供出售金融资产"科目。除此之外,还要设置"代理承销证券款"科目。

"代理承销证券款"科目用来核算证券公司接受委托,采用承购包销方式或代销方式承销证券所形成的、应付证券发行方的承销资金,属于负债类科目。

二、证券承销业务会计核算

(一)全额承购包销方式承销证券业务的核算

以全额承购包销方式进行承销业务的证券公司,应在按承购价格购入待发行的证券时,确认为一项资产。证券公司将证券转售给投资者时,按发行价格进行价款结算,按已发行证券的承销价格结转代发行证券的成本并确认投资收益。发行期结束后,将未售出的证券余额转为自营证券或长期投资。

1.证券公司认购全部证券

证券公司认购全部证券,按承销价向委托单位支付全部证券款项,会计处理为

借:交易性金融资产(或可供出售金融资产)

贷:银行存款

2.证券公司将证券向市场发售或转售给投资者

证券公司将证券向市场发售或转售给投资者,按发行价格办理结算。同时按照承购价

格结转售出证券的成本,差额确认为投资收益,会计处理为

　　借:银行存款
　　　　贷:交易性金融资产(或可供出售金融资产)
　　　　　　投资收益

(二)余额承购包销方式承销证券业务的核算

采用余额承购包销方式承销证券的证券公司,收到委托单位委托发行的证券时,应在备查簿中记录承销证券的情况。备查簿中登记代销证券的发行单位、承销价格、承销数量、承销期限等有关项目。证券承销期内,按承销价格销售证券。承销期结束后,如有未发售完的证券,按规定由证券公司认购。代发行证券收取的手续费,应于发行期结束后,与发行单位结算发行价款时确认为手续费及佣金收入。

1. 承销记名证券的核算

(1)通过证券交易所上网发行的,在证券上网发行日根据承销合同确认的证券发行总额,按承销价款,在备查簿中记录承销证券的情况。

(2)与证券交易所交割清算,按实际收到的金额入账。会计处理为

　　借:结算备付金
　　　　贷:代理承销证券款

(3)承销期结束,将承销证券款项交付委托单位并收取承销手续费,按承销价款,借记"代理承销证券款"科目,按应收取的承销手续费,贷记"手续费及佣金收入"科目,按实际支付给委托单位的金额,贷记"银行存款"等科目。会计处理为

　　借:代理承销证券款
　　　　贷:手续费及佣金收入
　　　　　　银行存款

(4)承销期结束,将未出售的证券,按合同规定由企业认购,应按承销价格,借记"交易性金融资产""可供出售金融资产"等科目,贷记"代理承销证券款"科目。会计处理为

　　借:交易性金融资产(或可供出售金融资产)
　　　　贷:代理承销证券款

2. 承销无记名证券的核算

(1)证券公司收到委托单位委托发行的证券时,在备查簿中记录承销证券的情况。

(2)在约定的期限内售出证券时,按实际收到的金额入账。会计处理为

　　借:银行存款
　　　　贷:代理承销证券款

(3)承销期结束,将承销证券款项交付委托单位并收取承销手续费,按承销价款,借记"代理承销证券款"科目,按应收取的承销手续费,贷记"手续费及佣金收入"科目,按实际支付给委托单位的金额,贷记"银行存款"等科目。会计处理为

　　借:代理承销证券款
　　　　贷:手续费及佣金收入
　　　　　　银行存款

(4)承销期结束,将未出售的证券,按合同规定由企业认购,应按承销价格,借记"交易

性金融资产""可供出售金融资产"等科目,贷记"代理承销证券款"科目。同时,冲销备查簿中登记的承销证券。会计处理为

借:交易性金融资产(或可供出售金融资产)
　　贷:代理承销证券款

(三)代销方式承销证券业务的核算

采用代销方式承销证券的证券公司,收到委托单位委托发行的证券时,应在备查簿中记录承销证券的情况。备查簿中登记代销证券的发行单位、承销价格、承销数量、承销期限等有关项目。证券承销期内,按承销价格销售证券。承销期结束后,如有未发售完的证券,应退还给发行单位。代发行证券收取的手续费,应于发行期结束后,与发行单位结算发行价款时确认为手续费及佣金收入。

证券公司采用代销方式承销证券,收到代销证券、承销期内发售证券、承销期结束划转销售款项及收取手续费的账务处理与采用余额承购包销方式承销证券相同,只是在承销期结束后如有未发售完的证券,应退还给发行单位,并冲销备查簿中登记的承销证券。

思考题

1. 证券公司的业务主要有哪些?
2. 何为代理证券业务,其有几种主要形式?
3. 证券承销有几种方式?

练习题

1. 日立公司委托海通证券公司通过证券交易所代理买卖证券。2013年5月底,与客户清算时,买入证券成交总额大于卖出证券成交总额4 200 000元。代扣代缴的交易税费12 000元,向客户收取的佣金等手续费6 000元,证券公司负担手续费支出4 000元。编制会计分录。

2. 宏利公司委托海通证券公司为其代购新股,金额10 500 000元,证券交易所完成中签认定工作,将未中签资金8 200 000元退给客户,中签交付的认股款项为2 300 000元,手续费按照认购金额的1.5‰计算,手续费已收到。编制会计分录。

3. 2013年4月,华杰公司委托海通证券公司为其代理兑付2010年发行的3年期记名式债券,面额为40 000 000元,年利率为8%,华杰公司先行拨付490 000 000元本息款,发行期结束,另行支付手续费40 000元。编制会计分录。

4. 海通证券公司与客户签订协议,采用全额承购包销的方式代为发行股票3 000万元,股票面值为1元,共发行3 000万股,公司承购价为1.12元,对外售价为1.2元,发行期为20天,预计售完。编制会计分录。

参考文献

[1] 唐丽华.金融企业会计[M].大连:东北财经大学出版社,2011.
[2] 赵鹏飞,许永斌.金融企业会计[M].杭州:浙江大学出版社,2008.
[3] 张凤卫.金融企业会计[M].北京:清华大学出版社,2009.
[4] 孟艳琼.金融企业会计[M].武汉:武汉理工大学出版社,2009.
[5] 王允平,关新红,李晓梅.金融企业会计[M].北京:经济科学出版社,2011.
[6] 李海波,刘学华.金融会计[M].上海:立信会计出版社,2012.
[7] 王敏.商业银行会计[M].北京:经济科学出版社,2008.
[8] 钟凤英.金融企业会计[M].哈尔滨:东北林业大学出版社,2006.
[9] 贺颖,钱江华.银行会计[M].上海:复旦大学出版社,2005.
[10] 帅青红.电子支付结算系统[M].成都:西南财经大学出版社,2006.
[11] 程思,王辉.会计法规[M].大连:东北财经大学出版社,2004.
[12] 中华人民共和国财政部.企业会计准则[M].北京:经济科学出版社,2006.
[13] 中华人民共和国财政部.企业会计准则——应用指南[M].北京:中国财政经济出版社,2006.
[14] 亚春林.金融企业会计[M].上海:立信会计出版社,2012.
[15] 孟艳琼.金融企业会计[M].北京:中国人民大学出版社,2012.